郵輪觀光
Cruise Ship Tourism

劉原良、張瑞奇◎著

序

　　郵輪產業雖然不是新鮮事，但是直到近十年郵輪市場屢屢創下新紀錄，諸如參與旅客數、周邊經濟、郵輪噸位、船舶數量等等，這些傲人的數字，吸引著大眾眼光，雖然2020年爆發了新冠病毒疫情，重創觀光產業，特別是郵輪營運，門可羅雀，一度呈現停擺的狀況，但是隨著疫苗陸續施打，預期口服疫苗的出現，相信在不久的將來，郵輪產業依然會在海上發光發熱。

　　至於寫下這本書的機緣，除了筆者搭乘過許多郵輪航程，擁有各種型態郵輪公司經驗，更是希望藉由此書，分享個人經驗，讓更多即將從事郵輪產業的新進有所參考，當然要囊括所有郵輪領域實屬不易，僅能概括性的讓讀者認識與明白該產業歷史、運作與實際從業人員的工作執行，對於通常之運用，本書期待可以得到該有的功效。

劉原良、張瑞奇　謹誌

2021年10月

目　錄

序　i

Chapter 1　郵輪概況　1

第 一 節　郵輪歷史　2

第二節　世界郵輪市場　4

第三節　郵輪等級　6

第四節　郵輪市場狀況　11

第五節　全球郵輪市場　13

第六節　郵輪的航程狀況　28

Chapter 2　台灣郵輪產業　33

第一節　主要港口與政府政策　35

第二節　台灣各個港埠功能與定位　41

第三節　主要市場與客群　44

第四節　潛在開發市場　46

Chapter 3　郵輪公司分析　49

第一節　郵輪風格　50
第二節　郵輪設施　94
第三節　郵輪公司提供的特殊設施　124

Chapter 4　郵輪季節　131

第一節　月份分析　132
第二節　各洲分析　134

Chapter 5　郵輪實務操作　145

第一節　旅行社廣告　146
第二節　乘客的需求　148
第三節　預訂郵輪的方式　149
第四節　郵輪觀光法規　149
第五節　行前說明會　166
第六節　領隊人員工作事項　169
第七節　餐廳　195
第八節　郵輪安全規範　201
第九節　郵輪上常見的國際禮儀　212
第十節　郵輪自由行旅客　222

Chapter 6　郵輪產業經濟　225

第一節　郵輪的經濟貢獻　226

第二節　郵輪帶來的災難　228

第三節　郵輪上的工作　229

第四節　郵輪公司職位概述　233

第五節　港埠周邊經濟　241

第六節　郵輪業的未來　244

Chapter 7　河輪觀光　247

第一節　河輪人少的原因　250

第二節　熱門區域與旅客特質　251

第三節　科技與河輪設施　253

第四節　吸引新客群　255

第五節　可能的隱憂　256

第六節　各洲及國家河輪發展概況　259

第七節　主要河輪公司　299

Chapter

1

郵輪概況

第一節　郵輪歷史

第二節　世界郵輪市場

第三節　郵輪等級

第四節　郵輪市場狀況

第五節　全球郵輪市場

第六節　郵輪的航程狀況

🚢 第一節　郵輪歷史

　　早期航運主要是以運送貨物或是單純的載運旅客基本功能，而且往往是不定期的航班，直到1818年才有第一條往來英國與美國之間的定期航班。到了1830年代，輪船被引入，並主導了跨大西洋的旅客和郵件運輸市場，這也是為何傳統上我們稱「郵」輪的原因之一，相對於現今的郵輪，早期的郵輪設施相當陽春，為了因應日趨增多的旅客與需求，船上設施與服務也就不斷地在創新，例如1840年7月4日，不列顛尼亞號（RMS Britannia, Cunard）為了提供新鮮牛乳，首次在船上裝載母牛以提供旅客所需，以現代的角度來看，那是相當不可思議的行為。到了1844年，半島東方輪船公司（或稱大英輪船公司，簡稱P&O輪船公司，成立於1837年）開始提供由英國南安普敦前往直布羅陀、雅典和馬爾他的郵輪式休閒旅行，可以算是現代郵輪旅行的開端，時至今日，這家公司仍在營運，只是我們把它稱為鐵行輪船公司（P&O郵輪公司），可以說是世界上最古老的郵輪公司。

　　跨洋船舶郵輪旅程，因為需要更多技術性的突破，所以延至1900年6月29日才算是真正誕生，航行於德國與美洲之間的豪華郵輪，名為維多利亞—露易絲公主號（Prinzessin Victoria Luise），客群以高端旅客為主，船上設計相當奢華，猶如海上皇宮，全部艙房只有頭等艙規格，參與者全都是當時的王公貴族，或是政商名流，但總噸位與今日動輒十萬噸的郵輪相比相去甚遠，僅有4,409噸。雖然已經有了現代郵輪雛形，但還是在不成熟階段，頂多只能稱為「遠足」旅行，因為只能滿足一般的旅行狀況，娛樂與軟硬體還是無法與現代郵輪比擬。

　　20世紀初期，越來越多往來北美與歐洲之間的旅客，特別是這段時期中、上階層的大量產生，對豪華旅遊的需求大增，郵輪噸位因新科技不斷突破，噸位數節節上升，1912年首航的鐵達尼號，號稱永不沉的郵輪，屬於當代最大郵輪，總噸位46,328，噸位數已經是維多利亞—露易絲公主號十倍之多。船上游泳池、豪華餐廳一應俱全，巨大與豪奢成為當時

的頭條新聞，可惜首航就沉沒在大西洋，也是最常被提及的郵輪。

每家公司的特色在這時期也慢慢浮現出來，例如冠達郵輪集團開始實施用餐服裝規定，統一的用餐服裝規定，讓船上每日猶如都在參加盛宴，而這個傳統，時至今日，冠達郵輪公司依舊嚴格要求旅客遵守。

第一次世界大戰和第二次世界大戰的爆發，對海洋航線造成了巨大影響，旅客大量減少，無法支撐觀光郵輪產業的發展，大戰期間這些大型郵輪甚至紛紛被徵招成為運輸船，例如停在美國長堤供參觀的瑪麗皇后號（Queen Mary）就是一個很有名的例子，這兩次大戰，對郵輪產業是一大打擊。

二次大戰結束之後，郵輪發展似乎又可以回到過往的榮景，但是戰後郵輪產業又因為噴射機的大量使用，發展又可以分成兩個階段。

第一階段：二次大戰之後到噴射機的大量使用。

輪船業還算蓬勃發展，畢竟是最便宜的運輸工具，郵輪也開始漸進復甦，但是到了1950年代，第一架由德─哈維藍公司（de Havilland）所製作的彗星型客機開始投入營業，輪船產業就漸漸遇到了很大的衝擊，經營跨大西洋的遠洋客輪公司，再也無法與現代噴射機旅行的速度和相對負擔能力競爭，旅客不再對紐約到倫敦之間的七日遊感興趣，郵輪業及遠洋客輪就在這個時候開始蕭條。

1960年代開始，許多遠洋客輪被改裝成郵輪，主要航行在加勒比海等溫暖天氣地區，雖然在速度、自然因素或是安全與逃生設備的處理能力上已經大大提升，但是大噸位的客輪改裝的郵輪太大，不利航行於加勒比海許多海域，也變相讓當時的許多客輪公司最後不得不放棄，紛紛出售這些船隻成為廢料或貨船。當然這也影響了日後的發展，為了改善先天的缺憾，加勒比海許多吃水淺的港口開始加深工程，今日才能夠讓更多大噸位的船隻停靠。

第二階段：1977年至1986年期間的愛之船影集。

透過影視的播放，算是解救了郵輪產業，再次喚起人們搭乘郵輪的意願，郵輪公司與明星聯合加持，聯名行銷的策略手法，讓觀眾可以直接

看到郵輪上奢華或是浪漫的一面，也請了許多明星代言，號招旅客可以與明星近距離接觸，一起體驗船上的設施、餐廳和娛樂等，激增公眾對郵輪度假的興趣。但是這個時期的郵輪噸位和載客人數還是遠遠不及今日。到了1980年代和90年代，郵輪旅客仍以老年人和蜜月旅行為主，直到近三十年，郵輪的規模跟參與人員結構才開始產生比較大的變化，船隻的噸位與載客能力不斷擴大，例如皇家加勒比海郵輪就出產了很多超過220,000噸以上的大型郵輪，裝載人數已經超過6,000人的型態。

第二節　世界郵輪市場

全球最大的郵輪業貿易組織，國際郵輪協會（CLIA）發布了《2019年郵輪行業狀況報告》，預測了郵輪事業將會持續增長，並為全球經濟做出相當貢獻。2019年全球郵輪旅客達到2,530萬人次，預計在未來十年中，這一數字將增加到3,000萬，對各個地區的經濟，將是一塊不容小覷的觀光產業。目前海洋、河輪和一些特種船隻加總起來，計有500多艘在全球各地航行，雖然郵輪業的經濟規模只占全球旅遊產業的2%，但是其成長速度有加快的趨勢，未來將會持續擴大規模，雖然2020年的新型冠狀病毒帶來許多的衝擊，但是疫情之後，相信仍會是相當重要的產業。

保持低票價和高利潤是未來的趨勢，許多郵輪公司已經開始削減成本，最有效的方法就是透過現代科技來降低成本，讓人力成本或是航運成本降到最低，以保持乘客合理的票價。例如，更換船體塗層，降低阻力和使用再生能源、遠端數位化控管與管理等。

根據CLIA的報告，到2020年總計有278艘郵輪在世界各地營運，其中包含2020年即將加入營運的19艘新船。河輪部分大約占了200多艘。

國際郵輪協會（CLIA）2018年所做的統計，可以看出郵輪客源還是以北美洲地區為大宗，占了總運量的49.9%，其次是歐洲的25.1%和亞太地區的20%。平均參與年齡及航行時間分別是47歲及七天（**圖1-1**）。

以航程狀況來說，可以分成三大類型：

圖1-1　國際郵輪協會（CLIA）2018年全球郵輪發展報告

一、短期郵輪（二至五天）

　　配合家庭旅行，主打假期無法太長，或是經濟考量的年輕家庭，可以一家大小一同旅行的族群，例如目前台灣由基隆出發的麗星郵輪、公主郵輪或是歌詩達號等，前往琉球或是公海巡遊的短天數行程，就是以這些為主打族群。

　　國際郵輪協會（CLIA）表示，目前全球的郵輪旅客傾向於短途航行。根據2018年的統計，三日及三日以下的郵輪行程遊客增加了10%，是個值得注意的現象。

二、一般郵輪（一週）

　　這是常態性或是傳統上的旅遊週期，例如加勒比海、阿拉斯加、地

中海地區、北歐峽灣等地區的郵輪,一般所推出的旅遊航程就是以一週為主,週六出發週六下船的循環,對於上班族群來說是個很好的請假方式,郵輪公司有非常規則的航程循環,這種航程在客源穩定,特別是不受季節影響的區域最容易出現,目前在亞太地區,例如基隆出發的公主郵輪也陸陸續續推出韓、日兩國七天,或是日本七天的相對行程。在2018年國際郵輪協會(CLIA)的報告裡提出,目前的郵輪旅客雖然傾向於短途航行,對於七日行程郵輪遊客不如三日行程,但是總體上也增加了9%。

三、長程郵輪(一週以上)

主打族群是比較高端、退休人士或是消費能力較高的族群為主的旅客,因為天數長,所以費用上來說也比較高,可以是環遊世界幾十週,或二週以上的北極或是南極巡遊等。日本和平號郵輪提供的一百多天環遊世界算是國人比較常見的行程。

第三節　郵輪等級

郵輪是用於娛樂和休閒航行的客船,所以船上設施、活動安排和娛樂就變成相當重要的一環,在過去幾十年的郵輪業不論是因為競爭,或是經由營運經驗改善,現代郵輪在設計和整體的美感、材料、尺寸和船上的功能、設備,因應客戶多樣化的需求,郵輪本身就像是一座游動的度假村或豪華飯店。猶如飯店的星等區別,大不代表就是最豪華,小也不代表就是最普通,每家郵輪公司依據自己的商業考量,客群鎖定而有不同的發展。在郵輪等級上我們約略分成四種:

一、豪華郵輪(luxury cruise ships)

豪華郵輪最顯著的差異點包含停靠港口、乘客類型和船隻本身。不

同的旅行者以不同的方式定義豪華，可能意味著最高水準的美食、最好的葡萄酒和烈酒、精緻的娛樂活動以及一流的服務。但是基本上，豪華是精緻和尊貴的代名詞，豪華郵輪的運營氛圍比其他郵輪更為正式。

　　雖然參與的人數並不是最多的，但是主打高級，所以單一費用高出其他品牌數倍的花費，配合高質量的產品和服務，針對特殊旅程的長途旅行，參與成員多以社會精英人士、經濟較佳、退休人士或是蜜月旅行旅客為主，追求私密性也是該等級郵輪的特色，乘客通常只有數十人到數百人而已。航行時間由一週到幾個月不等，提供的產品和服務比擬五星級飯店或是度假型飯店，服務人員與乘客比例也較其他等級郵輪來得高，提供世界一流的水療中心，提供的護理服務從普通按摩到牙齒美白，以及豪華面部保養護膚按摩等，邀請專業人員表演、演講或是教學，提供佳餚美食，更豐富和靈活的菜單，無限制提供酒精飲料，各種名牌附加品，如高端沐浴產品、夜間枕頭上的名牌巧克力等等。目前台灣觀光產業配合較多，比較知名郵輪公司有：水晶郵輪（Crystal Cruises）、麗晶七海郵輪（Regent Seven Seas Cruises）、璽寶郵輪（Seabourn Cruise Line）、銀海

麗晶七海郵輪外觀

郵輪（Silversea Cruises）等。

　　這些郵輪公司有一個共通點，能夠提供的艙房並不多，並不是以大取勝，主打特殊性、隱密性、較大的平均空間或是較高的服務人員比例等。

二、高級／特種郵輪（premium & specialty cruise ships）

　　這類郵輪介於豪華郵輪與大眾郵輪之間，船隻噸位不見得小，例如冠達郵輪（Cunard Line）旗下的瑪麗皇后號達到148,528噸，能夠搭載的旅客就高達2,620名乘客，與豪華郵輪只有數百人的規模來比較，私密性相對低許多，但是餐桌上可能還是可以擺著韋奇伍德瓷器，知名廠牌餐具與用品，擺放鮮花而不是塑膠花，即使自助餐盤也選用瓷器。主餐廳提供的食物通常要比大眾型郵輪來得精緻，特色性較高。走訪行程介於大眾化與特殊行程之間，但是表演專業度、餐食、服務人員比，可以享受的活動空間就比大眾郵輪來得大，對於喜歡住在四星級或五星級酒店感覺，不希望太過於擁擠，又希望有熱鬧的感覺，這一類郵輪大概最適合。目前台灣觀光產業配合較多，比較知名郵輪公司有：精鑽郵輪（Azamara Club Cruises）、冠達郵輪（Cunard Line）、赫伯羅特郵輪（Hapag-Lloyd Cruises）、大洋郵輪（Oceania Cruises）、保羅高更郵輪（Paul Gauguin Cruises）、龐洛郵輪（Ponant）、海夢遊艇（SeaDream）、星飛快帆郵輪（Star Clippers Cruises）、維京郵輪（Viking Ocean Cruises）、星風郵輪（Windstar Cruises）等。

三、大眾型郵輪（mainstream cruise ships）

　　郵輪公司以「浮動度假村」的概念經營，價格一般來說最為親民，參與的人也最多，所以才會被列為大眾型郵輪，會被視為郵輪旅遊的入門款，也因為是大眾型，所以老少皆宜，不需要像豪華郵輪的拘謹，或是重視禮儀，即使船長之夜也不見得需要穿著正式服裝。

冠達郵輪內部

　　這些公司的特點之一是想盡辦法吸引顧客的目光，所以往往會以大型噸位來號招，例如皇家加勒比國際郵輪（Royal Caribbean International）就擁有多艘22萬噸海洋系列郵輪，博得國際新聞版面，也吸引好奇的旅客參與所謂的最大或是最新的郵輪。

　　這一類型的船隻內裝往往走酷炫或是新潮，不走古典風格，科技感產品例如機器人酒吧、電子面板預約餐廳、表演或是節目介紹，語音互動導覽系統、玻璃觀景橋、華麗的秀場表演等，各式各樣的動態活動，產品打折販賣活動充斥，特別是在船上的海上航行日（sea days）花樣更多，有時候海上航行日還變成比下船還要重要的日子。

　　這一類的船在艙等上一樣配有高級套房，並配有私人管家，讓貴賓享有獨立的貴賓室與活動，房價也不見得比豪華郵輪便宜，但是可以讓想要享受尊榮感，但是又想要感受大眾娛樂的旅客多了一個選項，對郵輪公司來說也可以得到更廣泛的客群。

地中海郵輪（MSC Cruises）外觀

　　航行天數一般是七天，也推出許多三至五天的短天數行程，符合這個想要玩郵輪，但是負擔又不想要太重的族群，目前台灣觀光產業配合較多，比較知名的郵輪公司有：嘉年華郵輪（Carnival Cruise Line）、皇家加勒比國際郵輪（Royal Caribbean International）、名人郵輪（Celebrity Cruises）、迪士尼郵輪（Disney Cruise Line）、荷美郵輪（Holland America Line）、地中海郵輪（MSC Cruises）、挪威郵輪（Norwegian Cruise Line）、公主郵輪（Princess Cruises）等。

四、探險郵輪（expedition cruise lines）

　　探險船通常較小，吃水深度很淺，可以靠近那些人跡罕至的地區或風景秀麗的奇觀，主要是為了滿足特定需求與興趣的旅客而設計的郵輪活動，例如賞鯨、潛水或是前往特殊地點，例如冷岸群島、格陵蘭島、南極等。船上也常常安排博物學家和以科學為導向的客座講師，他們就政治、文化、歷史、地質、地理進行演講，教育性質有時候變成額外重要，也通常是以英文進行，對於外語能力不佳的乘客來說將會比較吃力。和其他的郵輪相較，服務品質與設施不見得比較好，甚至比較低下，因為是特殊

性，探訪的地點特殊，甚至沒有碼頭可以停靠，加上營運狀況的不確定因素，可能因為天氣因素改變，或是特殊情況必須更動航程，費用一般來說也不見得比一般郵輪費用來得低。目前台灣觀光產業配合較多，比較知名的郵輪有：G探險郵輪（G Adventures）、海達路德郵輪（Hurtigruten）、林德布拉德探險郵輪（Lindblad Expeditions）等。

🚢 第四節　郵輪市場狀況

郵輪公司在市場上所占的比例狀況，如圖1-2所示。

1. 嘉年華有限公司（Carnival Corporation & Plc）：公司的基礎是在其旗艦品牌嘉年華郵輪公司於1972年由已故的郵輪行業先驅泰德‧阿里森（Ted Arison）奠定，該集團嘉年華有限公司直到1994年才成立，是目前全球最大的郵輪公司，市場占有率達人約49.2%，每年

圖1-2　郵輪公司在市場上所占的比例狀況

接待近1,300萬名乘客，擁有來自近150個國家超過150,000名員工，總部位於美國佛羅里達州邁阿密，並在世界各地設有多個地區總部。旗下共有11家郵輪品牌，總共擁有87艘船組成的船隊，前往世界各地的 700多個港口，預計到2025年，將會再新增16艘新船。

- 愛達郵輪（AIDA Cruises）
- 冠達郵輪（Cunard Line）
- 嘉年華郵輪（Carnival Cruise Lines）
- 歌詩達郵輪船隊（Costa Cruise Lines）
- 荷美郵輪（Holland America Cruise Lines）
- 伊比羅郵輪（Ibero Cruises）
- 鐵行郵輪（P&O Cruises）
- 澳洲鐵行郵輪（P&O Cruises Australia）
- 公主郵輪（Princess Cruises）
- 璽寶郵輪（Seabourn Cruise Line）
- 海洋村郵輪（Ocean Village Cruise Line）

2. 皇家加勒比集團（Royal Caribbean Group）：前身為皇家加勒比郵輪有限公司，該集團於1997年合併成立，總部位於美國佛羅里達州邁阿密。市場占有率大約20.2％，旗下共有5家郵輪品牌，截至2021年3月31日，旗下共計營運59艘船，另有14艘船在不久的將來也將投入營運。

- 精緻郵輪（Celebrity Cruises）
- 普爾曼郵輪（Pullmantur Cruises）
- 精鑽郵輪（Azamara Club Cruises）
- 銀海郵輪（Silversea Cruises）
- 途易郵輪（TUI Cruises）

3. 挪威郵輪公司（Norwegian Cruise Line Holdings Ltd.）：成立於1966年，總部設於美國佛羅里達州戴德縣。市場占有率大約12.6％，旗下共有3家郵輪品牌，目前共有28艘船投入服務當中，2022年至

2027年間預計將再投入9艘船艦。

- ・挪威郵輪（Norwegian Cruise Line）
- ・大洋郵輪（Oceania Cruises）
- ・麗晶七海郵輪（Regent Seven Seas Cruises）

4. 地中海郵輪公司（MSC Cruises）：1989年創設於於義大利那不勒斯，目前註冊總部設在瑞士日內瓦的全球性郵輪公司，截至2017年，全球擁有約23,500名員工，並在45個國家／地區設有辦事處，市場占有率大約9.8%。預計到2025年，該船隊將增加到23艘郵輪，到2030年還會再增加6艘船舶。

5. 途易郵輪（TUI Cruises）：成立於2007年，總部設於德國漢堡，市場占有率大約2.3%，主要乘客族群來自德國，根據德國人的品味量身訂製，包括食品、娛樂和設施，德語是船上使用的主要語言。目前旗下共有七艘船艦。

6. 迪士尼郵輪公司（Disney Cruise Line）：華特迪士尼公司的子公司，成立於1995年，公司總部位於美國佛羅里達州塞拉布雷遜，目前擁有4艘船艦，預計至2025年還會有3艘郵輪加入營運行列，目前市場占有率大約2.2%。

第五節　全球郵輪市場

　　郵輪行業在近四十年的時間裡蓬勃發展，服務範圍和類型不斷擴大，旅行者有無盡的選擇，主題郵輪、單身或老人郵輪、50人小型內河河輪和可容納6,000名乘客的超級「漂浮城市」。這些現代郵輪通常提供陸上度假村所能提供的一切，包括餐廳、購物中心、娛樂場所、水療中心、游泳池和體育設施，讓郵輪假期成為對許多人來說有吸引力的「全包式」假期。

　　最初由北美開始快速發展，隨後歐洲市場跟進，所以目前的主要郵輪客源還是以歐美國家為主，雖然亞洲旅客這幾年也開始快速發展，但是

在總量上來說只有約20%，遠遠低於北美地區的49.9%，以及歐洲地區的26%。根據國際郵輪協會（CLIA）的數據，從2017年到2018年，郵輪旅行不斷突飛猛進，增長了7%，全球總載客人數約2,850萬人次，郵輪業不僅在技術上與時俱進，並滿足不斷發展的乘客期望，儘管這幾年外在的因素，包含燃油成本高昂，嚴格的環境規定以及全球經濟停滯不前，郵輪產業仍在持續增長，這也是為何各大集團不斷計畫建造新船的原因。

加勒比海地區仍然是最大的郵輪市場地區，大約占全球郵輪市場的40%，亞太郵輪地區的份額從8%（2013年）增加到15.7%（2017年），地中海地區從19.6%（2013年）下降到13.6%（2017年），這些數據讓郵輪公司重新定位了一些他們想要開發的地區和客源市場參考。提供豐富的行程及優惠的票價，為忠實的顧客提供新的行程，同時創造一個新的市場，並為郵輪的普及和新停靠港的開發做出貢獻。以下是各個地區的發展概況：

一、美洲地區

北美的郵輪旅客人數在2018年達到1,420萬，比2017年增長9%，是郵輪產業的主要市場，占了全球郵輪旅客總數的49.9%，遠遠高於第二順位歐洲市場26%的郵輪旅客人數。北美地區特別是美國，它的郵輪消費人口最多，會有這樣的現象，基本上美國人口就遠多於加拿大，墨西哥雖有一億二千多萬人口，但是消費力上遠不及美國，所以美國在北美地區市場自然占了主要地位，戰後的美國在經濟上獨樹一格，擁有最多的旅遊人口市場，地利之便，加勒比海猶如美國的後花園，溫暖的氣候，郵輪整年都適宜在此發展，除了季節性的颱風帶來一些困擾，湛藍的海洋、充足的陽光與美麗的海灘，完全符合西方人的旅遊習慣，為日後奠定了良好的基礎。

南美洲雖然也不乏許多西方人心目中最好的度假地點，然而遠離主要消費市場區，加上當地經濟、政局動盪，甚至治安、健康不穩定等，讓

其他地區旅客裹足不前，當地郵輪旅客人口又不足以長期支撐，致使南美地區郵輪市場一直無法做大，甚至出現倒退的狀況。除了南極航線，那是屬於無法取代的航線，這幾年有快速增長的趨勢，主打客群也是以高端為主軸，台灣出發的南極團，動輒五十萬甚至百萬，對一般旅客來說也是相當大的負擔。

(一)加勒比海地區

　　1960年代，嘉年華、皇家加勒比和挪威三大郵輪公司首次在佛羅里達開設了辦事處。今天這三個企業集團控制著美國90%郵輪市場。2010年至2018年間，加勒比海地區的郵輪乘客人數從620萬人次增加到1,130萬人次。九年7.8%的年均增長率令人印象深刻。2019年國際郵輪協會（CLIA）對郵輪趨勢與行業展望顯示，加勒比海地區的市場占了全球約34.4%，而來自美國的旅客占了1,190萬，是最主要的市場來源，全球來說，加勒比海仍然是最強勁的市場，遠遠超過全球其他郵輪航運市場。會有此種狀況，當然與其歷史和地理背景有關，鄰近最主要的郵輪客源國家美國，郵輪觀光發展歷史悠久，又完全符合西方郵輪市場旅客的需求，市場龐大的經濟利益，更多郵輪公司願意加入這個區域的營運，例如歌詩達郵輪公司，原本只著重義大利與歐洲地區的市場，但是現在也開始開拓美洲地區市場，利用冬季的歐洲淡季時段，將船開往加勒比海地區，加入該區的營運，如此也間接將更多的歐洲人帶入。

　　加勒比海郵輪提供多種選擇，行程從兩晚到幾週不等，價錢的接受度可以符合更多階層，這些都是吸引的方法，當中短途郵輪行程（二至五天）已經占了該地區約三分之一的市場，在2019年就增長了9%，主要原因是短途郵輪市場提供了一種超值價格的入門級產品，這對於從佛羅里達州港口航行的首次郵輪遊客來說非常有吸引力，眾多小孩優惠方案，也吸引許多年輕家庭全家同遊，這也是短天數行程的特色之一。

　　近年來隨著美國與古巴關係的趨緩，古巴提供更簡易的簽證政策，在該地區也掀起一陣風潮，2016年5月，當嘉年華郵輪的Fathom Adonia號

加勒比海地區郵輪

停靠哈瓦那時，古巴正式成為最後一個融入該地區大型郵輪旅遊的加勒比國家。但是諸多不確定因素，隨時會更動的法令，雖然是個新鮮的郵輪旅遊據點，但對郵輪公司來說，也隱藏許多無法掌控的風險。

(二)阿拉斯加地區

　　阿拉斯加的郵輪市場日趨白熱化，越來越多的郵輪公司將阿拉斯加排入市場產品當中，透過更新和更大的船隻來擴大業務，吸引旅客參與。阿拉斯加經歷了每年兩位數的快速增長，2017年旅客數量增長17%，2018年又增長13%，整年度超過100萬的郵輪旅客造訪，2019年迎來了有史以來最好的紀錄，接待了133萬郵輪遊客，比上一年又增長了14%。成長速度相當驚人。會有這種情況發生，主要是阿拉斯加被認為是一個安全、穩定的目的地，正是這種情勢，產生了業內最高的乘客滿意度，並獲得了高收益，也創造了許多工作機會及地方稅收，但是環境壓力也隨之而來，過於仰賴郵輪旅客，特別在2020年的新冠肺炎的衝擊下，阿拉斯加地

區的各方面衝擊顯然會比其他地區來得高。

　　儘管這是一個季節性的市場，但市場上目前也盡力將季節延長到大約二十週，增加營運時間，因應各類型船型，改建當地港口，有利更多及更大噸位郵輪停泊，同時為了吸引更多年輕族群願意參與阿拉斯加郵輪行程，陸地行程增加更多冒險旅行。在調查報告中，參與阿拉斯加航程的旅客大約有30%是首搭郵輪旅客，回饋滿意度相當高，其中願意再次參加郵輪行程，或是再訪阿拉斯加的意願也相當高，也因為這樣的刺激，郵輪公司紛紛投入更大、更新的船隻來服務該區，2019年，公主郵輪派遣了141,000噸級郵輪投入服務，挪威郵輪公司2018年6月派遣總重167,800噸的郵輪加入營運，是到目前為止噸位最大、最新的郵輪。以噸位來說，2015年至2018年期間，平均郵輪噸位增加了18%，這三年的營運增長大約14%。預計在接下來的幾年，預估阿拉斯加的郵輪客群仍會繼續成長。

(三)南美洲地區

　　南美洲是目前郵輪市場裡市場占有率最小的區域，整個南美洲大約只有3%，誠如前言，因為各種社會與地理條件因素，讓這個地區在郵輪業的發展上產生很大的阻礙，根據2013-18年郵輪發展趨勢報告，每個郵輪觀光發展地區都在或多或少的增長當中，唯獨南美洲地區是呈現出衰退的現象，長期以來都不是郵輪公司願意投注更多航線與行程的地區（**圖1-3**）。但是近年各國政府已經在港口基礎設施方面進行了許多投資和改善計畫，以期增加市場增長率，儘管還有很長的路要走。

　　南美洲地區只有南極探險之旅有不一樣的狀況產生，畢竟這是無法取代的航程，越來越多人有能力負擔相對昂貴的費用，嘗試前往第七大陸，小型船公司提供了新的設備和服務，雖然價格偏高，但是旅客依然趨之若鶩，每年節節升高，常常出現一票難求的狀況。

國際南極旅行社協會（IAATO）準則規定，前往南極的郵輪或是船隻，只要超過500位乘客，按照規定，為了避免對當地環境產生不良影響，完全禁止登岸，只能夠在海域巡遊，所以大型郵輪前往該地區是無法登岸的，即使搭乘小船接駁也不允許。IAATO由七個公司於1991年成立。該協會的主要目標是「倡導和促進對南極洲進行安全和環境負責的私人部門旅行的做法」。

人類探索南極洲不到二百年的歷史，第一次有組織的南極旅遊是在1966年，當時拉斯－埃里克・林德布拉德（Lars-Eric Lindblad）乘坐一艘特許的阿根廷海軍軍艦前往。之後他創立公司，並開始了南極探險旅行的活動。

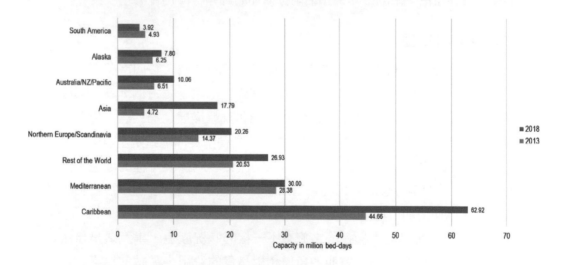

圖1-3 2013-18年郵輪發展趨勢

資料來源：國際郵輪協會（Cruise Lines International Association, CLIA）

南極陸地

(四)美洲其他地區

美洲其他郵輪產業不斷增長的區域包括夏威夷和北大西洋海岸地區，墨西哥、加利福尼亞州和太平洋地區，2018年增加了4%，總計130萬名郵輪旅客。

比較特殊的狀況是在過去的十幾年中，挪威郵輪公司（NCL）壟斷了整個夏威夷郵輪市場，儘管在此過程中遇到了一些挫折，但成績斐然，是巡航夏威夷地區最主要的郵輪公司。

隨著地球暖化的結果，在北極融化的狀況之下，破冰通過已經不再艱辛，冰中開闢了通道，使船隻更容易繞過冰凍的北方。同時，旅行者被嘆為觀止的美景所吸引，並知道這可能是最後能看到這種驚人風景的機會，對於某種類型的遊客來說，即使是一週航程要價至少12,000美元也在所不惜，供需與龐大利益之下，加拿大北極水域的船隻數量也正在增加，1983年總計不到62艘，到了2018年已經增加到125艘，是二倍之譜。

航行的總數也在增加，1983年是83趟，增加到2018年的348趟，是四十年前的四倍。

> 挪威郵輪公司（NCL）的夏威夷船隊曾經由三艘船組成，現在僅由一艘船組成，擁有可以總載客2,186名的美國驕傲號（Pride of America）。

二、歐洲地區

如果以歐洲地區的郵輪旅客來源來看，德國和英國是歐洲最主要的郵輪旅客來源，分別占了約28%和26%，其次是義大利、法國和西班牙。除了德國所處位置海岸線較短之外，其餘都因為地緣與歷史背景，讓這幾個國家成為歐洲主要的郵輪旅客來源，以下分成兩個主要區域來討論：

(一)地中海地區

地中海郵輪因為地緣加上氣候因素，雖然沒有加勒比海地區的郵輪旅客來得多，但在總數上也超過了400萬郵輪旅客，其中超過70萬名來自北美的旅客，這個歐洲人號稱的「大游泳池」，僅次於加勒比海地區，全球郵輪市場位居世界第二。

此區域主打的是歷史與文化結合的郵輪行程，豐富的歷史古蹟，充沛的人文素養，全球幾乎沒有一個地區可以取代其地位，地中海地區目前最受郵輪旅客喜愛的國家如：義大利、西班牙和希臘。除了上述的深厚歷史背景，博物館、古蹟，大多數歐洲港口都在景點開車距離之內，奇維塔韋基亞（羅馬主要外港）雖然離羅馬市區遠一點，但是也大約只有一個小時車程，至於其他受歡迎的城市或地區，巴塞隆納、威尼斯、聖托里尼、杜布羅夫尼克、瓦萊塔等，直接就和城區連接，這對市場來說有絕對的優勢，旅客不需要花費太久的時間往返景點，這也是為何能夠吸引歐洲以外的郵輪遊客前來的原因。

溫和的氣候區，每年適合航運經營時間大約八個月，即使最冷的冬

天，溫度也鮮少出現0℃的狀況。

　　七日行程是地中海地區最常見的行程，覆蓋特定的區域，例如包含亞得里亞海地區的東地中海或西班牙到義大利、法國海岸的西地中海航程，提供造訪四到五個城市，加上一天海上巡遊，是最常見的模式。但是這幾年也可以發現，郵輪公司開始嘗試短天數的行程來吸引旅客，三天或是五天不等的活動來吸引更多家庭，增加更多消費族群。

　　比較特殊的還有延伸到非洲外海的加那利群島，或是西亞的以色列、埃及、土耳其地區與黑海航線。北非突尼西亞原本也是很重要的停靠國家，跟其他北非國家一樣，因為治安與政局狀況不穩，致使近年郵輪公司停止停靠，算是比較可惜的部分。

　　目前該地區最積極發展的國家就屬西班牙，2013年提出的藍地毯計畫（Blue Carpet），改造適合的港口，歡迎更多郵輪公司停靠，以2017年為例，該年巴塞隆納就出現了270萬郵輪旅客。

(二)北歐地區

　　根據《2018-2019年郵輪行業新聞年度報告》，2018年北歐水域計有129郵輪船次。而愛達郵輪（AIDA Cruises）是該地區最大的運營商，約占市場的16%，其次是海達路德（Hurtigruten）。海達路德公司比較特殊，該公司在挪威海岸的全年沿海服務計畫的基礎上，占有相當大的份量，它介於渡輪交通船跟郵輪之間。按容量計，地中海航運公司（MSC）是第三大運營商，占市場的9.2%，其次是鐵行郵輪公司（P&O Cruises）、歌詩達（Costa）、途易集團（TUI）和皇家加勒比國際郵輪（Royal Caribbean International）。

　　北歐地區是全球第四大郵輪市場區域，占全球郵輪業的9.4%，活動區域主要集中在波羅的海、挪威峽灣和英國不列顛群島，而冰島、格陵蘭島甚至冷岸群島航程，郵輪公司也不斷地在嘗試開發新的航程，以提供更多元的旅客需求。

　　主要港口包括英國的南安普敦、德國的漢堡、基爾和布來梅港，斯

堪地那維亞半島上的奧斯陸、斯德哥爾摩、赫爾辛基，加入72小時免簽證利多的俄羅斯聖彼得堡，讓郵輪產業在安排上有更靈活多元的運用。

但是波羅的海和挪威峽灣是眾所周知的高成本作業區，環境成本嚴格，港口費用高，港口擁擠和泊位空間有限，一些挪威港口甚至提出限制郵輪交通，挪威當局此前曾表示，到2026年將在其遺產峽灣實行零排放限制。挪威海事局（NMA）從2019年開始實施限制措施，並逐步提高要求，是這個地區相對比較不利的部分，這也是為何北歐地區的郵輪費用偏高的原因，這個因素也致使一些旅客裹足不前。郵輪公司也試著營運短天數的旅程，斯德哥爾摩到赫爾辛基，或是波羅的海三小國之間的航程，吸引更多族群參與。

冬天過冷，常常出現零下的低溫，相對不佳的海象，讓這個區域有非常明顯的季節性發展，冬天幾乎沒有郵輪公司願意經營這個地區，但是近年如原本就長年經營的海達路德公司，就特別推出海上賞極光的行程，加強大家參與的意願度，陸地也配合了雪橇犬、冰釣、雪地摩托車、吃帝王蟹等行程，讓活動更多元。

雪橇犬

挪威帝王蟹海撈體驗

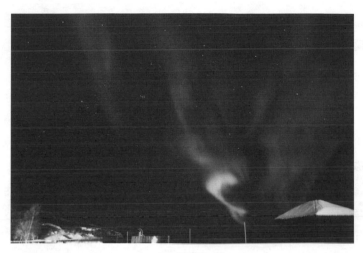
挪威極光

三、亞洲地區

《2018年亞洲郵輪業海洋資源市場報告》顯示，中國遊客主導著亞洲地區郵輪旅客市場，在亞洲市場裡占了55.8%，台灣仍是亞洲第二大來源國占了約9.2%，其次是新加坡（8.8%）、日本（6.3%）、香港（5.9%）、印度（5.2%）和馬來西亞（3.6%），其餘來自印尼、菲律賓、韓國、泰國和越南的郵輪旅客數也快速增長中。2018年亞洲創下424萬人的郵輪旅客紀錄，亞洲成為僅次於北美和歐洲的第三大郵輪地區，這也是為何皇家加勒比國際郵輪、MSC郵輪、歌詩達郵輪等公司願意投注開發這個區域的原因。

亞洲地區的郵輪旅客超過50%（2,194,000人）的旅客來自中國，天數來說，短途航行仍然是亞洲人的主要選擇，其中89%的人參與航行四晚到六晚的活動，平均航行時間為4.9天。

在亞洲，中國雖然提供了最多的郵輪人口，也是主要的郵輪市場國家，但是到訪港口最多的國家在2018年是日本（2,601航次），接續是中國（1,012航次）和泰國（581航次）。如果以港口來看，主要停靠港口是

上海（416航次）、新加坡（374航次）、台北（322航次）和香港（249航次）。超過50%的亞洲郵輪乘客是在中國、香港和台灣地區巡遊，其他亞洲地區大約40%。

中國約68.4%的郵輪旅客參與的航程是本國與香港、台灣之間，短天數的航程。台灣郵輪旅客高達94.2%是由台灣、香港或是中國港口出發的航程，以天數來說，3天是最普遍的。新加坡旅客主要還是由新加坡出發，天數鎖定在3天，但是在2018年的平均航行時間卻只有2.5天。日本參與郵輪的旅客平均年齡是亞洲地區最高的，平均是57歲，遠高於亞洲地區的平均45.4歲，及全球平均47歲。但是以國際化來說，日本人有更高的比例願意前往歐、美等比較遙遠的地方參與郵輪行程，結構上跟前三名有比較顯著的不一樣。

颱風的問題，是無法完全克服的問題，但是軟硬體設施，如港口吃水深度問題，目前亞洲各國積極改善工程，讓大型郵輪可以停靠，各國也提供諸多誘因，讓郵輪公司在該國成立郵輪母港，創造更多經濟價值等。至於河輪的部分，將在單獨的章節提出。

馬來西亞巴生港

　　2019年底爆發的冠狀病毒肺炎，致使整個地區的郵輪運營商不得不取消行程，在某些情況下，旅客上船了，卻沒有港口願意讓他們下船。由雲頂香港有限公司（Genting Hong Kong Ltd.）運營的世界夢號（World Dream）和嘉年華公司（Carnival Corp.）的鑽石公主號（Diamond Princess）等船隻，乘客染疫的報導已在全球廣泛播出，造成了公共關係災難。另一艘荷美郵輪旗下的威士特丹號（Westerdam），被多個港口拒絕，之後被柬埔寨接受，因為懷疑船上可能有病毒病例。這些狀況對郵輪業來說是相當可怕的，特別是在亞洲的新興市場，由於整體市場還不是那麼成熟，預計對亞洲市場會有一波嚴重的打擊。

四、紐澳、大洋洲地區

　　2018年，澳洲、大洋洲地區吸引了200,000名國際郵輪遊客。分別來自北美有125,000人，來自西歐國家有42,000人，來自亞洲國家有14,000人。目前該地區的主要客群是前往澳洲，主要是其本身的幅員就相當遼闊，不像其他小島，以人口來說，澳洲也是該地區最多的，加上當地人民對郵輪的喜好，2018年有135萬澳洲人參與了郵輪航程，超過人口5%的人搭乘過郵輪，相比之下，美國人只有4%搭乘過郵輪，英國只有3%，德國2.8%，加拿大和紐西蘭更只有2%，使得澳洲郵輪業能夠在這個區域蓬勃發展。

　　澳洲是一年四季都適合郵輪航行的區域，但是總括的狀況，10月至4月，天氣最優，是最熱門的時段，因為位處南半球，正是當地春末到秋初時節，6月至8月，澳洲南部各州還有紐西蘭是最寒冷的季節，12月至2月的夏天可能很悶熱，但是以紐西蘭來說，是溫度最舒適的時段，特別是南島地區。

　　颶風季節對該區域較低緯度的地區影響比較大，大約始於11月1日到4月30日之間是颶風季節，雖然在3月和4月之間發生大風暴的風險最高，但往往不會過於頻繁地干擾航程。

　　澳洲鐵行郵輪（P&O Cruises Australia）是該地區最主要的郵輪公司，比較需要關注的特點是澳洲人對小型船隻和冒險巡遊特別感興趣，當地品牌如珊瑚探險隊（Coral Expeditions）、北極星號（North Star）和庫克船長（Captain Cook），除了本國知名的大堡礁、西北部的金伯利、約克角等偏遠地區，也安排例如巴布亞紐幾內亞、印度尼西亞和美拉尼西亞群島的航程，因為特殊性加上符合當地人的喜愛，這些行程受到相當程度的歡迎。這也吸引了越來越多小型豪華郵輪願意投入行程，航行於這些帶有野性冒險的區域。

　　整個區域來說，雪梨是最主要的郵輪停靠及出發點，比較特殊的旅遊地點例如大堡礁航行，郵輪公司也盡力讓旅客可以參與浮潛和潛水活動，來認識珊瑚礁生態。環遊澳洲也是這個地區相當受歡迎的航程，近年來公主郵輪、荷美郵輪和冠達郵輪紛紛推出相關產品，銷售成績不差。

　　南太平洋其他地區的航程最主要的乘客來源還是澳洲國民，主要出發點還是雪梨，但是近年來也有越來越多的航程由布里斯班和墨爾本出發。最常見的地點如斐濟、努美阿、維拉港、萬那杜和薩摩亞，偶爾涵蓋

澳洲雪梨港

法屬玻里尼西亞和夏威夷。澳洲到紐西蘭之間的短程單程旅行，或是紐西蘭南、北島全覽航程，特別是南半球的夏季時段，近年鐵行郵輪、荷美郵輪、冠達郵輪、名人郵輪和公主郵輪等郵輪公司紛紛推出該地區的航程，吸引更多旅客。

五、非洲與中東、印度洋地區

非洲是一個由50多個極其多樣化的國家組成的廣闊大陸，夾在大西洋和印度洋之間，北部面對地中海，擁有寬闊的海岸線。非洲豐富的本土文化、連綿起伏的沙丘、大草原、熱帶雨林覆蓋的小島，以及大量的野生動物，是郵輪產業很值得開發的地點。

多年來，非洲港口只不過是世界巡遊中的臨時停靠點，但全球郵輪公司正日益擴大目的地並延長在當地水域的停留時間，為當地經濟帶來了深遠的益處，南非開普敦是最明顯的例子，2015年開普敦投資400萬美元改造該地區的郵輪碼頭，並稱2017年至2027年間，郵輪產業預計將會為開普敦創造1,500萬美元左右的產值。目前肯亞及莫三比克算是另外兩個相當積極投入郵輪產業準備工作的國家，大力改善碼頭及基礎設施。

目前非洲郵輪航線主要停靠在南非港口如開普敦或德爾班，大部分航程將南非與非洲東南部沿海如莫三比克和肯亞，或配合印度洋島嶼如馬達加斯加和模里西斯。

非洲郵輪季節通常從10月或11月持續到隔年5月，因為所謂的非洲郵輪航程通常是指南半球的非洲。但是一些熱帶海洋區域，就完全不受季節影響，即使是南半球的冬季也不受影響。

中東與印度洋地區，根據2019年郵輪行業年度報告，中東和印度洋郵輪市場正在快速增長，目前該地區最大的航運商是地中海郵輪公司（MSC Cruises），杜拜是主要的郵輪母港。隨著中東國家在基礎設施方面的大量投資，郵輪公司現在將該地區視為在冬季移動其歐洲船隊前往該地區繼續營運的好選擇。

其他阿拉伯聯合大公國的國家也紛紛投入擴大港口計畫，雖然總量目前只有100萬左右的郵輪旅客，但是預期在國家與民間企業的努力之下，該地區應該有往上發展的機會。

🚢 第六節　郵輪的航程狀況

大致上可以區分成常態性航程、季節性航程跟開發中航程三種型態。主要的變因是天氣型態、市場需求與社會及當地政治狀態，造成這三種型態的產生。

一、常態性航程

所謂的常態性航程指的是全年性營運，不會因為季節或是明顯的淡旺季而停止航程的狀況，以加勒比海地區來說，因為全年氣溫適宜，適合整年航行，又符合歐美人士的度假模式3S，充滿陽光（Sun）、潔淨海洋（Sea）、美麗沙灘（Sand），算是絕佳的旅遊地點。

墨西哥西岸雖然不是絕佳地點，但是同樣擁有溫暖的氣溫、悠久的歷史古蹟與文化，加上眾多的美國旅客來源，自然也可以支撐起來。

太平洋上的夏威夷及大洋洲地區，還是跟客源充足及氣溫穩定有絕大的關係，美國旅客跟澳洲旅客是這兩個地區的主要客源。

地中海地區與加那利群島地區，以航運來說，雖然冬天受到氣流影響，比較不利航運，但是還在接受範圍內，氣溫雖然寒冷，但也還在旅客忍受範圍，鮮少出現冰凍下雪的不良氣候，加上眾多的歐美客源與季節性的折扣促銷，讓這個區塊的郵輪可以支撐營運。

東南亞地區及澳洲、紐西蘭地區是後起的常態性航行地區，政府政策配合，加上南海地區適宜的氣候，亞洲人旅遊習慣的改變，郵輪產業在東南亞地區有日漸興起的趨勢，至於紐、澳地區的郵輪，跟亞洲的經濟崛起、航空業的興盛有相當大的影響作用。這些新客源鼓勵著郵輪公司不斷

地在該地區設計創新航程。

二、季節性航程

由**圖1-4**可以看到，這些區域主要集中在緯度較高的地區，例如阿拉斯加、美加東岸、北歐、北海地區，或是南美南極地區，因為冰封、海象不佳等問題，特別在冬季時期，這些地區原則上都是關閉運行的，雖然業者也試圖開發搭郵輪賞極光行程，是否可以讓旅客接受，取得最大商業受益，就有待觀察。東北亞地區，台灣、日本、韓國與中國地區的郵輪發展，雖然這幾年有了相當大的成長，但是季風問題與地區性旅客習慣，冬天時節船班變少，但近幾年郵輪公司也漸漸嘗試開發常態性行程，克服季節影響，希望可以成為常態性航程地區。

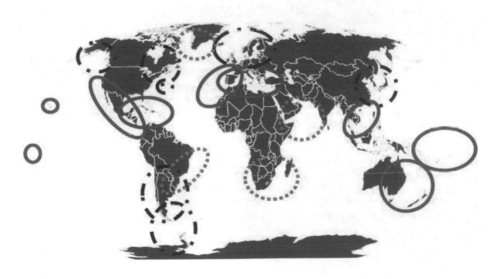

━━━━ 是常態性航程　━·━·━ 是季節性航程　━ ━ ━ 是開發中航程

圖1-4　郵輪的航程狀況

三、開發中航程

　　主要集中在非主流地區，包含消費人口支撐問題，例如南美地區的郵輪發展，因為經濟問題、治安問題，目前的郵輪發展甚至出現倒退的狀況，讓郵輪業者一直只是停留在嘗試性階段。

台灣人搭乘郵輪赴各國簽證一覽表

各國的簽證要求概況：

- 美國：ESTA電子簽證，效期二年。
- 加拿大：eTA電子簽證，效期五年。
- 歐洲申根簽證國家：2021年開始，前往歐洲申根國家必須申請為期三年的ETIAS電子簽證。
- 埃及：可以抵達之後辦理入境簽證。
- 迦納：可以抵達之後辦理入境簽證。
- 肯亞：郵輪公司擔保，幫旅客辦理簽證取得下船資格。
- 馬達加斯加：郵輪公司會擔保，幫旅客辦理簽證取得下船資格，但要求護照上至少要有三頁空白頁的特殊要求。
- 納米比亞：郵輪公司擔保，幫旅客辦理簽證取得下船資格。
- 澳洲：ETA電子簽證，效期一年。
- 紐西蘭：ETA電子簽證，效期二年。
- 巴布亞紐幾內亞：可以落地簽證。
- 中東國家：如果是前往當地參與郵輪活動，第一個國家需要事先辦理簽證，隨後的國家原則上可以不用辦理簽證，但是政策變動較大，最好再次確認。
- 阿曼：可以辦理電子簽證，但船公司一般會在當地協助辦理。
- 約旦：除非出發地是在約旦，如果只是路過約旦，郵輪公司會幫旅客辦理好簽證下船。
- 土耳其：72小時免簽證。
- 巴西：需要先辦理簽證。
- 阿根廷：需要先辦理簽證。
- 烏拉圭：如果只是郵輪行程中的其中一站可以不用辦理簽證。
- 越南：搭乘郵輪船公司安排在船上辦理簽證（通常需要配合郵輪公司安排的陸地行程），但不適用於河輪活動。
- 印度：需要先辦理簽證。
- 緬甸：需要先辦理簽證。
- 斯里蘭卡：需要先辦理簽證。
- 俄羅斯：海參崴及聖彼得堡實施72小時免簽證，但是搭乘河輪必須辦理簽證。
- 中國：為了吸引外籍旅客，如果是搭乘郵輪入境或是搭郵輪離開，制定了144小時免簽證，或是前往北京72小時免簽證，郵輪團客海南島十五天免簽證等措施，以吸引更多郵輪旅客。

　　中東地區因為政治局勢不穩定的影響，讓這個區塊沒辦法穩定發展，目前只有阿拉伯聯合大公國最積極投入郵輪產業，或許在不久的將來，該地區可以成為季節性或是常態性航程地區。

　　南非洲地區主要還是因為客源不足支撐，本國消費族群不夠，外國旅客前往參與郵輪活動意願不夠活絡造成，但是這幾年特別是南非、莫三比克及肯亞積極投入郵輪產業發展，改善航空運輸交通，或許會有所改變。

　　格陵蘭島地區則是因為不確定因素眾多，屬於特殊郵輪市場地區，費用偏高，是消費旅客裹足不前的主要原因。

目前世界上六大郵輪船舶

第一大　海洋交響號（Symphony of the Seas）
總噸位達228,021噸，屬於皇家加勒比國際郵輪

第二大　海洋和悅號（Harmony of the Seas）
總噸位達226,963噸，屬於皇家加勒比國際郵輪

第三大　海洋綠洲號（Oasis of the Seas）
總噸位達226,838噸，屬於皇家加勒比國際郵輪

第四大　海洋魅麗號（Allure of the Seas）
總噸位達225,282噸，屬於皇家加勒比國際郵輪

第五大　愛達新星號（AIDA Nova）
總噸位達183,900噸，屬於嘉年華有限公司

第六大　傳奇號（MSC Meraviglia）
總噸位達171,598噸，屬於地中海郵輪公司

皇家加勒比國際郵輪海洋綠洲號

Chapter

2

台灣郵輪產業

第一節　主要港口與政府政策

第二節　台灣各個港埠功能與定位

第三節　主要市場與客群

第四節　潛在開發市場

　　台灣郵輪業現在是僅次於中國的亞洲第二大客源市場，約每六十名台灣人中就有一人搭過郵輪，但是台灣人的年假有限，到目前為止，短天數三天到六天仍是主流行程，雖然是亞洲的第二大客源市場，但是大部分旅客都是以亞洲地區為主，特別是基隆出發前往日本的航程，前往歐、美地區或是較偏遠地區郵輪旅客相對比例就不是很高。

　　來台旅遊的郵輪部分，因為全球郵輪產業的蓬勃發展，台灣四面環海，位處東南亞與東北亞的交接帶，2019年吸引了946,000國際郵輪旅客訪問基隆港，估計為台灣經濟貢獻約50億元新台幣（1.61億美元），為港灣地區的經濟也帶來相當效益，另外提供郵輪上的大量食物補給，以2018年公主郵輪公司購買的紀錄來看就高達2,000萬美元，直接跟間接龐大商機，促使政府積極著手改善港口與旅遊環境。

　　2019年基隆港締造出946,000人次的佳績，已成為亞洲前五大郵輪港口，以目前的台灣郵輪市場潛力加上日本、韓國郵輪旅遊的成熟市場，搭配新南向政策向東南亞發展郵輪觀光產業，基隆、高雄雙母港的目標，台灣郵輪產業應該會繼續蓬勃發展。

麗星郵輪

🚢 第一節　主要港口與政府政策

　　目前台灣的主要郵輪港口有六個，每個港口在規模上有所差異，政府依照位置與各地特色，提出諸多計畫，例如基隆港2018年提出的「4大行動計畫」、高雄港實施的「高雄港2040主計畫」、「台中港2.0計畫」或是澎湖金龍頭營區改建工程等，在政府政策與港口的營運相互配合之下，當然期待這些作為可以對台灣郵輪發展有所幫助。

　　以下是台灣六個主要郵輪港口：

一、基隆港

　　台灣四個國際商港之一，郵輪碼頭共有六座，設計上六座碼頭都可讓國際航線客輪靠泊（東岸的東2、東3、東4碼頭及西岸的西2、西3、西4碼頭），而兩岸及國內航線客輪則只能靠泊西岸的西2及西3兩個碼頭。有時候部分掛靠港之大型郵輪也會被安排在西16碼頭靠泊。

　　基隆港郵輪碼頭長度約為558.3公尺及554.5公尺，吃水限制－9公尺至－11公尺，對於一般郵輪停靠不構成問題，對於大型郵輪，外港航道水深約－15公尺至－15.5公尺，提供給14萬噸至22.5萬噸大型郵輪靠泊。

　　基隆港域內碼頭位置以「內客外貨」作為主要劃分，會有這樣的規劃主要是依照港口特點來區分，內港區域接近基隆市中心、國道1號基隆交流道與基隆火車站的位置，以方便旅客上下船舶的概念，內港區規劃優先提供客輪靠泊，是完全合理。貨櫃、散貨及散雜貨等商船則靠泊於外港區域，避免大型貨車出入市中心，造成不必要的交通壅塞問題。

　　2018年為基隆港全年度旅客首達106萬人次，2019年更突破到109萬，刷新歷史紀錄，是目前台灣出入旅客最多的港口，也是台灣最多郵輪靠泊的港口，2018年基隆港共282艘郵輪靠泊，相較於同年的高雄港卻只有27艘郵輪靠泊，譽為台灣郵輪的首都，台灣最忙碌的郵輪港口，也是最重要的郵輪母港基地。基隆港的優勢除了位處人口最多的台北市與新北

市，基隆港前往台北市景點交通便利，甚至只要二十分鐘車程，這些先天優良條件，奠定了基隆港在郵輪產業的龍頭位子（資料來源：台灣港務股份有限公司）。

政府政策

「基隆市港再生標竿願景」包括「基隆城際轉運站」、「國門廣場計畫」、「西二、西三倉庫旅客中心」、「西岸會展與旅運智慧大樓」、「基隆市火車站南側停車場」、「基隆山海城串聯再造計畫（希望之丘）」、「基隆港東三東四旅運設施增建工程」、「軍港碼頭遷移」、「東櫃西遷」及「基隆tram-train輕軌」等大型計畫，這些計畫有很大部分是在改善基隆港，還有基隆港周遭環境與交通的解決問題，為港口軟硬體升級，對郵輪營運有非常大的幫助。

對於郵輪旅客最直接的改善或許就是2019基隆港投資安裝的電子門系統，該系統可自動執行部分移民控製程序，該設施將加快乘客上船和下船的速度（資料來源：行政院）。

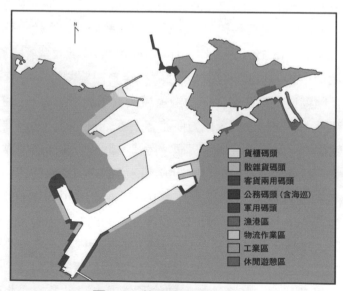

圖2-1　基隆港整體規劃圖

二、台中港

位處中部的國際商港之一，目前擁有58座碼頭，計劃未來可以擴展到78座碼頭，目前有18-19號及30-31號代用客運碼頭可供郵輪靠泊，18-19號碼頭吃水限制至－11公尺及－9公尺，可靠泊船舶等級只能7萬噸及4萬噸，對於大型郵輪就必須停靠在30及31號碼頭，是目前最長的碼頭，長度總計640公尺，吃水限制至－14公尺，可靠泊船舶等級來到16萬噸，對於目前世界大部分的郵輪噸位來說，不會有太大的停靠問題。

中部便利的交通，彰化的鹿港文化之旅，台中市區歌劇院、彩虹眷村，或是南投日月潭，原民文化、茶文化等，郵輪乘客可以擁有多元的選擇。但是台中港的國際郵輪入港艘次，從2015年的34艘降至2018年的2艘，2019年更只剩下1艘。整體上來說，必須再靠政府政策來扭轉目前這個劣勢，吸引更多郵輪願意停靠台中港（資料來源：台灣港務股份有限公司）。

政府政策

台中港周遭環境部分，台中市政府推出「台中港2.0計畫」，設立北段生態觀光園區，興建海洋生態館、電力博物館，結合梧棲觀光漁港。招引日本三井不動產集團投資打造Outlet Park。「台中市海空雙港發展計畫」以目前海空雙港優勢條件，盼實現「貨從雙港出，客從雙港入」的目標，或許對未來的郵輪產業有加分的作用（資料來源：行政院）。

三、安平港

屬於高雄港的國際商港輔助港口，規模相對不大，客運碼頭有1、2號碼頭，碼頭長度共345公尺，3、4號碼頭，碼頭長度各160公尺，吃水限制至－9公尺，可停靠最高8萬噸中型郵輪靠泊，10號碼頭可停靠大型郵輪，碼頭長度共260公尺，吃水限制至－12公尺，停靠10萬噸郵輪是沒有

問題的。

　　但是營運來說，自從2009年麗星郵輪「寶瓶星號」首度停靠安平港後，中間相隔九年才出現第二艘郵輪「卡莉多麗號」（Caledonian Sky）願意停靠這個港口，停泊安平港幾乎不是郵輪公司的選項，必須透過政府政策與推廣，或許可以為安平港打出知名度，2019年「太平洋維納斯號」（Pacific Venus）的選擇停靠，或許是安平港好的開始（資料來源：台灣港務股份有限公司）。

政府政策

　　行政院核定之「106-110年整體規劃」之執行，安平港以「北觀光、南自貿」作為雙核心發展主軸，台灣港務公司協助規劃，興建全台最大國際級濱海度假飯店及商辦大樓新建工程，「安平港國際遊艇城」的概念，將安平港打造成亞洲邁阿密，預計2023年底完成開發，這些規劃與概念，或許在未來為安平港帶來更多吸引力，讓國際郵輪公司願意選擇停留在這個港口（資料來源：行政院）。

四、高雄港

　　我國第一大港、世界第十五大港口，台灣第二大郵輪母港，擁有旗津半島為港灣的天然防波堤，平均潮差只有0.75公尺，讓高雄港可供24小時作業，不受潮差影響，是條件相當優良的天然良港。

　　預計2021年底完工的高雄港埠旅運中心17-21號碼頭，將結合完備的旅運設施及商業功能，碼頭長度為726公尺，吃水限制至－10.5公尺，可提供22.5萬噸級大型郵輪停靠，對於目前全球絕大部分的郵輪來說都不構成問題，設置檢查業務CIQS作業提供旅客出、入境作業，預計每小時可通過2,100人。

　　雖然是我國的第一大港，但是國際郵輪旅客人數卻是遠遠低於基隆港，每年變化量也非常大，近年的最低點，一年只有4.3萬人次，總共24

艘次，2014年的最高點也只有13.3萬人次，總共84艘次，這和基隆的上百萬人次有非常大的差距（資料來源：台灣港務股份有限公司）。

政府政策

「高雄港客運專區建設計畫」及「亞洲新灣區計畫」對郵輪產業來說是最直接的計畫，改善原本簡陋的客運設施，打造更符合現代郵輪的航廈，以及整體港口美化及便利設施。預計2020年可以陸續完成這些改造工程。「高雄港埠旅運中心」規劃地上15樓、地下2樓，外觀鋼構金屬曲面帷幕，計畫可以同時容納2艘22.5萬噸的大型郵輪，結合輕軌與第三條捷運，預計將可吸引更多國際郵輪來港靠泊，帶來更多觀光商機（資料來源：行政院）。

五、花蓮港

位於台灣東邊，鄰近太平洋，地理位置優良，風景優美的國際商港。近年來郵輪市場蓬勃發展，花蓮擁有天然觀光資源並極具人文風情，成為郵輪訪港的亮點之一。分為內港及外港，內港港區共有碼頭16座，吃水限制至－10.5公尺，碼頭長度共2.5公里，外港港區屬於深水碼頭，共有碼頭9座，吃水限制至－16.5公尺，碼頭長度共2.3公里，碼頭總計共有25座。郵輪旅客中心位於23-24號碼頭，具有天然深水優勢，可迎接22.5萬噸級郵輪靠泊，幾乎涵蓋全球所有郵輪能夠停泊的條件。英國知名郵輪產業雜誌*Cruise Insight* 2015年春季號報導，花蓮港榮獲2014年最佳旅遊經驗（Best Tour Experience）獎，是台灣唯一獲獎的港口。

但是由花蓮港歷年國際郵輪船期報表我們看到，2019年總共只有5艘國際郵輪停泊，勉強超過一萬名的郵輪觀光人次，2016年雖然有比較亮眼的成績，算是創下歷史的新高，但是總共也只有10艘國際郵輪停泊，郵輪觀光人次來到28,334人次（資料來源：台灣港務股份有限公司）。

政府政策

行政院核定的「台灣國際商港未來發展及建設計畫（106～110年）」，賦予花蓮港之定位為：

1.東部地區貨物進出港。
2.觀光遊憩港。

「內觀光、外商港」為花蓮港整體規劃願景，外港維持貨運功能，內港打造複合港埠遊憩區，活化港區資源。

目前花蓮港務分公司列訂的花蓮港策略目標為：

1.持續強化港埠運輸及貨物裝卸本業。
2.積極推動觀光遊憩事業，創造商機、帶動地方觀光產業發展。
3.防治港區汙染、推動港區綠美化、鼓勵業者投資風力發電。
4.推動港埠多元發展，活化港岸資源，成為永續發展的港口。

六、澎湖港

馬公港為天然港灣，郵輪主要停靠的碼頭有兩個，1號碼頭及8號碼頭，碼頭長度分別為190公尺及140公尺，吃水限制至－7公尺，1號碼頭最高僅能提供5萬噸級郵輪停靠，8號碼頭就只能夠提供5萬噸級郵輪停靠，這部分對現代郵輪來說相對就受到許多限制，大於5萬噸級的碼頭只能夠透過接駁遊艇載運船上乘客登岸觀光，以2020年7月27日台灣郵輪跳島之旅首航行程為例，在27號上午六點抵達澎湖，但是郵輪太過龐大，有7.5萬噸，因此探索夢號只能先停外海，透過四艘接駁船接載全船900多名旅客到岸，來來回回超過兩小時才完成全數接駁，雖然報導中指稱乘客沒有怨言，但是這依舊是大型郵輪來到澎湖最大需要解決的問題（資料來源：台灣港務股份有限公司）。

政府政策

「藍色公路十年綜合發展計畫」，金龍頭營區位處馬公港咽喉位置，國防與觀光產業發展的平衡下，雙方達成共識，促成馬公港與當地多元發展，航港局將強化馬公港客運設施，延伸1號碼頭長度至310公尺、吃水限制至－9公尺，目標船型停泊可以達到7.7萬噸郵輪，未來目標甚至希望可以達到15萬噸郵輪，吸引更多郵輪業者投入跳島郵輪航線，成為跳島郵輪航線示範港（資料來源：交通部）。

為何爭取成為郵輪母港？

相對於掛靠港（Port of Call），郵輪母港（Home Port）提供郵輪用品補給，旅行社販售船票，不像掛靠港只能夠少量售票，也是主要飛航郵輪（Fly-Cruise，結合飛機及郵輪行程的旅遊方式）前來的港口，對於該國的航空業者，或是其他飛往該國的航空業者也間接受益，甚至船上商演部分，該國的藝術表演工作者也相對得到較多工作機會。

第二節　台灣各個港埠功能與定位

港埠是海陸運輸供應鏈中的重要接口，是一個國家的產品、商品和旅客的入口，也是所有出口到國際市場，搭乘郵輪旅行至他國的出口。

對郵輪來說，港埠的主要功能包含：乘客和船員的登船、下船和中轉，裝載、卸載貨物，陸上商品的儲存和倉儲，提供陸地聯運連接，為郵輪公司提供的補充服務。

港埠的主要功能包含確保輪船進出港安全，提供船舶拋錨停靠，旅客上下船所需的設施設備，在緊急情況下為海船和其他船隻提供庇護、修理、維護必要的服務，為海船、人員和貨物提供服務。

以上是國際港口對郵輪來說最基本的要求與服務，想要成為郵輪母港或是受到郵輪公司青睞，在港埠功能上無不努力提升，軟硬體的舒適與便捷度，都是相當受到重視的，這也是為何近年台灣港務局願意投注更多改善各個港口的原因。

以台灣的法令來看，根據我國商港法，國際商港指的是，准許中華民國船舶及非中華民國通商船舶出入之港。國內商港指的是，非中華民國船舶，除經主管機關特許或為避難得准其出入外，僅許中華民國船舶出入之港。在商港區域內，為便利船舶出入、停泊、貨物裝卸、倉儲、駁運作業、服務旅客、港埠觀光、從事自由貿易港區業務之水面、陸上、海底及其他之一切有關設施。

港埠功能大致上有以下幾項功能：商務功能、工業功能、轉運功能、國防功能、休閒功能、都市發展功能。並不是每個港口皆包含以上功能，因不同的地區發展，結構與市場狀況而有所增減。

目前台灣主要港口——基隆港、台中港、高雄港、花蓮港、安平港、澎湖馬公港及蘇澳港，皆具備完整港埠及通關設施，可提供國際郵輪靠泊。其中四個國際商港——基隆港、台中港、高雄港及花蓮港，皆可停靠16萬噸以上的大型郵輪，南北兩大港口基隆及高雄以郵輪母港的方式積極經營，其餘目前定位為掛靠港，希望可以吸引更多國際郵輪停靠。

以下是台灣各個主要港埠功能與定位。

一、四個國際商港

1. 基隆港：屬於天然良港，兼具軍港、商港等多種功能，台灣郵輪第一大港，是台灣最重要的郵輪母港基地。目前定位為近洋航線貨櫃港、國際郵輪母港。
2. 台中港：人工港，目前定位為兩岸客貨運及產業加值港、能源及大宗物資儲轉港及臨港工業發展基地。
3. 高雄港：屬於天然良港，首創掛靠及母港雙模式營運，台灣郵輪第二大港，目前定位為洲際貨櫃樞紐港、智慧物流運籌港、客運及觀光遊憩港。
4. 花蓮港：由東、西防波堤合攏而成的人工港，目前定位為東部地區貨物進出港、觀光遊憩港。

二、三個國際商港輔助港口

1. 台北港（基隆港輔助）：目前定位為遠洋航線貨櫃港、海運快遞及海空聯運港、汽車及其他產業物流港。
2. 蘇澳港（基隆港輔助）：目前定位為蘭陽地區貨物進出港、觀光遊憩港。
3. 安平港（高雄港輔助）：目前定位為散雜貨港、觀光遊憩港。

三、四個國內商港

1. 布袋港：目前定位為環島及離島航運之作業港、兩岸直航開放港口、兼具觀光及親水性港口。
2. 澎湖港：目前定位為澎湖地區對外及各島間之主要港口、兩岸小三通港口、兼具觀光及親水性港口。
3. 金門港：目前定位為金門對外及各島間之主要客貨運港口、兩岸小三通港口、兼具觀光及親水性港口。
4. 馬祖港：目前定位為馬祖對外及各島間之主要客貨運港口、兩岸小三通港口、兼具觀光及親水性港口。

台灣四個主要遊艇港

新北市龍洞遊艇港（交通部觀光局主管）、嘉義縣布袋遊艇港（嘉義縣政府主管）、屏東縣後壁湖遊艇港（內政部營建署主管）、屏東縣大鵬灣國家風景區遊艇港（交通部觀光局主管）。

世界上最繁忙的郵輪港口

美國佛羅里達州的邁阿密港是世界上最繁忙的郵輪港口，每年接待超過500萬旅客。2018年12月9日，該港口的單日旅客吞吐量也創下歷史新高，總共接待了52,000名乘客。

🚢 第三節　主要市場與客群

　　這個部分可以分成三大層面來探討，第一部分是台灣本地旅客搭乘郵輪的意願，本國旅客為郵輪業及旅行社所帶來的經濟效益；第二部分是搭乘郵輪來到台灣觀光的外國郵輪旅客，對台灣本地的觀光經濟發展的影響；第三部分是外國旅客願意飛來台灣參與台灣出發的郵輪行程，過程中對台灣觀光產業的影響。

一、台灣本地郵輪旅客

　　2015年至2018年這四年當中，郵輪人數分別是82萬、75萬、98萬、101萬，台灣的郵輪旅客除了2016年下滑，之後的三年穩定成長，2019年人數更是來到105萬的新高（**圖2-2**），自從2015年擠下新加坡，台灣在亞洲市場就僅次於中國，排行第二位。2014年「公主郵輪」開始營運台灣市

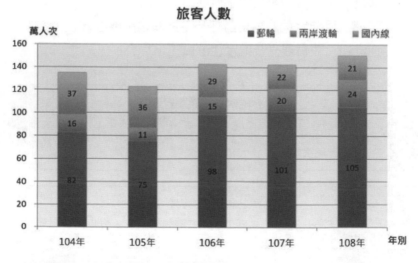

圖2-2　台灣郵輪、兩岸渡輪和國內線旅客人數統計表

資料來源：台灣港務股份有限公司

場，終結十七年唯一的「麗星郵輪」品牌，到了2017年「歌詩達郵輪」也加入行列，願意以台灣為母港，或是安排更多由台灣港口出發的航程。

　　台灣人的年假有限，因此普遍上不能連續休假太多，平均為3.5夜，所以三到六晚的短天數航程活動是最受到歡迎的，至於平均郵輪旅客年齡是43歲，遠低於世界平均值的56歲（資料來源：國際郵輪協會）。文化親和力和地理位置的原因，日本是台灣郵輪旅客的首選目的地，來回三天或是四天的沖繩短期旅行是目前最受歡迎的，但是郵輪公司也嘗試著更遠更久的旅程，把航線拉到橫濱、大阪、神戶、長崎、福岡等地，甚至到達日本北端的北海道。同時也嘗試讓日本旅客在該國港口上岸，繞行來到台灣基隆的行程，對於台灣的郵輪觀光經濟來說，也是一大利多。

二、Fly-Cruise郵輪旅客

　　行政院在台灣郵輪產業化發展策略上要求，港口及機場管理單位成立「海空結盟工作小組」，提升服務旅客軟硬體設施，並加速通關與退稅服務，建構友善的旅遊環境。2017年3月起實施「國際客船優惠促銷專案」，多元管道推廣台灣郵輪業務；與郵輪業者合作，赴日本、東南亞等國行銷來台郵輪產品，爭取Fly-Cruise客源，推廣「船進機出」或「機進船出」海空聯運，吸引國際旅客來台。交通部觀光局祭出每艘次旅客每人可獲獎助10美元，若旅客在台停留超過48小時，且每航次旅客達300人次以上每人獎助30美元、500人次以上每人獎助50美元、700人次以上每人獎助70美元等方案。統計數據顯示，2017年透過Fly-Cruise來台的國際旅客約20,000人，2018年成長至25,000人，但是台灣郵輪市場總客源不到5%，雖然觀光局祭出了利多方案，也盡力協助業者，但是仍有非常大的發展空間。

　　目前台灣最成熟、也最多郵輪旅客出入的郵輪母港是基隆，主要航線是前往日本，但是目前也漸漸加入韓國及北海道的長天數郵輪行程，串連東北亞地區。東南亞地區，目前希望可以串連菲律賓、香港與越南，以

高雄為母港,由高雄出發的行程。

　　台灣本土的跳島旅行也是政府未來積極發展的方向之一,諸如「2023年跳島旅遊年」、「藍色公路十年綜合發展計畫」,完善港口的「食、宿、遊、購、行」服務、提升及改善港口設施、加強軟硬體等,讓外國郵輪旅客也可以選擇搭乘郵輪觀光台灣離島風光。2020年的新冠病毒肺炎席捲全球,全球首艘復航國際郵輪「探索夢號」在台灣展開跳島行程,這些經驗期待可以為未來的Fly-Cruise郵輪旅客帶來更好的服務。

三、來台郵輪旅客

　　2017年至2019年來台郵輪旅客,根據交通部觀光局的統計,總計分別為112,548人、128,305人及125,251人,這些數據意味著仍有非常大的發展空間。高達60～92%主要前往的港口還是在基隆港;高雄港相對人數稀少,2018年來台郵輪旅客甚至只有8,912人;台中港2019年出現0來台郵輪旅客的窘境;花蓮港因為臨近太魯閣國家公園,台灣後山自然美景,但是靠港意願變化極大,2017年來台郵輪旅客達到5,492人,但是到了2018年就只剩下711人。除了基隆港,其他港口的進出郵輪觀光旅客變化太大,青黃不接的情勢,對於當地郵輪觀光經營者來說挑戰性相當大。

　　來台郵輪旅客當中,亞洲人還是主要大宗,其次是來自美洲,而歐洲人位居第三位主要來源。根據交通部觀光局統計,郵輪旅客來台每人每天至少消費160美金,雖然目前來台郵輪旅客仍然不夠多,但是預計未來郵輪產業將會帶動起直接跟間接的觀光產業。

🚢 第四節　潛在開發市場

　　台灣已經發展了龐大的郵輪市場,特別是本國參加郵輪的興盛度不下於歐美國家,下一步就是加深該行業的根基,外加吸引來自亞洲地區甚至主要郵輪人口的美洲及歐洲地區觀光客,願意以Fly-Cruise的方式來到

台灣。

　　基隆港已經具備郵輪母港的能力，加上政府的軟硬體投入建設，以東北亞地區為主要航線經營，吸引更多郵輪公司納入基隆港為掛靠港，產業發展上預期是可以達到效果。2017年行政院發布持續發展基隆、高雄郵輪雙母港政策，高雄港複製基隆港成功的經驗，畢竟高雄港是台灣最大的商業港口，也是按貨運量排名世界第十二大集裝箱港口，具備郵輪活動該有的基礎建設，策略上，高雄港以東南亞航線為主，目前計劃的航線是菲律賓、香港及越南之間，但是吸引力仍有待考驗，台灣人對日本、韓國的喜好還是遠遠高於東南亞國家，對此類航行的需求仍是有限的，必須再加強更多方面的吸引力，讓更多旅客願意參加。

　　「跳島」國內郵輪之旅，可以安排從高雄港或是基隆港出發，停留的馬公港、金門和馬祖群島，甚至可以將安平港、台中港及東部的花蓮港串連成系列搭郵輪遊台灣的航程，吸引願意以郵輪旅行台灣的外籍旅客。

　　2019年國際郵輪協會（CLIA）的報告，亞洲地區主要50%市場集中在中國、香港跟台灣之間，中國跟台灣分居第一、第二主要旅客來源，香港也一直位居前幾名，為提升港澳居民來台搭乘郵輪旅遊的意願，2017年1月1日起內政部開始辦理簡化簽證辦理程序，擴大開放港澳居民來台搭乘郵輪，申辦網簽可選擇一次列印一張兩證，供兩次入出境使用，讓辦證更為縮時便利。菲律賓來台免簽證措施，對東南亞國家開放相對寬鬆的簽證政策，這些都是有助於亞洲國家旅客搭郵輪來訪台灣或是以Fly-Cruise形式來台灣。

　　郵輪經濟目前在各個國家努力的發展之中，除了國際間不斷增長的郵輪旅客，當中對帶動相關產業鏈的發展也非常重要，台灣港務公司也表示，2019年郵輪停靠其實僅占7%的收入來源，主要的獲利來自於後端的補給、貨櫃、船舶維修、船員就業及觀光消費等環節，以公主郵輪的例子來說，2019年在台採購金額就高達2,000萬美金，這還只是一家公司的採購金額，整個郵輪產業鏈的商機，由上而下，為政府帶來更多的稅收，活

化所有港口，帶動地方經濟發展，也增加就業機會。

台灣外島地區港口目前可以停靠的噸位級

澎湖：郵輪可及50,000噸級
馬祖：郵輪可及5,000～10,000噸級
金門：郵輪可及5,000～10,000噸級
蘭嶼：郵輪可及5,000噸級
資料來源：台灣港務公司

Chapter

3

郵輪公司分析

第一節　郵輪風格

第二節　郵輪設施

第三節　郵輪公司提供的特殊設施

郵輪公司的噸位一直加大，在大眾郵輪的產業當中證明，更大的噸位得到的利潤效率更高，自從1990年代之後，嘉年華、公主郵輪和皇家加勒比海號等主要郵輪公司在噸位上開始變得越來越大，世界上最大的郵輪從大約77,000噸躍升至目前的225,000噸。

除了船隻噸位增加所造成的利潤上升之外，旅客的需求也非常重要，皇家加勒比郵輪集團在這一方面的研究，指出消費者希望能提供更多的餐廳、酒吧、娛樂和更多的活動，所以在2009年，皇家加勒比郵輪集團推出了225,282噸的海洋綠洲號（Oasis of the Seas），當時比第二大的郵輪大上46%，而且證明得到更多的利潤，鼓舞了該集團往大型郵輪方向發展，預計2021年推出海洋奇蹟號（Wonder of the Seas），達到230,000噸，屆時又將再次突破紀錄。2009年至2021年的十二年當中，皇家加勒比郵輪公司總計就擁有了5艘綠洲級郵輪，乘載人數也由5,400人增加到6,360人。

特殊的設施吸引更多年輕人願意加入郵輪的行列，衝浪、模擬跳傘、攀岩、滑冰、碰碰車和雷射射擊、空中腳踏車、空中步道等。求新求變，符合旅客的各種需求。2020年爆發的新冠病毒問題，郵輪公司開始檢討船上健康防疫問題，該如何做來重拾乘客的信心，讓這段衝擊可以減低到最小的傷害，目前也是受到相當關注的議題。

第一節　郵輪風格

目前全球有非常多郵輪公司，每家公司因為歷史傳統，或是主打族群不同而推出不同的風格，讓乘客有非常明顯的選擇，能夠依照自己的喜好搭乘適合自己的郵輪，當然也有一些郵輪並沒有非常明顯的差異，或是本身在設定上就相對開放，由豪華風格到探險風格都同時存在。

皇家加勒比郵輪、MSC地中海郵輪和挪威郵輪公司，給顧客的印象就是運營著大型船舶，猶如巨型的水上樂園或浮動度假村一樣，公司走向以大眾化為主，老少皆宜，特別是家庭旅行的形式。小型專門從事私密的精品飯店式郵輪，或是特殊地區冒險航程等，費用動輒幾十萬台幣，雖然

高價，但是趨之若鶩，往往一票難求。

以下依每家郵輪公司自身的特色，大致分成四種風格：

一、豪華郵輪（luxury cruise ships）

豪華郵輪一直以來都吸引著旅行者，特別是相對高端的旅客，這些船隻經過精心設計，可為海上旅客提供最獨特的體驗，包括米其林星級廚師、精緻的水療中心等，因為價格比一般的郵輪高出許多，甚至只提供豪華套房，沒有窗戶房或內艙房，費用當然並不是一般消費者能夠負擔。

豪華郵輪航線通常都是小型船，乘客在300～1,000名之間，當然也有更小的，服務人員與旅客比也常常是低於1：1.5的狀況，無論在船上的何處，機組人員努力使乘客感到愉快，也盡力保有旅客私密性，可以使用的平均空間甚至更大，無需排隊等候或在人群中爭吵下船。

船票費用通常包含小費和所有飲料（包含酒精類別），甚至岸上觀光費用都已經包括，旅客在享用餐食時不需要擔心酒水費用問題，如同在家用餐輕鬆自在的感覺，也不會因為岸上觀光費用過高而放棄，敗興而歸，一切設想都是把最理想的安排給乘客。

另一個指標是精緻的用餐環境，一流的食材和昂貴的食材，配上精美的瓷器與水晶玻璃酒杯，雖然菜單是設計好的，但是只要事先提出，往往也願意配合乘客另外安排，至於餐桌，通常以二人座為主，但是安排也盡量符合乘客的需求。

這一類型的郵輪上兒童並不多，即使有兒童，通常也是年紀較大的青少年為主，營造出來的氣氛更加高雅成熟，並針對成年人，舉辦藝術文化或是歷史講座、烹飪課、橋牌比賽和高爾夫球揮桿教學等活動。航程很多元，從探索南北極、熱帶雨林島嶼、亞洲、大洋洲、澳洲和南美洲等地區，航行大型船隻無法到達之處，或是較小島嶼、人跡罕至的地區。

豪華郵輪的需求量以驚人的數字增加當中，目前預估在未來的九年，需求量將會翻倍。2018年的市場統計是搭載了544,900位郵輪旅客，

到了2027年，估計將有73艘五星級專用客輪運載100萬名郵輪旅客。

以下是目前比較知名的豪華郵輪公司及其營運狀況：

(一)水晶郵輪（Crystal Cruises）

水晶郵輪公司標誌

規模不大，除了河輪航程外，僅有兩艘郵輪和一艘小型遊艇，時尚的裝飾，優雅和精緻的餐飲，完善且豪華的設施，是該公司所要營造的氛圍。每個客艙都相當豪華，除了陽台艙房，也提供費用較低的窗戶客艙，兩艘最大的船舶也只有68,870噸，載客1,040人。

55歲以上的富裕人群是主要客群，但是暑假期間水晶郵輪歡迎家庭入住，為3～17歲提供遊戲室和保姆服務，並為年齡較大的孩子提供各種娛樂活動，與許多其他豪華郵輪公司不同，目前客群主要來自北美洲。

跟大多數的豪華郵輪一樣，有一定的服裝限制，晚上六點之後，一律正式服裝，不可以穿著短褲或是牛仔褲。

費用幾乎全包，包含岸上活動、小費、船舶上所有酒精與非酒精飲料以及客房服務，其中所有乘客還提供一次免費的特色美食預訂，算是特別的服務。水療和美容護理、洗衣則是額外付費。

它也提供了格陵蘭島等其他豪華郵輪公司不常去的目的地。對於那些喜好冒險又想要奢侈高端享受的人來說，這是個很好的選擇。

(二)麗晶七海郵輪（Regent Seven Seas Cruises）

麗晶七海郵輪公司標誌

　　提供豪華的小船探索和發現之旅，船上的氛圍是「高檔但不拘泥」，並提供周到個性化服務。目前只有五艘郵輪，最大噸位是54,000噸，最多可容納750位客人。50歲以上是主要客群，大多數乘客來自北美洲。與水晶郵輪一樣，暑假期間載一些短程，特別是阿拉斯加航程可以見到一些年輕人或是家庭旅遊的旅群出現。

　　免費項目包含：飲料、每日補充艙房冰箱飲料、無限制岸上活動、網路使用，甚至機場或是飯店接送。

麗晶七海郵輪套房

資料來源：麗晶七海郵輪

無與倫的比豪華郵輪艙房,特別提供歐舒丹系列沐浴與保養用品。服裝如同相同等級的郵輪,除了最後一晚或是舉辦池畔派對,晚上六點之後不允許旅客在公共區域穿著T恤、短褲、牛仔褲、棒球帽和運動鞋。

(三)璽寶郵輪公司(Seabourn Cruise Line)

璽寶郵輪公司標誌

屢獲殊榮的超豪華小型船隊,目前僅擁有五艘船舶,最大的船只有41,865噸,只提供300間套房艙房,走的是精美豪華郵輪風格。旅客的平均年齡約為60歲,夏日假期時間偶爾會有小孩參與,但該公司並不以家庭或是以年輕人為主打行銷客群,這也是為何平均年齡會較高的原因。乘客國籍大多來自北美旅客及歐洲、澳洲等西方國家。

寬敞現代的套房,放置極富格調的歐洲傢俱,艙房內每天供應新鮮水果,算是該公司特殊行銷亮點。異國風情的目的地,創新美食和一流服務,船上雖然並不是全然免費,但是船上所有餐廳用餐、服務小費、大多數葡萄酒和烈酒、酒精及非酒精飲料或健身課程全都是免費的。但是岸上觀光、網路等就必須額外付費。服裝部分到了六點過後,也不像大多數的豪華郵輪所規定的正式打扮,僅是規定不能穿牛仔褲。

璽寶郵輪公司與聯合國教科文組織世界遺產計劃合作,世界遺產遺址的觀光費用有一部分將捐獻給聯合國教科文組織,以幫助保護和維護這些區域。雖然船艦數量不多,但是提供全球許多獨特的旅遊目的地,或是安排一些特殊景點,包羅萬象。

璽寶郵輪房間內部

資料來源：璽寶郵輪公司

(四)銀海郵輪（Silversea Cruises）

銀海郵輪公司標誌

　　因獨有和一流的服務而享譽盛名，寬敞的套房，精緻的美食，符合豪華郵輪的要件，目前最大船艦只有四萬多噸，即使計劃在2022年加入團隊服務的船舶也才接近45,000噸，使用的不是大型船艦，最小的船舶僅搭載100名乘客，最大的也只能搭載608名乘客，服務人員與乘客比幾乎就是1：1的狀況，營造一種船上工作人員與乘客親密的體驗。

　　目前參與的乘客以60歲以上富裕的人士為主，但是該船隊所推出的「探險」船航程，特別是較短的探險或是經典航程，這類的航程乘客平均

年齡相對就比較年輕。目前60%的乘客來自北美洲,次之是歐洲等西方國家。

　　航程涵蓋全球,天數可以是五天至三十四天,甚至更久的時間,推出許多特殊偏遠港口,滿足喜歡冒險或嚐鮮的旅客。全包式郵輪,包括小費、酒精與非酒精飲料、岸上活動等。靈活的用餐時間表,可讓旅客隨時隨地用餐,這一部分是被許多郵輪旅客讚許的。雖然銀海郵輪因為分成兩種系列,除了探險船系列可以比較隨意穿著,其餘航程的服裝要求基本上與其他豪華郵輪相同。

銀海郵輪通過倫敦塔橋

資料來源:銀海郵輪

二、高級╱特種郵輪(premium & specialty cruise ships)

　　將個人服務和小型船的私密空間與大型船提供的設施相結合,就是高級或是特種郵輪的屬性。通常高級船噸位較小的中小型船舶,是只能運載數百到一千多名乘客的船型。某些高級郵輪公司也使用大型船舶,例如冠達郵輪旗下的三艘郵輪,最大的瑪麗皇后號就高達149,215噸,三艘船優雅的內裝,各項評比都在高級郵輪之上,所屬船艦就超過二千名乘客,但是仍然能夠提供與小型船舶相同的服務標準。

　　柔和的氛圍和精緻的風格，比大眾型郵輪載客量更少，服務人員比例高，乘客可用平均空間也高於大眾型郵輪，舒適度更高。

　　活動傾向於以生活方式為導向，白天課程範圍從電腦課程、外語的初學者課程，到國際知名的政治、歷史、商業或藝術界人士的一系列演講。晚上表演通常會提供包括歌舞表演，邀請知名的聲樂家或是音樂家表演、雜耍、脫口秀和拉斯維加斯風格的表演等。節目和活動與大眾郵輪差不多，但是要來得精緻與專業。音樂則以古典或是優雅的音樂為主，鮮少出現吵雜、慶祝嘉年華會般的音樂。

　　水療中心和美髮美容中心裝飾精緻，健身愛好者也不會對健身房設施感到失望。至於行程以及停靠港和遊覽，與大眾郵輪並沒有很大的區別，但是這一類型的郵輪經常安排停靠時間更久或是更深度的航程。

　　著裝要求從舒適休閒到西裝筆挺的裝扮，通常在一週的巡遊中有一個正式之夜及一個船長之夜。乘客的平均年齡一般也會稍大一些，但是到了夏季和學校放假高峰期，許多家庭會參與郵輪航程，青少年及兒童會稍微多一點，因此大多數船上也設有兒童設施，讓這些有兒童的家庭也可以參與這些高級或是特種郵輪，但是這些設施絕對無法與大眾郵輪狀況媲美。

　　高品質的美食和內裝外觀讓旅客感受尊榮感，相較於大眾郵輪來說，特別注意用餐，不論是用具或是食材，餐桌上可能擺放著韋奇伍德瓷器，或是知名品牌餐具，不會出現塑膠製品餐具，餐桌上及船艙上的花朵絕大多是鮮花。額外付費的特色餐廳也很容易在船上找到，一般都是以知名餐廳聯名，或是以米其林餐廳主廚菜色來號召，吸引旅客預約，非常值得一試，因為可以品嚐美食，而費用遠比陸地上便宜。

　　提供的客艙與大眾郵輪狀況一樣，只是帶有陽台的外艙以及豪華設施的套房更為普遍，平均旅客可以享受的空間也比一般大眾郵輪要來得大。船上的設施通常與大眾郵輪一樣廣泛和多樣，服務人員比以及公共空間的空間比，也比大眾郵輪要有優勢，整體平均搭船費用大概介於大眾郵輪到豪華郵輪之間。

(一)精鑽郵輪（Azamara Club Cruises）

精鑽郵輪公司標誌

　　精鑽郵輪僅有三艘中型船舶，每艘載客少於700名乘客，是郵輪業務中規模最小的公司之一，雖然規模不大，但是精心安排，營造出如同在家的氛圍，讓旅客感到放鬆的地方，旅客年紀普遍偏大，以來自北美洲、英國、澳洲及紐西蘭為主。

　　每間艙房內提供來自法國高級的沐浴產品，鮮花、長毛絨棉質長袍和拖鞋，並且每天提供健康零食以及艙房內下午茶服務。雖然沒辦法如豪華郵輪，但是部分酒精及非酒精飲料是免費的，開放自助洗衣中心供乘客使用等。

　　一流的餐廳服務與食物，對於服裝要求如同豪華郵輪，六點過後禁止乘客穿著牛仔褲、短褲或是背心，但是要求上又比較寬鬆，只要不過於隨便即可，對於不喜歡拘束的旅客來說是一大福音。

　　安排許多特殊的航程供顧客選擇，以提供更長的港口停留時間（包括多日遊）而自豪，定價高於大型大眾市場的價格，但不及豪華市場的價格。

(二)冠達郵輪（Cunard Line）

冠達郵輪公司標誌

　　成立於1840年，總部位於英國南安普敦，秉持傳統，紅色、白色和黑色煙囪，是歷史最悠久的郵輪公司。該公司的歷史可以追溯到1840年，維持一百八十年歷史的郵輪公司，是世界上最著名的郵輪品牌之一。艦隊很小，目前只有三艘船舶，可以搭載2,691名乘客的瑪麗皇后2號，是艦隊的旗艦也是高級郵輪裡噸位及人數的第一名；可以搭載1,988名乘客的維多利亞女王；以及可以搭載2,068名乘客的伊麗莎白女王號，目前第四艘船預計2022年首航。

　　乘客大多來自英國、北美、德國和日本，年齡範圍主要在55歲以上，主要是以成人為主的郵輪，但是短程或學校放假時期，也會出現一小部分小孩參與。裝潢和氛圍也注入了古典氛圍，艙房精緻典雅，是其他相同等級的郵輪找不到的，提供三種不同類型的住宿，餐廳也分成三個專有用餐區，例如Britannia Restaurant餐廳、Princess Grill和Queens Grill餐廳，酒精及非酒精飲料必須額外付費。

　　白天古典音樂在公共區域輕柔地播放，重視傳統，其中最具有紀念意義的是每天由白手套服務生和現場樂手演奏，提供的免費下午茶別具特色。六點過後乘客必須穿著正式服裝，牛仔褲或是一般輕便衣物是完全被禁止的。如果真的不願意穿著正式服裝，晚上就只允許前往自助餐廳，戲院及其他公共場合就不被允許出入，這一方面的規定算是比較嚴格的。

　　英國認證的保姆和其他合格的兒童活動顧問，而且可以至午夜，一切都是免費。高端購物產品，瑪麗皇后2號號稱擁有海上最大的圖書館，超過6,000本書供乘客閱讀，對於跨大西洋航程來說，是個很好利用的空間，提供海上唯一的寵物飯店和天文館，這些都是創舉。其他比較特殊的課程包含西洋劍教學、國標舞教學、品酒課、藝術專題，或邀請高知名度的作家、演員、電影製片人、政治家、探險家、科學家、歷史學家等在眾多有趣的講座系列中上台與乘客分享他們的學科和觀點。知名音樂家現場表演或是電視、廣播知名脫口秀主持人表演。

　　航線目前遍及全球，1922年率先開創首次世界航行，這個環球之旅傳統到目前依然受到矚目，暑假期間通常至少有兩艘船舶會以歐洲為基

| 冠達郵輪內部 | 冠達郵輪酒吧 |

地，航行至知名地區，目前也推出許多如冰島等比較特殊的航程。

(三)赫伯羅特郵輪（Hapag-Lloyd Cruises）

赫伯羅特郵輪公司標誌

　　成立於1970年，總部位於德國漢堡，赫伯羅特郵輪提供從豪華到高端冒險探險活動為主，船舶以小型船為主，最大船舶不到三萬噸，乘客由一百多人到只有數百人。乘客以德國人居多，所以德文是必然的溝通語言，但是目前來自歐洲及北美國際旅客也很多，所以英文自然成為重要的溝通語言。乘客年齡層以50歲以上居多，為了吸引更多不同的年齡層，船上設有兒童俱樂部以吸引家庭旅行旅客，但偶爾也會規定僅限成年人參加。

　　船上除了指定的餐廳免費之外，額外的餐點或是酒水就需要自費支付，船上服務費用是包含在船費當中的。服裝要求依航線而有所不同，如

果是探險船航線，服裝僅需要舒適即可，但如果是一般傳統旅行航程，服裝就必須注意，雖然不需要非常正式，但是西式禮服或是套裝就必須準備。

　　赫伯羅特郵輪以探險活動最為出色，海洋學院的宗旨，極富教育概念，白天由專業人員帶領探險行程之後，晚上通常安排相關的演講，或是參與科學實驗，與其他郵輪來說算是非常不一樣的。

　　就費用來說，因為特殊性，探險航程費用特別昂貴，除了傳統航程，只要是探險航程，岸上活動是採用全包式的，旅客不需要特別支付。

　　新一代的船舶，為了能夠配合極地旅行，增加耐航能力，要求船隻必須能夠獨立航行三十六天，不需要加油或食物補給。對於極冷或極熱地區都能夠適應，遇到冰山的耐撞承受能力也升級到最高等級，增加前往特殊地區航行的安全性。除了南極洲，北極、格陵蘭島和南美的亞馬遜河都可以看到該公司行蹤。

(四)大洋郵輪公司（Oceania Cruises）

大洋郵輪公司標誌

　　成立於2002年，總部在美國佛羅里達州邁阿密，號稱提供的是五星級的眾多服務，但是並不像豪華船艦那麼花俏或是昂貴，精緻典雅，目前僅有六艘船舶，以中小型為主，最大的船也只能夠容納1,258位旅客。營造輕鬆鄉村俱樂部般的氛圍及用餐環境，並且以輕鬆的方式安排每日的活動，不會讓乘客有每天需要趕行程的感覺，乘客年齡大多50歲以上，但是隨著航程越久，年齡也會跟著提高，雖然沒有阻止兒童參加，但是沒有兒

童設施,也不提供兒童節目,所以船舶上很少兒童出現,只有阿拉斯加航程是個特例,該航線為5～12歲的兒童設計活動,反映了該地區的市場需求。乘客主要來自美國、加拿大和英國。

　　與其他高級或是特種郵輪一樣,大洋郵輪公司經常安排一些非大眾大型船隻可以前往的港口,這跟其船隊皆屬中小型有關係,讓旅客覺得跟大眾郵輪的旅客有差異性,增加這些旅客的特殊性感覺,目前號稱可以提供前往全球300多個巡航港口。

　　套房寬敞,溫馨而多樣。大洋郵輪公司提供義大利知名品牌床組,並設有1,000針數的床單,就是要讓旅客睡得舒適。為了增添優雅氣息,每個房間都配有寶格麗產品之物件。

　　精緻美食是大洋郵輪公司的標誌,主餐廳和特色餐廳都是免費的,每艘船都有四個不同的餐廳,除了特色餐廳需要預訂座位,整個航程期間都設有開放式座位,並沒有規定座位,特色餐廳通常開放乘客一次免費享用,飲料除了酒精飲料需要付費之外,其餘茶水果汁都不需要額外付費。服裝方面也沒有特殊要求,僅是在特色餐廳不適宜穿著短褲、背心等

大洋郵輪公司陽台房

資料來源:大洋郵輪公司

服裝。

在海上提供特別的烹飪課程，邀請來自世界各地的大廚教你如何在最先進的教學廚房中準備各種精美的菜餚。同樣地，「藝術家閣樓」也提供諸多藝術課程。

每次訪問新港口之前，都要先介紹該地區為主題的豐富講座，目的地的歷史背景、文化、傳統和語言，由知名專業的人員包含歷史學家、博物學家、藝術家或是音樂家，現場座談甚至簽名會，展現參與人員的品味。

在行程方面，大洋洲航程最受到矚目，通常航行十夜或更長時間，其中也提供環球一百八十天的航程，時常銷售一空。

(五)保羅高更郵輪公司（Paul Gauguin Cruises）

保羅高更郵輪公司標誌

旗下只有一艘船，該船1997年建造，總共只有332個床位，總重19,200噸的特種豪華郵輪，感覺就像是私人遊艇，而不是郵輪。主要全年巡航南太平洋水域及法屬玻里尼西亞大溪地，一直是該地區唯一常態全年運營的豪華郵輪。乘客沐浴在美麗的島嶼、環礁和潟湖及令人驚嘆的海洋生物之間，因為噸位不大，所以船隻可以抵達的島嶼、潟湖更多，是這艘郵輪的最大賣點之一。

乘客年齡層大多在45～65歲之間，或是年輕的蜜月旅行者，只有在夏天和學校假期期間，船上才會出現比較年輕的族群。服裝的規定方

保羅高更郵輪公司船上傳統音樂表演

資料來源：保羅高更郵輪公司

面，沒有規定需要穿上正式服裝，包含打上領帶領結等，但是白天在所有公共區域還是需要穿上襯衫和鞋子，下午六點後規定休閒或優雅度假服，不得在餐廳或休息室穿著短褲、T 卹、休閒牛仔褲、棒球帽、人字拖。

免費的部分包括往返機場的接送服務、船上的服務費、三個用餐地點的所有餐點，以及船上的精選葡萄酒、烈酒、啤酒、汽水、瓶裝水和飲料。客房服務和房內冰箱每天補充的汽水、啤酒和瓶裝水，小費也包括在內。

所有船上娛樂活動和船上專家的課程，主題從南太平洋歷史到自然保護，海豚、珊瑚礁等。水上運動包括划皮艇和海灘划槳，特殊地點海灘或是島嶼的水上活動等都是免費。其餘需要支付的部分就是岸上行程及潛水課程。

(六)龐洛郵輪（Ponant）

龐洛郵輪公司標誌

成立於1988年，總部位於法國馬賽，運營著九艘在全球範圍內航行的船隻，包括在全球極地地區。特色之一是都是小型船舶，每艘只能容納180～264位客人。完全法國式風格，古典音樂與美食美酒是其主軸，郵輪上以法文跟英文溝通為主，乘客來源主要是法國人和歐洲人，但是美國人也有增加的趨勢。

參與的人員年齡資料報告中，龐洛郵輪的旅客平均年齡人約60歲，參與乘客的教育水準都很高，雖然該公司針對17歲以下的孩子有特殊優惠方案，但是郵輪上小孩族群還是不多。

穿著上來說，並沒有具體的著裝規定，但是參與的旅客至少不會過於隨便，法國或是歐洲的乘客通常穿著別緻的名牌服裝，女高跟鞋，西裝和領帶，絕對不會看到短褲、牛仔褲或T卹。

法式風味的標誌，每餐都是高級美食、美酒和出色的服務。沒有固定的位子，採用隨到隨服務入座的方式，全天候飲料包含酒水都是免費供應。龐洛郵輪亮點，應該就是每天提供法國道地美食。

龐洛郵輪提供許多特殊的行程，提供與國家地理學會相關的多種極地和熱帶探險郵輪，每年都有幾次音樂巡游，例如每年一度的海上鋼琴節。過程中會請一些學者講解當地的風土民情。藝術家的表演水準很高，其中包括國際知名的藝術家，但是大多數是法國人，郵輪上的客人非常重視音樂，船上的劇院總是擠滿了人，特別是海上鋼琴節，屢屢邀請鋼琴大師演奏。比較特殊的是船上沒有賭場，但是有土耳其浴等桑拿房，其餘的表演娛樂就跟其他船艦一樣，每天安排讓旅客排遣時光。

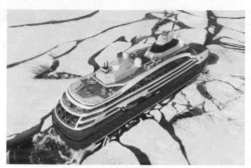

龐洛郵輪　　　　　　　　　　　　　　　龐洛郵輪陽台房

資料來源：龐洛郵輪　　　　　　　　　　資料來源：龐洛郵輪

(七)海夢遊艇（SeaDream）

海夢遊艇公司標誌

　　成立於2001年，總部位於挪威奧斯陸，目前只有兩艘船舶經營，被設計為超豪華遊艇體驗的原型，以遊艇式的旅遊方式提供服務，以及精美的活動空間設計，乘客分別只能搭載110人及112人的小型郵輪。乘客主要來自歐洲和美洲，大多數年齡介於40～50歲之間。雖然允許兒童小孩參與航程，但是船上缺乏兒童的活動，所以主要還是以成年人為主。

　　服裝上並沒有特別要求，到了晚上男士穿著有領襯衫即可，不需要領帶，甚至不需要西裝外套，女士只需要優雅的休閒服或休閒褲即可，也不需要特別穿著洋裝。

　　船上的兩個餐廳採用自由入座非固定位子，早餐和午餐也可以選擇在甲板上的露天餐廳享用。除了24小時客房送餐服務外，全天供應簡單餐食。船上大多數飲料及小費全都是包含在內，免費提供。

　　參與船公司安排的岸上行程是要額外付費的，但是船上提供免費自行車租借，免費岸上健行活動、浮潛或划橡皮艇等。船上免費課程包含健身、使用高爾夫模擬器、瑜伽和太極拳。

　　乘客和工作人員比幾近1：1，參與的旅客可以得到妥善的照顧，還可以有更多自己悠閒的空間。

　　每年11月至4月通常航行於加勒比海地區，5月至10月主要航行於地中海地區。通常海夢遊艇航行都會在港口停留至深夜，因此乘客可以享受當地夜生活。

(八)星飛快帆郵輪（Star Clippers Cruises）

星飛快帆郵輪公司標誌

　　巨大的風帆相當雄偉壯觀，這是星飛快帆郵輪最大的特徵，目前只有三艘，主要在地中海、加勒比海和亞洲航行，還提供跨大西洋、巴拿馬運河和古巴的航線。目前最大船船的長度只有134公尺，最多只能承載277名乘客，對於厭倦大型郵輪，星飛快帆郵輪提供給想要體驗古老帆船的乘客。

　　乘客平均年齡45～55歲之間，主要來自北美、德國和英國。夏天孩童暑假期間，雖然費用不便宜，但還是可以看到許多小孩參與。機組人員非常友好，平易近人，船長室通常是開放的，歡迎乘客與船長或值班人員聊天及認識船艦操作，只有特殊狀況或船艦正在港口進出航行時刻是禁止入內的。

　　穿著上來說可以隨意，短褲都可以，只是規定晚餐時不得穿著短

褲或人字拖鞋入席。餐飲部分與其他的高級或是特種郵輪相較，相對陽春。船上的所有餐飲和水上運動設備都是免費的，但岸上觀光費用、小費、酒水、咖啡、茶、水療服務和洗衣服務必須額外支付費用。

　　適合喜歡冒險、感受傳統航海以及水上活動的旅客，雖然費用不便宜。對於容易暈船的人來說，這不是一個很好的選擇。

> 當帆船遇到沒有足夠的風，怎麼辦？為了完成航程項目，船長會使用船上發動機動力。

星飛快帆郵輪船上水手
資料來源：星飛快帆郵輪

星飛快帆郵輪外觀
資料來源：星飛快帆郵輪

(九)維京郵輪（Viking Ocean Cruises）

維京郵輪公司標誌

　　跟其他的高級或是特種郵輪相比，維京郵輪算是相當新的公司，成立於1997年，總部位於瑞士巴塞爾，目前運行七艘船舶，每艘船艦風格及大小雷同，載客量僅為930人，在船上乘客會發現豪華的特色和現代的便利設施，經過精心包裝，一切都是為舒適而建造的中型船，與較大的郵輪不同，維京郵輪可以直接行駛入目的地的中心，乘客有更多的時間探索。乘客大多是55歲以上人士，比較特殊的是，船公司特別規定18歲以下的兒童不允許登船。

　　客艙和套房提供寬敞、優雅的環境，風格和實用性為船上基調。配備一張特大號床，貼心安置加熱地板，強力淋浴設備，24小時客房送餐服務，所有的艙房都採用最新的隔音技術，因此可以確保安靜的睡眠。

　　船上可以選擇十個不同的用餐地點用餐，費用均包含在內。晚餐服裝規定也很休閒，不需要穿著晚禮服，只要優雅合宜就可以，並沒有所謂的正式之夜。乘客只需放鬆，享受五星級的服務、優質美食和美酒。同時也提供比其他郵輪更多的露天就餐選擇。用餐過程當中提供享用免費的葡萄酒、啤酒和無酒精飲料，但午餐和晚餐之外的飲品則是要額外付費。

　　船公司提供免費安排當地導遊帶領岸上遊覽活動，同時也推出自費安排行程供乘客選擇。郵輪公司著重課程講座，甚至安排到考古現場與科學家或是歷史學家交流，讓旅客更瞭解當地。刻意安排目的地的傳統民俗表演。

　　泳池甲板上的星空電影院，配有博士（Bose）耳機，可單獨控制音量，其餘免費的部分包含無限制的免費無線網路、自助洗衣和水療SPA。

維京郵輪是少數船上不設置賭場的郵輪公司。

維京郵輪極地探險

資料來源：維京郵輪

(十)星風郵輪公司（Windstar Cruises）

星風郵輪公司標誌

　　成立於1984年，總部位於美國西雅圖，星風郵輪公司總共擁有三艘全套房的三桅帆船，和三艘小型郵輪，載客最少一百多人，最多三百多人的小型船舶，營造休閒而又高檔的環境，提供私密的遊艇風格帆船和航行小型港口路線而聞名，航行歐洲、中南美洲和亞洲的數百個港口。

　　乘客年齡層非常廣，主要客群來自北美55～75歲之間為主，其他國家則來自紐西蘭、澳洲、英國和其他歐洲國家，雖然允許小孩參加，但規定最小年齡只接受到8歲，也沒有專門的兒童活動或遊樂區，所以小孩是很少加入航程活動的。

　　服裝要求不高，穿著度假風格的禮服或長褲及有領襯衫即可，雖然可以簡單穿著，但是星風郵輪公司不允許在船上用餐時穿著短褲、人字

拖、牛仔褲、帽子或圓領短袖。用餐是星風郵輪公司亮點之一，晚餐在船上舒適的主餐廳中進行，餐廳展現休閒氣氛。

活動包括健身課程和每晚雞尾酒會，當船隻能夠在海上錨泊時，船員可以從船尾放下水上運動平台，讓旅客從事滑水、風帆、浮潛、站立式槳板、衝浪或划橡皮艇等，這些都是免費提供。

周到的服務，乘員組比例為1.5：1。但是娛樂活動通常僅限於休息室中的音樂，也會邀請旅客表演等，娛樂部分非常少，所以一般乘客很早就會上床睡覺，或是在室內和室外酒吧／酒廊品飲。

三、大眾型郵輪（mainstream cruise ships）

它是最常見、最廣為人知的郵輪類型，常常以浮動度假村號召各個年齡層，其設計和配備可滿足大多數乘客的需求，大多數附設大型兒童俱樂部，為兒童和青少年提供免費的兒童活動，父母可以在這裡與合格的青年工作人員一起親子輕鬆無負擔享受各項活動，對於更小的小孩甚至還有托兒所，讓父母可以盡情享受海上活動時光。這些船舶以容納千人到三千人是最常見的船型，雖然目前出現突破到五千多名乘客的規模，但那畢竟還是少數。船的尺寸往往比豪華或是探險型郵輪更大，裝飾更明亮，足夠大的空間可以提供更多元的活動項目。

呈現出一座漂浮的度假勝地特色，便利設施和服務，餐館、多個酒吧和酒館、夜總會和舞廳、購物區、百老匯表演或電影院、圖書館、大型賭場、攀岩牆、迷你高爾夫球、巨大的水療中心和健身房、美髮護膚中心、游泳池、滑水道和其他運動設施變得相當重要，也幾乎變成所有該類型郵輪的標準配備。

一次迎合數千名乘客的郵輪在艙房安排上總是有多種選擇，在不同的價位上提供了多種客艙類型，內艙房、窗戶艙、陽台艙。最便宜的內艙，中等價位的陽台或迷你套房，乘客依自己的需求與經濟能力選擇，另一方面，大眾型郵輪公司也積極在船上增設提供乘客可以躲避人群，體驗

更好的服務，獨家設施和私密性艙房，這些加大的艙房與特殊艙等，時常配有私人禮賓和管家服務，其他設施可能包括私人游泳池、餐廳、私人酒吧、貴賓室和觀景台、小型旅遊活動、快速下上船通關禮遇等。

挪威郵輪公司（NCL）於2000年首先將特殊艙房概念帶入大眾郵輪市場的公司，推出之後大受好評而且營收更好，也刺激了各個郵輪公司紛紛投入，增設特殊艙等房。特殊艙房價格有時直逼豪華郵輪，甚至更高，受歡迎的原因主要是因為豪華郵輪通常是為年齡較大的乘客設計的，無法滿足富裕的年輕族群或夫妻和家庭，他們需要更多的樂趣、夜生活和娛樂的需求，大眾郵輪符合這些需求，而特殊艙等又可以讓這些旅客有備受禮遇的尊榮感。

大量的室內與戶外活動，靜態活動到動態活動，大眾型郵輪公司的策略就是讓乘客隨時有活動，能夠滿足船上的每個人，從祖父母到學步幼兒都可以接受。不斷地推出購物活動或是自費特色餐廳、高檔飲料、其他服務和岸上旅遊活動，極盡所能的促銷折扣手法，以取得額外收費，也是該型態郵輪公司常見的。

盡可能符合各個年齡層或是社會階層需求，營造充滿樂趣的休閒氛圍，除了娛樂活動也舉辦教育講座，這些活動與更高等級的郵輪公司手法類似，只是人數觀眾變多。票價部分通常是在大眾能夠接受的範圍，航行天數也以大眾時間為主，提供若干天到一般的七天航程，一週猶如公車班次的循環幾個月甚至一整年的航程。

以下是常見的大眾型郵輪公司分析：

(一)嘉年華郵輪（Carnival Cruise Line）

嘉年華郵輪公司標誌

　　1972年創立，總部位於美國佛羅里達州多拉，目前擁有29艘船舶，嘉年華郵輪公司直接以「嘉年華」（Carnival）這個名字命名，直白地告訴旅客，來參加嘉年華郵輪公司航程，每天就像在過嘉年華會一般，可以跟他們一起度過美好時光。適合的年齡層從年輕到老年都可以，號稱是郵輪界裡最以家庭為導向的公司之一，所以隨時在他們的航線上，都可以看到許多孩童參與，提供特殊為小孩設計的活動，分別為2～11歲、12～14歲和15～17歲的孩子提供不同的活動主題。

　　嘉年華郵輪專門從北美母港航行，乘客主要來自美國，特別是美國南部和中西部，加拿大、英國和其他一些歐洲國家的乘客也陸續增加中。總部設置在佛羅里達州的邁阿密世界郵輪最大的港口，許多船隻從那裡出發前往墨西哥和加勒比海溫暖的目的地，提供業內最低的價格，尤其是加勒比海三晚和四晚郵輪航程。

　　服裝的規範上，嘉年華郵輪主打休閒，白天和晚間的服裝基本上都是一樣，T恤衫舒適的服裝即可，只是不要在主餐廳穿短褲即可。船長之夜，穿著西裝或是禮服的還是大有人在，但是著一般禮服、長褲及有領襯衫也不在少數。

　　除了正常的餐廳服務是免費的，全天提供加勒比海風格的美食。旅客如需要特色餐、含酒精和非酒精飲料、水、果汁以及咖啡和茶，都需要額外支付費用。

　　大眾型郵輪必有的娛樂活動配備，充斥著各種娛樂選擇，特色大概就是滑水道及
戲水池，所以幾乎每艘嘉年華郵輪都有一個甚至一個以上的滑水道，猶如漂浮的水上樂園。其餘比較新奇的活動，如高空繩索課程、高空腳踏車，讓郵輪更像一艘主題樂園。戶外電影院、專業課程講座偶爾也會舉辦，但是乘客參與遊戲和競賽的意願更高。大型劇院裡艷麗的歌舞表演到大型豪華賭場，現場樂隊以及每次巡遊船隊都提供熱鬧的深夜喜劇表演。適合有預算限制、喜歡輕鬆不受拘束的全家和樂郵輪。

嘉年華郵輪外觀

(二)皇家加勒比國際郵輪（Royal Caribbean International）

皇家加勒比國際郵輪公司標誌

　　1968年在挪威成立，自1997年以來一直是皇家加勒比郵輪集團的子公司。總部位於美國佛羅里達州邁阿密，皇家加勒比郵輪公司是世界上最大、最受歡迎的郵輪公司之一，在全球十大郵輪中，有超過一半的船舶屬於該公司。

　　按收入計算，它是最大的郵輪公司，占全球約14%，按旅客數量計算，約占19%。目前擁有數艘全世界最大的郵輪，高達228,000噸，乘客量5,518人的超高運載，截至2019年7月，共有26艘船舶營運當中，不久的

未來將會有6艘船舶加入團隊。

　　主要客源還是來自北美地區，短天數到七晚以下航程主要吸引年齡族群在30～55歲之間，以家庭組合最多，尤其學校放假期間，可以看到船上有許多孩童與家長一同參與該公司航程，至於七晚以上的航行，主要旅客年齡在50歲以上。

　　皇家加勒比國際郵輪的服裝規定並不嚴格，晚上用餐時可以選擇休閒、便裝或正裝，並沒有那麼嚴謹，但是在船長之夜，還是很多乘客願意穿上西裝或是禮服，打上領帶、領結，甚至穿著燕尾服。

　　主餐廳和自助餐廳是完全免費，包含咖啡、茶、牛奶、果汁飲料、披薩和冰淇淋是免費的，但是特色餐廳例如亞洲館、牛排館、墨西哥和義大利餐廳用餐均需支付額外費用。

　　皇家加勒比國際郵輪會受到如此歡迎的原因之一，與其船上的設施有著密切關係，針對家庭有兒童的部分，巨大的兒童中心和不間斷的兒童活動等功能，安排對孩童的照顧及課程，讓成人跟兒童都能夠滿意參與，甚至開始為嬰幼兒提供餐飲服務，並為6～36個月的孩子們開設了嬰兒互動課程，遊戲小組和活動，父母可以完全交付給郵輪公司托兒所中心，為嬰兒提供專業護理，讓年輕父母可以享受完全度假的狀況。

　　能夠這麼成功的部分原因或許是願意不斷創新的結果，首創船舶上攀岩活動、滑冰、滑索、衝浪模擬器運動，還有大型的中央公園等。在海上提供種類最多的活動和體育設施，船舶越新越大，提供的項目就越多。郵輪上特色的表演，甚至將音樂劇完整搬到舞台表演、創新的水上表演、冰上表演以及各種特色活動，使其客戶群不間斷地拓展，也就是為何皇家加勒比國際郵輪願意繼續投資更大型的郵輪主因，截至2020年該公司擁有4艘綠洲級高達22萬噸的巨型郵輪，預計2021年的海洋奇蹟號（Wonder of the Seas）將會突破到23萬噸，締造更大的郵輪尺寸。

　　歐洲地區或是亞洲和澳洲地區的航行，吸引了許多來自每個地區的大量當地人。

皇家加勒比國際郵輪外觀

(三)名人郵輪（Celebrity Cruises）

名人郵輪公司標誌

　　1988年於希臘成立，1997年與皇家加勒比郵輪公司合併，總部位於美國佛羅里達州邁阿密。名人郵輪集團提供時髦和現代的船上氛圍，高檔的設計和創新的美食，非同尋常的娛樂和創意行程，營造出跟同等級郵輪的不同特色，在郵輪界贏得了很高的評價。船艦規模差異非常大，像名人遠征號（Celebrity Xpedition）這樣的小船航行，該船隻僅能載運48位乘客，但是你也可以選擇名人愛極號（Celebrity Edge）這樣的船舶，可以容納2,918名乘客，無論選擇哪種船，都可以期望獲得高水準服務，每艘船乘客與船員比例大約1：2，在該等級船舶當中算是相當相當出色的。

　　旅客年齡平均60歲，只有在寒、暑假期間會出現較多的年輕人或是孩童，其餘時段還是以老人族群居多，主因之一是名人郵輪提供航程較長，航行比較特殊的旅遊航點，對退休人士或是較有經濟能力的老年人比較能夠負擔，目前大多數的旅客來自北美、英國、澳洲和紐西蘭。

　　大多數名人郵輪的乘客穿著習慣比較偏向休閒服飾，船長或是正式之夜對於短天數的行程至少會舉辦一次，對於超過七天的航程，往往會舉辦至少兩次，參與乘客會穿上較正式的服裝，但是船公司對於只著休閒服的旅客也不會加以管制。

　　名人郵輪的票價跟其他的大眾郵輪一樣，包括主餐廳和自助餐廳都是免費供應，只要在晚上十一點前，客房服務，餐廳裡提供的水、咖啡和茶以及部分果汁，完全不額外收費，以大眾郵輪的狀況來說，這是相對比較優勢的部分。

　　到了晚上，拉斯維加斯式的節目製作，百老匯劇院表演、馬戲、喜劇、魔術、舞蹈和現場音樂，應有盡有，相當受歡迎。但是對家庭有兒童成員的旅客，如需要保姆照顧則須支付額外費用，不像大部分的郵輪公司提供免費服務，比較特殊的部分是對於小孩照顧的分級相對於其他公司是比較細的，共分為五級：3歲以下、3～5歲、6～9歲、10～12歲和青少年13～17歲。

　　名人郵輪上種植真實草皮也算是該公司的一大特色，讓乘客猶如在陸地上一樣，可以行走在草地上、打滾球，或是坐在草地上放鬆閱讀、晒太陽，都是名人郵輪最受歡迎的活動之一。一些船隻還提供玻璃製作的演示和課程，讓旅客可以自製紀念品帶回家。每次航行有一次或兩次的戶外電影欣賞和晚餐活動也是相當受到青睞。

名人郵輪公司停泊於烏蘇懷亞港口

名人郵輪公司船上草皮

(四)迪士尼郵輪（Disney Cruise Line）

迪士尼郵輪公司標誌

　　迪士尼郵輪公司提供適合全家的郵輪路線，前往北美、墨西哥和加勒比海的目的地，以及跨大西洋的航行和歐洲短途旅行，郵輪體驗的核心是兒童和青少年，這是該郵輪的最大特色，每艘船由數十名經過迪士尼培訓的小孩專家，滿足3個月至17歲的孩子的需求，由上午九點至午夜，提供一系列完全適合小孩的活動項目。但也並不是所有航程都是以小孩為主，例如阿拉斯加就會出現比較多度蜜月或是成人旅客而非兒童族群，郵輪公司也稍作調整迎合成人活動需求。

　　迪士尼郵輪公司的船隊成立於1996年，目前由四艘船艦組成，雖然只有四艘，但是在全球郵輪市場中的客運量跟收入都超過2%，算是經營相當成功的郵輪公司。

　　迪士尼郵輪的成功經營，除了原本對迪士尼的喜好之外，主因之一是該公司提供比較寬敞的艙房，很多可以增加至四人一房的艙等，小孩附隨在父母的同一艙房內，讓空間運用極大化，大多數客艙浴室與廁所設計分出兩個空間，這些因為設計與便利措施，以載客總數上來說，會比同一大小的郵輪要來得多，目前該公司的載客率也是大眾郵輪裡最高的。

　　輕鬆愉快的服裝即可，但是晚上大多數乘客還是會選擇穿正式的和半正式的禮服。小孩則會打扮成迪士尼卡通人物，例如海盜、公主和其他角色。

　　郵輪票價包括主餐廳和自助餐的餐點以及每個飲料站提供的飲料，諸如：卡通主角見面會、大型舞台表演和迪斯尼經典電影提供的飲料也

往往是免費的，這對吸引小孩來說，是一個很好的行銷策略。額外費用包括：岸上行程活動、無線網路、洗衣、水療SPA按摩和美髮服務、托嬰保姆費、船上攝影服務、酒精飲料和特殊用餐場所。

　　迪士尼郵輪上最受歡迎的活動因年齡而異，最受歡迎的大概就是孩子們和他們的父母可以近距離和迪士尼角色互動、甲板派對和雲霄飛車，特別是煙火秀，這是其他郵輪公司無法做到的，這些都是迪士尼郵輪最大的特色。每艘船上，有相對較多區域專門用於孩子們的遊戲和學習區，包括嬰幼兒的托兒所，以及適合3～12歲孩子的俱樂部，孩子們可以參加以公主和海盜為主題的活動，表演或聽故事、看電影，從事藝術和動畫活動，進行有趣的科學實驗。

　　至於成人部分，到了晚上還是有專門提供給成人的活動，如舞蹈、鋼琴音樂、爵士樂、喜劇和其他娛樂活動。

　　迪士尼郵輪公司主要在東加勒比海和西加勒比海航線上營運，歐洲和阿拉斯加只在夏季營運，如果要說其缺點，就像在陸地上的迪士尼主題樂園一樣，費用並不便宜。

迪士尼郵輪滑水道

資料來源：迪士尼郵輪

迪士尼郵輪吉祥物米奇與米妮

資料來源：迪士尼郵輪

(五)荷美郵輪（Holland America Line）

荷美郵輪公司標誌

　　荷美郵輪1873年成立於荷蘭鹿特丹，主要作為荷蘭的航運公司，直到1989年易主，由嘉年華集團收購，但是目前依然使用荷美郵輪這個名稱。雖然易主但是繼續維持荷蘭優雅而又實惠的傳統，目前擁有15艘郵輪，船舶以中型郵輪為主，大多數的載客量為1,200～1,900位客人。最大的船舶最多可容納2,650位客人。不走巨型郵輪的風格，選擇專注於更具精品風格的郵輪，提供更親密的氛圍。

　　荷美郵輪主要迎合50歲以上的旅客，參與者大多是郵輪旅行的常客，旅客來源以美國和加拿大為主，其次是英國和澳洲，所以主要語言還是以英文為主。雖然平時船上的遊客年齡層偏高，但是到了在夏季和假日期間還是可以吸引許多家庭與兒童參與。

　　寬敞的客艙以及所有最新的設施，平均比同級別的其他船隻要大一些，大約25%，新型船的裝飾比老式船更大膽，色彩更豐富，因此對年輕旅客而言很有品味。

　　白天及晚上的服飾還是以輕鬆為主，只要不是人字拖，短褲和背心即可。只有船長之夜或是正式之夜，所有公共區域的乘客都必須遵守著裝要求，男士穿著西裝和領帶，女士則是禮服，但如果是航行於加勒比海地區的船長之夜或是正式之夜就可以輕鬆些，甚至不需要領帶。

　　船上的美食和優美音樂是荷美郵輪最引以為傲的兩件事，主餐廳和麗都自助餐廳、戶外露台燒烤餐廳和24小時客房送餐都是免費提供，除非另有說明，否則郵輪費用中不包含飲料及特色餐廳。知名的現場音樂活動，包括藍調俱樂部、排行榜音樂、滾石搖滾室和古典音樂表演，這些表

演吸引著許多音樂迷。

其他內部設施有時尚的網吧、有趣的鋼琴和運動酒吧、健身中心，還有電影、拉斯維加斯風格的節目舞台表演、交際舞活動、傳統午茶、烹飪課程和健身講座，藏書豐富的圖書館也是一大特色。必須額外花費的部分包含大多數健身課程、水療和美容美髮服務、岸上觀光、船上小費、洗衣和商店購物。

環球旅行至今該運營已有二十五年以上，荷美郵輪是大眾郵輪裡少數還提供該項航程的公司，行程選擇多樣，雖不是豪華郵輪等級，但旅客可以感受接近豪華郵輪的待遇。

荷美郵輪陽台房

資料來源：荷美郵輪

荷美郵輪窗戶房

資料來源：荷美郵輪

(六)地中海郵輪（MSC Cruises）

地中海郵輪公司標誌

地中海郵輪（MSC Cruises）創建於1990年，總部位於瑞士日內瓦，是以義大利風格為主的郵輪公司，發展成為歐洲最受歡迎的大眾郵輪公司之一，擁有19艘船艦，當中有一半以上由大型現代巨型輪船組成，而其餘的則由舒適的中型船隻組成。乘客來自世界各地，義大利人、英國人、西班牙人、德國人和法國人的多元文化融合，所以是個相當國際化經營的公司，可避免語言障礙，常常可以聽到數種語言的廣播，甚至有日文還有中文廣播，唯一的壞處就是，相同的事情會出現不同語言的一再重複廣播。

儘管其大部分業務都在地中海地區，近年季節性地在北歐、加勒比海地區、加拿大／新英格蘭、南美和非洲航行，目前有更多的北美旅客加入該公司航程的趨勢，但主流還是義大利人和講西班牙語的乘客。

船上各個年齡層都有，相對較低的價格以及對17歲以下孩子的優惠方案，郵輪上有非常多的小孩，所以特別設置設施良善的兒童俱樂部，讓有小孩的家庭願意帶領小孩參與該公司的航程；對於青少年來說，船上的青少年設施，電玩中心、4D電影院或是青少年俱樂部；滿足所有乘客需求。

衣著上白天跟晚上其實沒有很大的差別，晚上男士可穿上休閒的長褲和襯衫，女士穿著休閒的褲子或裙子都可以。通常，每次航程都有一次船長之夜，男性建議穿著深色西服及領帶，女性則應穿正裝。雖然這不是強制性的，但還是有一定比例的人願意配合。

早餐和午餐為開放式座位，晚餐為指定座位，用餐強調義大利／地中海美食，每晚晚餐時提供不同的義大利區域特色菜。

地中海郵輪總是出售一系列令人眼花撩亂的套裝活動，飲料券、酒精飲料票券、特殊餐廳用餐券、按摩券等，航行時常常發現工作人員不斷地兜售，這部分是個困擾，但是不至於強迫推銷。在指定餐廳和大型娛樂活動，以及基本的咖啡和茶是免費的，但是有些船也開始出現額外付費看表演的活動。斯華洛士奇的水晶階梯大概是乘客最愛取景的地方，還有總是推出的斯華洛士奇水晶折扣，其他商品的折扣拍賣也很多，特別是在海

上航行日,特價搶購狀況猶如菜市場一般。

　　特色之一是不間斷的活動,多國乘客的狀況,語言問題意味著,郵輪上娛樂傾向不需要翻譯的活動,例如音樂劇、舞蹈和雜技表演,以及偶爾的古典鋼琴家、歌劇演唱家或魔術師表演。

　　桌球比賽或是其他的體育比賽、購物促銷、卡拉OK以及營業直到深夜的舞廳。在新型船舶上,甚至還有4D電影院、雷射迷宮、F1模擬器和保齡球館,這些項目都是為了幫助郵輪公司得到額外的收入。

地中海郵輪公司輝煌號

地中海郵輪公司游泳池

(七)挪威郵輪(Norwegian Cruise Line)

挪威郵輪公司標誌

　　成立於1966年,算是美國一家老字號郵輪公司,截至2020年,這條航線運營著17艘船,航程三至二十天不等,航行於阿拉斯加、夏威夷、加勒比海、歐洲、亞洲、南美等。挪威郵輪公司的船艦相對是大型的,目前

公司最大的挪威永恆號（Norwegian Encore）計169,145噸，可承載4,266名乘客。

挪威郵輪吸引了來自各地的人群，由於挪威郵輪許多母港都位於美國，因此主要吸引了美國乘客，特別是加勒比海以及阿拉斯加和夏威夷的航程，主要乘客是來自北美，來自南美和歐洲的乘客相對較少。在歐洲航程中，來自北美的乘客仍然占有主導地位，但是來自英國和其他歐洲國家的乘客就明顯增加許多。挪威郵輪的特色之一就是悠閒與無拘無束，吸引許多喜歡自由的各年齡層，加上因為票價普遍較低，在年輕人及年輕家庭的承受範圍，年輕人相對就比較多，放假期間，郵輪上的小孩會特別多。對於小孩分齡的照顧方面，該公司依不同年齡分配非常細緻。

艙房設計部分，比相同等級的郵輪相對要小一些，但還是努力融合了時尚和有趣的元素，相對承載人數較多，船艦上讓乘客感到擁擠，但該公司在旅客與服務人員比上還是保持1：2.5左右的比例，艙房選擇上更多元，以適應所有類型的旅行者。

挪威郵輪全天候都可以穿休閒服，晚上沒有正式著裝的要求，牛仔褲或是在主要餐廳看到穿短褲、人字拖，都不需要感到驚訝。雖然還是有船長之夜，也鼓勵乘客穿著正式服裝，但是很少有人會那樣刻意打扮。

在典型的航行中，挪威郵輪通常還會舉行幾個主題之夜，乘客可以攜帶一些合適的物品，配合主題，例如用於發光的白色衣服和用於70年代及80年代的復古衣物是最常見的主題。

無數的用餐選擇也是該郵輪的特色之一，餐廳沒有固定的用餐時間或指定的座位，完全自由，美式牛排館、巴西烤肉串、義大利餐廳、法式餐館和日式鐵板燒餐廳是最受歡迎的付費餐廳，郵輪公司也時常推出優惠折扣方案，吸引乘客前往消費。

船上小費、特色餐飲、客房服務、所有飲料（水及早餐的咖啡及茶除外）、岸上觀光、水療中心等都是要額外付費的，但是很特別的是每艘郵輪票價都包括免費的網路。

主游泳池是最受歡迎的景點，其他如滑水道、繩索課程、卡丁車賽

道和電射射擊也很受歡迎，通常排隊等待需要三十分鐘或更長的時間，但是並不是每個項目都是免費的。賓果遊戲、劇院裡的歌舞表演或百老匯表演，以及晚上的現場音樂或歌舞表演，還有熱鬧的酒吧夜生活，當然還有一個總是很忙錄的賭場。

挪威郵輪滑水道

資料來源：挪威郵輪

挪威郵輪卡丁車賽道

資料來源：挪威郵輪

(八)公主郵輪（Princess Cruises）

公主郵輪公司標誌

　　成立於1965年，總部位於美國加州聖塔克拉利塔，可能是1977年的熱門電視影集《愛之船》，公主郵輪投入拍攝工作而聲名大噪，目前擁有

19艘船艦遍及全球,是世界上最受歡迎的郵輪公司之一,截至2018年,按淨收入計,它是全球第二大郵輪公司。提供了一些最理想的航程,公司呈現的氛圍已經成為樂趣、放鬆和浪漫的代名詞。

以阿拉斯加航程聞名,提供休閒精緻的傳統郵輪體驗,以餐飲、百老匯風格的娛樂和現場音樂為豪。吸引了廣泛的旅客群,但大多數是北美乘客,無論選擇的行程如何,都可能會出現一整群美國人。當然也會因為不同航線出現不同的狀況,例如台灣出發的公主郵輪,全船幾乎都是東方臉孔。

公主郵輪公司針對的乘客種類繁多,大型郵輪上有各種各樣的乘客,從單人旅客到旅行團客都有,較小的或是特殊航程的公主郵輪就以年長的乘客居多,家庭及小孩也就變少,目前除了一艘船以外,所有的公主郵輪都提供兒童俱樂部,用來吸引有小孩家庭的參與意願,不斷地推出適合全家大小參加的航程,滿足更多樣化的年齡範圍,尤其是在阿拉斯加和加勒比海地區,可以看到更多家庭組合參與這些航線。船舶容量從672名乘客到3,560名乘客都有,船型以中型和大型為主,無論選擇哪種船,都可以感受精緻的氛圍和個性化的服務,乘客與工作人員比大約是1:3。

長期以來一直是創新者,1998年就開始普及私人陽台的路線,提供多種住宿選擇,每個客艙均配有標準設施,例如電視、迷你冰箱,所有艙房價格還包括24小時客房送餐服務。

公主郵輪穿著相當傳統,根據航程時間的長短,會有不同的正式或是船長之夜,女士穿著晚禮服,男士穿著西裝及領帶或是領結。

公主郵輪的票價包括主餐廳及自助餐廳,以及客房服務、水、茶、咖啡和精選果汁,國際咖啡廳提供全天候免費用餐服務,有名的「星空電影院」,除了少數例外,豐富的講座、課程和演講都是免費的,幾乎所有船隻上都設有藝術拍賣活動和藝術史課程。特色餐廳、船上服務、水療、美髮美容服務、洗衣、含酒精的飲料和汽水以及岸上旅遊均需額外付費。

船上的活動類型各不相同,但總的來說,海上航行時白天旅客總是

公主郵輪船上大廳天篷

公主郵輪中央大廳

聚集在游泳池周圍，其餘活動跟其他郵輪沒有特別不一樣，但是回顧歷史，2004年公主郵輪是第一艘在大型池畔放置LED屏幕和「星空電影院」的公司，目前該項服務很受歡迎，郵輪公司還提供免費的爆米花、冰淇淋和禦寒毯子等。長天數的環遊世界航程也算是在大眾型郵輪裡少有的。

四、探險型郵輪（expedition cruise lines）

探險型郵輪可以說是所有郵輪當中最富挑戰性，最讓乘客感到豐富生命的航程，對喜愛自然和野生動物，或不喜歡中、大型郵輪吵雜的旅客來說，這是相當好的選擇，探險船通常比較小，僅可容納數百名乘客。普遍上，這一類型的旅客更專注於他們要去的地方，而不是如何到達那裡，這些旅客一般都是有相當的經濟基礎，加上他們所要去的地方一般只允許載客更少的小型船隻前往，或是專注於自然遊覽以及環保的做法，航

行世界上最偏遠的地區,例如南極洲、北極、格陵蘭島、俄羅斯遠東地區,費用也就相對高出許多。

　　這些地區的特性之一是極端天氣的呈現,小型探險船可以因為天氣變化而做出很好的因應,同時可以近距離的觀察野生動植物,這也意味著,這些船不需要像一般大型郵輪需要嚴格遵守行程,當他們在海域上發現鯨魚或是北極熊,那麼該船可以隨時改變航向,提供賓客最佳體驗。

　　更少的乘客也意味著更多活動的機會,大多數探險郵輪每天可以安排兩個不同的著陸點,更加深入認識一個地區,因為船小人少,因此乘客彼此的氛圍就能夠更加親密,但是探險船航行費用通常很高,每人每天高達1,000美金的費用是普遍的狀況。以下是比較常見的探險船:

(一)G探險船(G Adventures)

G探險船公司標誌

　　1990年成立,總部位於加拿大多倫多,三十多年來,G探險船一直在全球提供相同等級的船艦裡經濟實惠的冒險旅行,G探險船吸引了來自世界各地各個喜歡尋求冒險及熱愛大自然的旅客。船公司提供二人、三人到四人的艙房,單獨參加者船公司甚至可以協助撮合,無需支付任何附加費用。極地探險巡航參加者的平均年齡約50歲,其餘的探險航程約為46歲,讓更多年輕人有能力參與,是目前該公司最大的目標。

　　艙房因為不同船艦差異可以非常大,不同市場及地區需求,有不同的船艦服務,豪華設備的雙人房,到相對陽春如學生宿舍的設計都有。

　　因為是探險船,所以完全不需要穿戴正式服裝,休閒舒適即可,如果是前往極地行程,船公司還會直接贈送一件派克大衣,過程中可以禦寒,結束之後還可以拿回家當作紀念。除了極地活動,號稱世界各大洲

100多個國家／地區都有它的航程，每年平均服務來自160個國家／地區的
20萬名乘客，2013年第一家提供100%保證出發的冒險旅行公司。

　　船上娛樂專業講座，也有簡單音樂賞析，不像中、大型郵輪能夠提
供豐富的設備。但是提供腳踏車、浮淺、潛水、橡皮艇等水上活動。

　　探險船的遊船票價一般已經包括大多數岸上旅覽費用，例如：極地
地區的橡皮划艇或是在南極洲露營；在船上的講座、餐點、咖啡、茶和
水、機場接送、船長的歡迎及歡送酒會都是包含的。但是每天小費是不包
含的，還有額外的水或是酒精飲料。

(二)海達路德郵輪公司（Hurtigruten）

海達路德郵輪公司標誌

　　1893年成立，海達路德郵輪公司的經營模式跟一般郵輪不一樣，有
些航線更像運輸渡輪，在挪威本土，挪威人將它當作沿海地區交互往來的
交通工具，通常只停留在港口上短暫時間。

　　乘客以英國和德國為大宗，同時也載有當地乘客、汽車和貨物，由
卑爾根一路往北，停靠三十四個港口，或由基爾克內斯一路往南，停靠
三十三個港口，兩個城市之間為期十二天的全年無休的往返郵輪交通，
也可以選擇單程郵輪，挪威西海岸參與的旅客通常將它當成定期郵輪旅
行，欣賞沿岸冰河切割地形。

　　目前除了傳統的運輸船形式「郵輪」，2007年開闢格陵蘭航程，
2010年起前往南極洲和冷岸群島，開拓真正探險船型態的航程活動。

　　在遠征探險船上，充斥來自世界各地的旅客，但是北美旅客還是占
大宗。因為單價偏高，吸引重視學習和相對社會高層喜歡冒險的人。參與
的平均年齡一般偏高，能夠提供的床位也有限。

　　這類型的船完全沒有服裝上的限制，它所走的航線保暖應該更是重點，而不是該如何打扮，船上的服務會因為選擇的艙等而有很大的差別，在挪威沿海航行中，你可以選擇基本、精選或白金套裝航程，所有不同套裝航程都有不同的服務。基本套裝確實是非常基本，甚至都沒有包含茶或咖啡；其他則包含飲料、網路和用餐等，或是更好的服務。

　　上岸旅行的部分，全部都是額外購買，在挪威西岸的部分，有些港口停留時間甚至很短，或是半夜停留，這些小港口根本沒時間讓旅客下船旅行。除了挪威本土的航程，在其他地區的遠航探險船上，餐食、葡萄酒、啤酒、汽水、茶和咖啡以及有限的網路是包含的，岸上旅行跟挪威本土的經營模式一樣，都是額外購買。至於船上小費，完全不收取，除非旅客想要獎勵機組人員，船上備有小費箱自由給予。

　　海達路德郵輪公司受歡迎的原因之一是一日之中（在沿海航行中）有多個港口停靠，旅客有很多機會可以前往許多挪威小港，欣賞挪威廣闊的曠野。夏天有橡皮艇活動、騎自行車和健行活動，冬季則有越野滑雪、雪地摩托車和觀看北極光等也很受歡迎。但是冬天的壞處就是海象一

海達路德郵輪公司南極探險

資料來源：海達路德郵輪公司

般來說比較不好，乘客容易暈船。

在遠航探險船上，生態講座受到相當的歡迎，雖然船隻不大，而且只能稱得上一般的服務與內裝，但是探索兩極和熱帶地區的行程很受歡迎。近年推出的北極光保證團，號稱「沒看到免費」的宣傳，算是讓旅客特別趨之若鶩的亮點。

(三)林德布拉德探險船（Lindblad Expeditions）

林德布拉德探險船公司標誌

1979年創立，以創造開闊視野的探險航程聞名，包含最早的南極探險活動，1984年更名為林德布拉德探險船。該公司經營著一支由小型探險船組成的船隊，直達一般郵輪無法行駛的港口。乘客大多是一群對探索自然志趣相投的愛好者。

雖然林德布拉德探險船主要提供了一些迷人、原始、富自然生命力的航程，但並不是意味著會忽略傳統的觀光地點，因為它的船舶也在歐洲、不列顛群島、地中海、波羅的海和加勒比海地區航行，但不論是在哪個區域，郵輪公司的主要訴求還是幫助建立親子關係，並教育子孫後代如何愛護地球，積極探索和教育。

郵輪客群的年齡大約55歲以上，雖然費用非常高，但是夏天時段來自美國的富裕家庭還是願意帶著兒童參與，這是比較特殊的部分。

前往的地方以自然保育為主題，沒有著裝要求，乘客穿著休閒舒適的服裝或適合前往目的地的服飾即可。船費包括所有岸上遊覽，但潛水除外，其餘船上設備，例如浮潛裝備、橡皮艇和槳板都是免費使用的。其他諸如晚餐時和每天晚上的非酒精飲料、葡萄酒和啤酒都是包含在內的。根據不同行程，甚至包括陸上的飯店和餐點。額外的費用包括網路、船員小

費（部分船除外）和晚餐以外的酒水，但有些船是酒水全包的。

　　早餐和午餐通常以自助餐形式提供，但是如有特殊需求還是可以要求額外提供不同的餐食。下午茶備有三明治，傍晚時分，該船的博物學家會在雞尾酒時間回顧白天的景象和冒險經歷，並提供開胃菜。晚餐通常相當豐富。

　　自2004年以來，該公司與《國家地理》雜誌（*National Geographic*）合作，透過邀請專家和攝影師參加船上的討論並舉行研討會，或是專業人士的課程演講，花時間尋找野生動植物，這些就是船上的主要娛樂活動，一切都是以自然或教育有關，使乘客能夠積極關心地球，以探險家的身分參與自然和文化歷史的世界。

林德布拉德探險船南極探險

資料來源：林德布拉德探險船

關於郵輪的四個偏見

隨著時間的改變，科技的演化，還有商業上策略的提升，郵輪公司在諸多方面已經有了許多不同面貌，但還是有很高比例的人們存在著偏見，以下是四個最常見的：

1.老人船：以前或許是這樣，但是目前也有很多迎合家庭及小孩或年輕族群的船隻，豐富的夜生活，讓更多的年輕人願意加入郵輪的行列。
2.郵輪很貴：傳統上郵輪之旅的確是屬於上層階級的產物，但是隨著郵輪市場的改變，住在如高等飯店的艙房，每天的美食佳餚與安排的路線及表演，如果把這一些都算進去，其實郵輪價格已經是相當合理的狀況。
3.船上很無聊：郵輪公司為了改進這個刻板印象，其實已經盡力安排每天的船上活動，靜態的到動態的，或知識性演講，只要配合每天船上安排的活動，其實船上也可以很充實。
4.每天都在海上航行：除了有特殊的行程，例如南、北極或是比較偏遠的路線會出現比較多天的海上航行外，以十天的行程來說，一般只會出現一大的海上航行，其他日子都是早上下船下午登船。

如何充實郵輪假期

郵輪旅行是件令人難忘的經歷，船上有很多事情要做，只要好好規劃，永遠不會感到無聊。通常，晚上是海上航行時間，白天郵輪停靠在港口或在海灣，然後進行短途旅行。許多郵輪公司在航程中也往往添加一個或多個海上航行，讓旅客可以在海上充分享受船上的設施。

★船上活動

郵輪公司會為旅客提供特殊的每日計畫，每天晚上都可以透過船上發予的節目單，告知隔天一整天的活動安排及開放時間、娛樂場所、表演、天氣狀況、上／下船時間跟抵達地點，或通過國家及地區的基本資訊。有些以科技化號召的郵輪也透過電子布告欄來通知旅客，或是廣播、電視互動資訊來讓旅客取得資訊。如果要讓自己的郵輪旅程更加豐富，這些資訊就相對重要，至於領隊工作就應該協助旅客安排，特別是在一些沒有英文版節目單的郵輪，協助翻譯認識與理解就相當重要。

領隊可以瀏覽過節目單之後，幫助團員篩選適合的活動，例如藝術、文化等演講活動，一般都是使用英文進行，對國人來說參與時就相對辛苦，可以告知但是不需要特別鼓勵，晚間的戲院秀場表演最好先理解表演項目，有些郵輪公司會安排脫口秀，但是如並非中文，一般就不太適合推薦旅客前往，所以幫忙安排還有解說表演內容，對一個領隊來說就顯得相當重要。

表3-1　郵輪船型分級表

郵輪船型	載客量	總噸位
巨型郵輪（Megaliner）	超過2,000名旅客	7萬噸以上
大型郵輪（Superliner）	1,200～2,000名旅客	5～7萬噸
中型郵輪（Midsize Cruise）	500～1,200名旅客	2.5～5萬噸
小型郵輪（Small Cruise）	200～500名旅客	1～2.5萬噸
精品型郵輪（Boutique）	少於200名旅客	少於1萬噸

資料來源：劉小培（2010）。

第二節　郵輪設施

　　現代郵輪通常具有以下部分或全部設施：

一、公共事務設施

(一)接待處／服務台（Reception Desk）

　　類似飯店櫃檯，協助處理旅客的任何問題，包含接受投訴和抱怨，為乘客提供各種訊息，處理協尋失物、兌換外幣、房卡遺失、詢問航程、上下船時間，但最重要的是帳單或退稅問題，都是在這個單位辦理，位置通常位於大堂或中庭的中央底層，開放時間通常為24小時，以方便乘客。

　　這些工作人員通常很友善，具有良好的英語水平和良好的語言表達能力，能在與乘客進行緊張的互動時保持鎮定。

> 下船的前一天基本上是人潮最多的日子，大家排隊詢問相關帳目問題，旅客盡可能在冷門時段前往，例如用餐、看劇時段，或是一大早及睡覺時間。
> 領隊人員應該在下船前一天盡量協助旅客確認帳單是否有誤，避免下船當日因為帳單問題而無法即刻下船耽誤行程。領隊最好交代好整個下船流程，包含會合地點，盡可能最後一位下船，確認所有人無誤沒有帳務問題。當帳務問題出現，協助並幫忙翻譯和釐清問題所在。避免結束行程當日早上辦理，因為人潮較多，讓人容易緊張而造成更多問題。

(二)岸上遊覽服務台（Shore Excursion Desk）

　　字義上可以理解，就是船公司推出的活動銷售，也提供抵達港口的基本資訊或是歷史及地圖。位置通常在接待處／服務台同一樓層的附近，每日船上活動簡介也會擺放在附近供乘客免費拿取。

　　通常這個服務台並不是旅遊諮詢中心，服務人員是要想辦法推銷販賣該公司產品，如是在搭乘郵輪之前已經預訂完成，搭船當日通常就可以拿到所有預訂的票券，但是最好再次確認，如有差誤，岸上遊覽服務台就是協助處理的地區。如是登船之後預訂，通常最晚在活動前一日必須預訂，無法接受當日報名，有些熱門陸地行程甚至登船之前就已銷售一空。登船後的預訂，如果櫃檯無法及時列印票券，通常當日會送至乘客艙房。

冠達郵輪中央大廳，接待處／服務台和岸上遊覽服務台所在地

二、娛樂設施

(一)劇院

　　一流的娛樂活動一直是郵輪旅行的標誌，海上體驗方面的競爭越來越激烈，郵輪上舉辦娛樂活動的劇院表演就非常重要。劇院幾乎是每艘郵輪必備的，除非是小型船艦，呈現出來的可能就是一個交誼廳的樣貌，搭上小舞台簡單的表演或是演講活動。

　　目前郵輪上的劇院規模，特別是大型船舶，上千個座位，標準如同陸地上的劇院。除了傳統的羽毛艷舞女郎、百老匯音樂劇，如今離奇的服裝、高科技效果和創意場所，包括水上表演和滑冰表演，這些在許多大型船舶上已經司空見慣。

　　百老匯風格的大型作品或拉斯維加斯的表演風格，節目可能邀請知名的歌手、舞者、魔術師、喜劇演員甚至雜技表演者，這要依每艘船的性質來分，當然船公司也有自己的歌手、舞群與表演者。

　　隨著型態的不斷創新，所謂的劇院已經不是一般認知的樣貌，皇家加勒比郵輪公司推出的水上劇院，雜技演員從高空躍入船尾的小水池、水上芭蕾、水上雜技，為旅客帶來印象深刻的表演。水上劇院最多可容納600位客人，旅客在室外還可以邊看表演邊看美麗的海景。

　　瑪麗皇后2號上的壯觀天文館，也是相當受到矚目的另類戲院，乘客可以坐著凝視絕佳效果投影出的星空與行星，海上唯一的天文館，但是位子不多，只有150個座位，相當受歡迎，必須預約，滿額為止。

　　中、大型的郵輪，因為劇場無法容納所有旅客同一時間觀賞節目，所以每天晚上一般安排兩個時段來分散人流，盡可能滿足所有客人觀看的權利，原則上第一場次用餐乘客觀看第二場次表演，相反地，第二場次用餐乘客就是觀看第一場次表演。船上表演大部分是不允許旅客錄影或是拍照，即使可以從事以上行為，也會要求禁用閃光燈，避免影響表演者。當船公司允許錄影、拍照，也應該尊重其他觀賞者，不要影響後排觀看者視線，適時地鼓掌表達讚賞，過程中也應該保持安靜，尊重表演者，也不影

響其他觀賞者。

　　至於座位安排，除非有特殊的安排（例如包廂服務等），否則旅客皆是自由入席，如果是相對精彩的活動，旅客宜提早前往劇院等待。目前有越來越多的郵輪公司採用智慧化預約制度，特別是大型的郵輪，第一天登船時就可以開始預約節目，為了控管人數，郵輪公司不得不做出控管方式。海上航行時，船公司有時候會特別在下午加演一次表演，或是在劇院播放電影，排解乘客在海上航行的時間。表演簡介在每日的節目單可以看到，讓參與的乘客可以大略知道當日表演項目，可以依照個人興趣選擇是否參與，大眾表演不外乎是拉斯維加斯式的表演，魔術、特技、雜耍及歌舞，還有百老匯的經典歌曲等。

　　船公司也常常在劇院舉辦景點介紹，或是國家風土民情簡介、專業課程講座，演說者包括前往地區的歷史學家、知名作家、商業領袖、傑出的政府人物、廣播或電視名人，甚至是電影明星。只是歐美地區的郵輪，一般都是以使用英文為主，鮮少中文介紹，這對國人來說是比較吃力

郵輪上的雜耍表演

郵輪上的雜耍表演

郵輪劇院

的。

　　電影院一般跟劇院是連結在一起的，海上航行期間，特別是連續海上航行的行程，船公司常會安排經典院線電影，這是打發時間的好方法。有些郵輪公司則會利用夜晚時段，提供露天電影院服務。

(二)室內╱室外游泳池

　　所有主流郵輪通常都至少有一個泳池，但是水池通常很小，兩側有一個或多個按摩池，再加上沖淋用的淋浴間和成排的日光浴躺椅，共通點都是設置在最頂層，幾乎所有的郵輪都會為行動不便的旅客配備泳池升降機。主泳池區通常設有一個舞台，供現場樂隊演奏或娛樂工作人員主持遊戲或是舉行有氧、伸展操，還留有一塊露天甲板供跳舞，並設至少一個酒吧，巡迴酒吧的工作人員就會在甲板上四處走動，兜售船上販賣的飲料

等。船上的所有淡水一般都是由船上的海水淡化系統提供，為了避免浪費資源，除了河輪，船上的游泳池都是過濾後的鹽水溫水游泳池。

　　有些船會利用水池畔的巨型螢幕，白天顯示音樂會或體育賽事，夜間則舉辦星空電影院活動。

郵輪上游泳池畔的巨型螢幕

郵輪上游泳池與周邊設施

郵輪上游泳池與周邊設施

(三)滑水道

　　一般只提供18歲或是小孩使用，但是目前有越來越多的郵輪公司允許成人參與，甚至有越來越刺激的趨勢。知名的皇家加勒比郵輪提供數層樓高的乾式滑水道就相當受到歡迎。參與這些水上活動之前，郵輪公司會要求乘客簽下已經理解規則的切結書，因為滑水道區也是屬於容易發生危險的區域。

　　常見的危險如擁擠的泳池區，值班的救生員無法適當地監管泳池區域內的所有人，而導致意外溺水。擁擠的泳池區也增加了滑倒、跌倒或撞傷其他乘客的可能性。此外，滑水道減速區的旅客未即時離開而造成前後推擠的狀況。常見傷害包括：骨折、頭部受傷、割傷、瘀傷和致命事故或傷害。

(四)賭場

　　僅在船舶於海上或公海時開放，以避免與當地法律衝突，傳統的吃角子老虎是最常見的，是座海上航行的小型澳門或是拉斯維加斯，但是很有趣的現象，越是豪華等級的郵輪，賭場規模就越小，反之，一般大眾化或是中低價位的郵輪其賭場規模就顯得比較大。船上也會提供博弈教學，或是免費賓果體驗活動，喜愛博弈的旅客可以嘗試。賭場對郵輪公司來說也是一個重要財源，所以在大眾郵輪上一般來說都可以看到相當規模的賭場，在同等級的郵輪裡唯獨迪士尼郵輪是沒有賭場的。賭客年紀一般規定是18歲以上，但是不同公司跟不同的航線（例如阿拉斯加、加勒比海海域），有時候也會出現21歲的規定。如果你不喜歡賭場，還會提供賓果遊戲和刮刮樂彩券供乘客購買。

　　船上吸菸是受到嚴格管制的，絕對不允許在艙房內吸菸，即使陽台也是被禁止的，旅客必須到特定吸菸區，但是大多數的郵輪開放賭場吸菸，這是吸菸族群的好消息。

郵輪上吃角子老虎機

地中海郵輪公司賭場

資料來源：地中海郵輪公司

(五)美術館

　　一些郵輪公司設有船上美術館，藝術品以標價出售，而不是傳統的拍賣形式販賣，藝術品可以是廉價的海報到名家作品，或只是相同類型的複製品。郵輪公司在拍賣時段往往提供免費香檳酒，這也是吸引人群前往的方法之一。

郵輪上藝術繪畫教學

郵輪上藝廊

郵輪上畫作拍賣會

(六)健身中心

　　健身房幾乎是每家郵輪必備的設施，只是差別在規模大小，位置通常位於船頭上層，設有落地窗，讓乘客可以欣賞迷人的海景。基本的有氧運動和團體運動課通常是免費的，但船公司也會提出一些專業課程，例如皮拉提斯、瑜伽、瘦身、減脂、跆拳道或健康課程，但是通常要收費。腳掌分析身體狀況活動通常是免費的，但在免費活動之後就是推銷乘客五花八門的付費活動，乘客必須要有心理準備，當然船公司並不會強迫消費。

(七)水療和沙龍髮廊

　　通常與健身房比鄰，設施通常額外付費，讓乘客可以減輕壓力。水療服務通常並不便宜，費用與歐美當地的度假村水療中支付的費用相當，所以國人比較少使用這項設施。大多數郵輪水療中心都是由海上最大

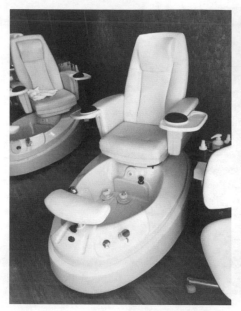

郵輪上足療設備　　　　　　　　　郵輪上保齡球設施

郵輪上健身房

郵輪上桑拿房

的水療和沙龍運營商Steiner Leisure負責，經營全球超過100艘郵輪，服務項目除了面部護理、修指甲、修腳、按摩和身體護理外，還包含美髮護膚等服務項目。郵輪公司為了吸引乘客，航行期間常推出免費按摩體驗活動，乘客或許可以善加利用這項福利。

(八)圖書館

每家郵輪公司規模大小不一，甚至沒有，目前冠達公司的瑪麗皇后2號號稱擁有最大的海上圖書館規模，唯獨中文書籍不多，還是以英文書籍為主，所以國人一般只是把這個場所當成拍照的地方。

名人郵輪上圖書館

冠達郵輪上圖書館

(九)網路中心

　　船上的網路使用都是額外付費的，除了河輪公司願意提供免費，但也不是全部公司都是免費提供。海上航行的郵輪網路連結一般是衛星訊號，郵輪移動的狀態，所以網速不快，而且索費不貲。

(十)雪茄房／休息室

　　每家公司所用的名稱不盡相同，字意可以理解就是可以抽菸的地方。因為公共安全考量，船公司不允許旅客在艙房中抽菸，甚至是自己的陽台也不允許，所以會規定旅客至規範的區域，如果違反規定，各家公司罰金不盡相同，大約是250美金，嚴重者甚至會強力要求下船，解除契約。

冠達郵輪上雪茄房

(十一)籃球場／網球場／乒乓球桌／草地滾球／慢跑跑道

　　這些設施並不是所有郵輪都能夠具備，即使有了，場域也大概只有正常版的一半大小。畢竟每家郵輪的主打客群不同，例如冠達郵輪，其主要客群是英國人，年紀來說也偏大，所以只提供草地滾球及網球場設施。主打大眾市場的皇家加勒比郵輪，其所提供的籃球場就盡力都是標準場地。除了以上比較常見的設施，有些郵輪公司也提供了比較創新的設施，例如皇家加勒比郵輪公司就推

地中海郵輪上西洋棋盤設施

郵輪觀光

110

地中海郵輪空中繩索

冠達郵輪英式保齡球

出了攀岩牆、衝浪和跳傘模擬器。

(十二)鋼琴酒吧／英式酒吧／舞廳

在室內樂隊的帶領
下跳舞，或是提供乘客
靜靜聆聽欣賞的機會。
白天這些場所有時候會
轉換成動手學習體驗活
動，或是娛樂性的教
學，包括烹飪、陶器、
剪貼、花藝、品酒課程
等。

地中海郵輪鋼琴酒吧

冠達郵輪酒吧

(十三)俱樂部

給予特定會員資格,或是特定艙房旅客前往的地方,只有該房型或是會員才能憑卡自由出入的地方。位置一般位在頂樓,雖然不至於戒備森嚴,但是誤闖往往會被友善的勸離。

郵輪上俱樂部休息室

三、郵輪餐點／用餐設施

(一)酒吧

　　大多數大型郵輪設有多個酒吧，以各種不同主題出現在郵輪上，例如體育運動酒吧和英式酒吧是最常見的，有些只是喝酒的地方，但大多會有現場歌唱或是樂器演奏表演，至於營業時間每家公司的規定不同，每日節目單將列出每個酒吧的營業時間，以及該日特價飲品。

　　酒吧通常相當受歡迎，特別是靠近主餐廳的酒吧，在大眾郵輪上往往門庭若市。

　　郵輪上含酒精飲料每杯的收費大約為12～13美元，啤酒的平均價格在6～8美元之間，如果是威斯忌或特殊酒款，費用當然有所不同。但特殊級別艙等或有些豪華郵輪的乘客，酒精飲料就已經是全部包括了。

　　郵輪公司推出的飲料套餐，對飲料愛用者來說是最划算的，可以在航行的當天購買或是第二天購買，通常郵輪公司以航程來算，而不是以天計算，所以越早訂購越早可以使用。酒吧不以現金支付，跟船上其他的場所一樣，都是以房卡支付，至於小費會自動添加到飲料價格中，範圍15～20%不等，包含的小費並不意味著不能付更多小費，巡遊剛開始時，如果可以和服務生取得交情，旅程中或許還可以得到更好的服務跟待遇。

　　可以自帶酒上船嗎？每家公司政策不同，但最多通常是一人兩瓶，如果是在主餐廳飲用會收取約15美元不等的開瓶費，而酒吧就往往禁止私帶酒類入場。

　　酒吧的飲酒年齡會因為地區不同而有所不同，美國地區規定飲酒年齡是21歲，但是於歐洲、亞洲、澳洲、紐西蘭和南美地區航行時，規定年齡就降低到18歲。

(二)主餐廳

　　晚餐時間一般分成第一與第二用餐時間，每家公司有所不同，但大約是六點和八點左右，國人一般來說比較適合第一用餐時間。規定上，在

所屬用餐時間後的三十分鐘，餐廳將會拒絕晚到的旅客。

　　用餐時間大約需要一小時或更久的時間，餐點內容有前菜、主菜以及甜點，偶爾會有主題之夜（例如義大利之夜），如果是比較好的郵輪，船長之夜還有龍蝦的選項，餐點原則上每道可以有一個選擇，依旅客需求而定。

　　座位分成兩種，一種是傳統指定座位（traditional assigned seating），另一種是開放式座位（open seating）。如果是傳統指定座位安排，服務生每天都是固定的，在過程中適時讚美服務生，有時候還會得到意外的驚喜。比較常見的郵輪，例如嘉年華、名人、哥詩達、水晶、迪斯尼、荷美、MSC郵輪、公主郵輪和皇家加勒比郵輪就是採用傳統指定座位。

　　開放式座位，例如挪威郵輪就是採用自由入座（freestyle cruising）方式，好處是可以每天依自己的時間入座，壞處就是必須偶爾忍受與不認識而且無聊的人同桌共餐。

　　登船後發現自己的用餐時間、座位安排與預訂時不同或是有異議，建議登船第一天即直接前往餐廳請求協助。不論是傳統指定座位或開放式座位，郵輪公司也可能會安排陌生旅客併桌，而且是不同國籍與語言，這時候就端看運氣，或許會遇到讓人自在的同桌夥伴。

　　菜單以多種語言提供，熱門的華人航線可以發現有越來越多公司提供中文菜單，但是以筆者的經驗，可以中英文對照，因為翻譯上可能會發生錯誤。

　　對於特殊用餐，郵輪可以為素食者、純素食者、低脂／無脂、低鹽／無鹽、乳糖不耐症、低膽固醇、糖尿病、過敏問題、猶太教和回教旅客做客製化準備，但是必須在預訂後立即告知旅行社或郵輪公司請求協助，有時甚至需要提前四十五天至九十天前通知食物要求，畢竟郵輪的食物補給不像陸地上的餐廳。如果想要自帶食物，也必須事先確認是否在郵輪公司的規範內，因為郵輪公司擔心外來食物汙染，造成健康疑慮問題。

　　避免過量飲食引起的身體不適或是體重增加的方法有很多種，例

如：可以少點一份前菜或是湯品、甜點，主餐可以詢問可否點半份，減少不必要的醬汁，拒絕宵夜時段的美食誘惑。

郵輪上干貝海鮮燉飯

郵輪上烤鴨飯

基本特殊餐點英文用語

- 素食者（vegetarian）
- 純素食者（vegan）
- 低脂／無脂（low-/no-fat）
- 低鹽／無鹽（low-/ no-salt）
- 乳糖不耐症／無乳（lactose-intolerant/ dairy-free）
- 低膽固醇（low-cholesterol）
- 糖尿病（diabetic）
- 猶太教餐（Kosher）
- 回教餐（Halal）

冠達郵輪餐廳

郵輪上餐桌基本擺設

常見餐點英文

一、早餐

(一)蛋類

歐姆蛋（omelette）、炒蛋（scrambled egg）、水波蛋（poached egg）、煎蛋（fried egg）、太陽蛋（只煎一半）（sunny-side-up egg）、雙面煎的蛋（over-easy egg）、兩面煎熟的蛋（over egg）、水煮蛋（boiled egg）、全熟水煮蛋（hard boiled）、溏心蛋（soft boiled）、班尼迪克蛋（eggs-benedict）

歐姆蛋一般可以選擇的配料：

番茄（tomato）、洋蔥（onion）、胡椒（pepper）、蘑菇（mushroom）、菠菜（spinach）、芝麻葉（arugula）、切達起司（cheddar）、瑞士起司（Swiss cheese）、羊起司（feta）、火腿（ham）、培根（bacon）

(二)麵包類

法式吐司（French toast）、煎餅（pancakes）、鬆餅（waffles）、丹麥麵包（Danish pastry）、可頌（croissant）、吐司（toast）、馬芬（muffin）、貝果（bagel）、包餡麵包（pastry）

(三)吐司總類

白土司（white）、全麥（whole wheat）、黑麥（rye）、無麩質（gluten free）果醬（jellies）、草莓（strawberry）、葡萄（grape）、橘子（orange）、橘皮醬（marmalade）、蜂蜜（honey）

(四)肉類

培根（bacon）、火雞肉培根（turkey bacon）、香腸（sausage）、雞肉香腸（chicken sausage）、豬肉香腸（pork link sausage）、素香腸（vegan sausage）、火腿（ham）、燻鮭魚（smoked salmon）

(五)優格

香蕉優格（banana yogurt）、草莓優格（strawberry yogurt）、桃子優格（peach yogurt）、藍莓優格（blueberry yogurt）、原味優格（plain yogurt）、覆盆子優格（raspberry yogurt）

(六)果汁

鳳梨（pineapple）、番茄（tomato）、蘋果（apple）、柳橙（orange）、葡萄柚（grapefruit）、梅汁（prune）

(七)水果

香蕉（banana）、時令瓜（seasonal melon）、烤蘋果（baked apples）、燉梅子（stewed prunes）

(八)其他

薯餅（hash browns）

二、午餐與晚餐

(一)前菜

法式蝸牛（Escargot）、鵝肝（foie gras）、壽司（Sushi）、春捲（spring roll）、酥盒（vol-au-vent）

(二)湯

法式洋蔥湯（French onion soup）、蔬菜濃湯（minestrone soup）、海鮮湯

（seafood soup）、今日特湯（soup of the day）

(三)沙拉

拌沙拉（tossed salad）、凱薩沙拉（Caesar salad）

(四)肉類

烤肋（BBQ ribs）、印度咖哩雞飯（chicken tikka masala）、油封鴨（duck confit）、烤羊排（grilled lamb chops）、愛爾蘭燉肉（Irish stew）、肉捲（meatloaf）、紐約牛排（New York steak）、烤豬排（roasted pork chop）、英式鄉村肉派（shepherd's pie）（cottage pie）、糖醋雞（sweet and sour chicken）、牛犢肉（veal）

(五)魚類

烤龍蝦尾（broiled lobster tail）、魚子醬（caviar）、鱈魚（cod）、螃蟹（crab）、小龍蝦（crayfish）、鰻魚（eel）、炸魚炸薯條（fish and chips）、烤紅鯛魚（grilled red snapper）、烤鮭魚（grilled salmon fillet）、黑線鱈魚（haddock）、鯡魚（herring）、淡菜（mussels）、章魚（octopus）、蝦（prawn）、海鱸魚（sea bass）、扇貝（scallop）、小蝦（shrimp）、魷魚（squid）、鱒魚（trout）、鮪魚排（tuna steak）

(六)義大利菜

寬扁麵（fettucini）、麵疙瘩（gnocchi）、千層麵（lasagne）、燉飯（risotto）、義式餃子（ravioli/ tortellini）、義大利麵（spaghetti）

(七)蔬菜

朝鮮薊（artichoke）、蘆筍（asparagus）、甜菜根（beetroot）、甜椒（bell pepper）、花椰菜（broccoli）、抱子甘藍（brussels sprout）、高麗菜（cabbage）、胡蘿蔔（carrot）、花椰菜（cauliflower）、芹菜（celery）、小黃瓜（cucumber）、茄子（eggplant）、大蒜（garlic）、萵苣（lettuce）、蘑菇（mushrooms）、洋蔥（onion）、豌豆（peas）、馬鈴薯（potato）、南瓜（pumpkin）、菠菜（spinach）、番薯（yam）、櫛瓜（zucchini）

(八)甜點

焦糖起司蛋糕（caramel cheesecake）、蘋果派（apple pie）、巧克力慕斯蛋糕（chocolate mousse）、烤布蕾（crême brûlée）、摩卡起司蛋糕（mocha cheesecake）、義式奶酪（panna cotta）、舒芙蕾（soufflé）、提拉米蘇（tiramisu）

(三)特色餐廳

雖然主餐廳和自助餐廳可能是乘客在郵輪上最主要的用餐地點，但船上其實還有其他地方會免費供應餐點，例如游泳池畔基本上還會提供熱狗、薯條等基本的餐食，當然也要看船隻規模而定。特色餐廳原則上都是要額外收費，餐點可以是日本料理、法國料理到米其林星級廚師設計的高端美食。

　　這些特色餐廳大多數僅提供晚餐，只有在海上航行日提供午餐服務，而中午時段通常價格較低，對於只是想要嚐鮮的旅客是個很好的選擇時段。

　　大多數特色餐廳都是要進行預訂，對於受歡迎或是特定節日，一位難求是常見的，例如耶誕節、新年、中國新年、情人節等，預訂方法大致上是出發前由旅行社協助，或從官網預訂，如果以上兩種方法都沒做，登船後也可以馬上預約，只是要注意，如果就餐時間的24小時內取消預訂，有些郵輪將收取取消費用，每家公司的規定不同。

　　特色餐廳的首創當屬冠達集團1936年在瑪麗皇后號上設置Verandah Grill餐廳，因為反應良好，所以在後續的伊麗莎白女王號上也開設了同名餐廳，一直延續至今日，冠達郵輪上仍有自費Verandah Grill餐廳服務。

　　為什麼乘客願意額外付錢在特色餐廳用餐？乘客願意掏錢額外付費當然有其特殊之處，例如：

郵輪上付費餐廳

1.提供更優質的服務，優雅甚至豪華且較寬鬆的場域，提供特殊的美食餐點。因此，一些乘客喜歡在特色餐廳舉辦特殊的紀念派對等。

2.優惠費用吸引乘客預訂，收取的費用通常比岸上同等級的餐廳還要划算，例如號稱米其林三星主廚設計餐點等。

　　至於特色餐廳的生存之道，主要來源收入並不是餐廳的服務或是餐點費用，而是來自諸如酒精飲料或晚餐後的額外服務。不斷地創新，以名廚為號召，製造話題與新聞來吸引更多乘客參與，郵輪也不斷地出現促銷手法，買二送一或是折扣特價，只要留意船上的宣傳單，可以得到意外的收穫。

(四)自助餐廳

　　郵輪餐點的安排一定有一個主要用餐餐廳，自助餐廳只是提供給不喜歡拘束的旅客，可以自在用餐的選項。地點人多數在頂樓，和游泳池在同一樓層，除了供應晚餐，還有早、午餐和下午茶，或是宵夜，甚至提供24小時不打烊的餐食區，乘客可以自由選擇自己想要的食物。

　　早餐提供大陸式早餐，歐姆蛋、薄煎餅、鬆餅、麵包、穀片、優格和新鮮水果等。午餐通常有熱熟食或沙拉、熱狗、三明治區、披薩、義大利麵和一些國際或主題菜單，以及各種甜點。晚餐通常與主餐廳的菜品相似，再加上一些常見的國際菜餚和甜點。有些郵輪公司還會提供免費冰淇淋或是茶水、咖啡及飲料。下午茶除了蛋糕，司康也是很受歡迎的選項，但是不同的郵輪所提供的不見得相同，但是當海上巡航或提早上船等待晚餐時間，自助餐廳是個交誼及解飢的好地方。

　　第一天登船日的午餐時間，還有海上巡遊日子，自助餐廳通常最為擁擠，時常出現一位難求的狀況，唯一可以解決的方法就是提早前往，因為所有位子都是開放無法預約的。

郵輪上自助餐廳一景

四、郵輪購物設施

　　船上商店的銷售狀況顯示出，其業績對郵輪公司來說也是一個重要財源，僅次於酒精飲料及博弈項目。目前主要是由LVMH旗下的斯達伯德郵輪服務公司（Starboard Cruise Services）在九十多個郵輪公司經營，是目前郵輪行業最大的零售供應商。

　　目前大多數大型郵輪都設有「購物區域」，地點就在主餐廳的上下樓層，還有與賭場相通的樓層，如此安排主要是讓旅客用餐之後可以容易前往購物，受歡迎及光顧的程度大概僅次於飲食。商店不是全天候開放的，僅在船舶出海時開放，以避免商品許可和當地稅收。典型的船隻上，你會找到至少一家精品店，出售郵輪紀念服裝、T恤、書籍、兒童用品、手錶、香水、香菸、巧克力、酒精、化妝品和紀念品，船公司會推出不同型態的促銷活動，或是珠寶、繪畫鑑賞拍賣活動，特別是後者，一般還會提供香檳、果汁等飲料給與會者，船上有時候也會舉辦購物抽獎活動，滿多

地中海郵輪購物活動　　　　　　　　　　郵輪上促銷活動

少一張抽獎券等，對於高端買家，郵輪公司也會安排名牌展示會。

　　船上販賣的菸、酒是否可以購買後直接取用是最常被詢問的問題，答案是不可以，郵輪公司會購買後集中存放，商店將保留它們直到旅行結束。

　　郵輪購物退稅並不適用於所有公司，但是如果可以退稅的話，處理方式即是將所有可以退稅物品的收據收集起來，離船前交由服務櫃檯協助開立退稅單。

五、照相館

　　船上的攝影師隨時捕捉旅客倩影，登船、駛離及到達港口、船長之夜、臨時搭的布幕或是隨意拍照，郵輪公司以電子螢幕或是直接洗出照片讓乘客選購，每每也推出各種促銷專案，期望乘客可以多多購買，依照尺寸大小有不同價格，11美元到24美元不等，也可以選擇實體照片或是數位照片等。

當郵輪公司幫乘客拍照時，可以大方的接受拍照，因為郵輪公司絕對不會強迫旅客購買。

六、健康／醫療設施

一般位處船體中央下方，方便所有旅客前往。船上至少配備一名醫生和兩名護士。許多較大的船隻會備有兩名醫生和三，四名護士。根據《美國急診醫師學會指南》（ACEP），船舶必須有24小時值班醫務人員，所以即使半夜醫務室還是有人可以協助。

醫務室設有數張床，但是只能治療輕微非緊急情況或穩定面臨生命危險的乘客。最常見的問題是呼吸道（流感）或胃腸道（諾羅病毒）疾病，暈船或受傷的乘客。

船上會存放一些基本藥物，如抗生素、暈船藥（通常是免費的）、阿司匹林、腸胃藥、心血管疾病和其他常用藥物。這些藥物都是需要額外支付費用的，所以旅客最好能夠自備預防。

郵輪政策規定，如果乘客覺得生病或有嚴重疾病的跡象，例如嘔吐或腹瀉就應該立即告知醫務人員。如果船上的醫生判定有傳染的危險性，有權將乘客限制在他自己的客艙內。如果懷疑存在諾羅病毒，機組人員將採取隔離措施，強制留在客艙內，並且停用旅客的房卡。乘客如果不遵守，安全人員或執法部門可能就會直接介入，嚴重的話可以永遠禁止參與郵輪活動。

進行隔離時的用餐，通常必須留在艙房裡，直到72小時無症狀為止。傳遞餐食由船員服務，即使狀況改善，也不得提早解除隔離。

緊急醫療部分，如果發生危及生命的傷害或疾病，例如嚴重摔傷或心臟病發作，郵輪公司只能夠選擇將乘客送往陸上醫療機構，船上醫生無法處理過於嚴重的事故。

郵輪上的醫務人員有權確定乘客是否適合繼續航行。只要判定可能危害健康或安全，郵輪醫生可以安排將旅客轉移到任何港口的醫療機

避免在郵輪上生病的方法

★勤洗手

餐前和如廁之後一定要洗手，在許多地方都可以發現郵輪公司提供酒精乾洗手液，特別是在餐廳入口處，避免旅客感染諾羅病毒或其他疾病。每次上船時也應該確實手部清潔工作，避免把旅遊地的病毒帶上郵輪。

★多喝水

郵輪上因為空調的關係，本身就是個乾燥的空間，水分的補充相當重要，而且可以加速代謝（大部分郵輪公司是不允許直接在飲水機加注水瓶，如允許應該拿水杯注滿，再倒入自己的瓶子中）。

★充足睡眠

晚上活動通常直到半夜，如果隔天還需要下船遊覽，從事比較耗體力的活動，經過幾天的循環，體力及免疫力下降，自然很容易造成身體不適生病的情勢，乘客每天應該要有足夠的睡眠時間，保持體力及足夠的免疫能力。

★忌暴飲暴食

郵輪上的美食常常讓旅客不知不覺過量食用，體重增加事小，最忌諱的就是因為過量飲食造成腸胃上的問題，得不償失。

構，產生的費用則由旅客承擔。

　　有些郵輪公司會利用遠距醫療來協助患者，船上醫生可以連接到岸上醫院，參考數據跟討論之後施行救治工作。

　　旅客常見的幾個問題：

　　1.如果生病了，可以登上郵輪嗎？

　　所有郵輪公司都要求登機乘客填寫健康調查表，詢問你在過去一段時間中是否有嘔吐、發燒或出現其他疾病症狀。如果表示自己感到不舒服，則將進行快速檢查，如果船上的醫務人員確定發燒，有傳染性或其他疾病，船公司有權阻止登船。至從2020年的新冠病毒對郵輪產業的重大打擊，郵輪公司在篩檢以及登船前熱顯像儀檢測也日趨嚴謹，乘客應該要有生病就不應該勉強搭乘的觀念。

　　2.如果生病無法下船參與活動，能否獲得部分退款？

　　除非生病原因是郵輪公司所引起，例如因為諾羅病毒被隔離，郵輪公司可能願意部分退款或是給予下次搭船的抵用券，不然一般狀況下是無

法退款的。

3.船上接受健保或是保險給付嗎？

船上所有醫療費用都必須乘客全額支付，郵輪公司醫務中心只會提供證明文件來協助旅客申請保險支付。

郵輪上網／使用手機

★郵輪上網

大多數郵輪公司都在其船上提供網路，但是速度慢得多，因為都是透過衛星傳遞，所以相對昂貴，如果還是要使用的話，船公司推出的上網套餐或許可以參考。

★郵輪旅程上的網路省錢技巧

在許多郵輪碼頭提供免費的網路，可以向工作人員詢問合適的位置。避免高峰時間。清晨是使用量最少的時段，避開白天或深夜。用戶越少，網路速度就越快。

★郵輪上使用手機注意事項

可以在公海使用手機，但是同樣的，一旦離開陸地的訊號，就有可能會轉成使用昂貴的衛星電視。為了避免支付昂貴的帳單，船上應該關閉手機或切換到「飛行模式」。

🚢 第三節　郵輪公司提供的特殊設施

郵輪公司為了吸引乘客，求新求變，滿足乘客有更新的刺激，吸引買氣。以下是8家郵輪公司提供的特殊設施（CNN報導，2018/8/3，10 unusual cruise ship amenities）：

一、水晶郵輪（Crystal Cruises）

潛水艇之旅每次可以長達三十分鐘，最深可以潛入近300公尺（近1,000英尺的深度），360度的透明艙，讓旅客可以在大約三十分鐘的潛水時間內，觀看五顏六色的珊瑚礁到沉船遺址。但是潛水艇每次只能夠容納一名操作人員及二名乘客。

水晶郵輪潛水艇

資料來源：水晶郵輪

二、皇家加勒比郵輪（Royal Caribbean Cruises）

機器人調酒師，只要電子感應付費，平板電腦下單，機器人就可以為旅客調製需求的飲料，目前包括海洋和諧號、海洋交響號和該系列的三艘量子級船擁有該項設施。

皇家加勒比郵輪機器酒吧

資料來源：皇家加勒比郵輪

三、挪威郵輪（Norwegian Cruise Line）

喜悅號（Norwegian Bliss）上擁有海上最大的賽車場，全長304公尺（1,000英尺），乘客可以在海上享受戶外賽車的快感。另外目前挪威郵輪分別在挪威逍遙號（Norwegian Breakaway）、挪威暢意號（Norwegian Getaway）和挪威愛彼號（Norwegian Epic）設置了空中伏特加冰酒吧（Sky Vodka Ice Bar），只要花費20美金，旅客可以駐足四十五分鐘，享受零下8度的氛圍。至於禦寒衣物和裝備全由船公司免費提供。

挪威郵輪空中伏特加冰酒吧
資料來源：挪威郵輪

四、維京郵輪（Viking Cruises）

蒸氣浴、桑拿對北歐地區是個悠久的傳統活動，維京郵輪公司在四艘遠洋姊妹船上設置了雪洞（Snow Grotto），讓旅客在船上享受蒸氣浴、桑拿後下雪的戶外感覺。

五、龐洛郵輪（Ponant）

　　法國高檔探險船隊將在其六艘新的探索者級輪船上推出業界首間水下休息室（underwater lounge），名為藍眼（Blue Eye）（第一艘Le Lapérouse於2018年6月下水）。高科技空間，提供乘客多感官體驗，享受船水線以下的夢幻休息室，兩個大玻璃舷窗就像鯨魚的眼睛，透過窗口觀看海底世界。

龐洛郵輪水下休息室

資料來源：龐洛郵輪

六、嘉年華郵輪（Carnival Cruise Line）

　　目前展望號（Carnival Vista）、地平線號（Carnival Horizon）提供空中腳踏車（bike ride in the sky）服務，在45公尺高，全長245公尺的懸掛高空滑軌上，旅客可以欣賞周遭海洋風光。

嘉年華郵輪空中腳踏車

資料來源：嘉年華郵輪

七、冠達郵輪（Cunard Line）

三艘皇后郵輪中，瑪麗皇后2號（Queen Mary 2）擁有海上唯一的大型天文館劇院，乘客可以在巨大的圓頂下觀看與皇家天文學會合作的敘述性星空秀，虛擬現實遊戲以及特別的演講和講座。為了方便乘客觀看螢幕，總共提供了一百五十個可躺的座位，因為座位有限，旅客必須預約，避免向隅。

八、公主郵輪（Princess Cruises）

目前在帝王公主號（Regal Princess）、皇家公主號（Royal Princess）和盛世公主號（Majestic Princess）上安置的玻璃海上漫步（sea walk）是最特殊的，想像一下目前很多觀光地區所推出的空中步道，換成在郵輪上，透過玻璃走道，以鳥瞰角度看海。

冠達郵輪天文館劇院

資料來源：冠達郵輪

公主郵輪玻璃海上漫步

資料來源：公主郵輪

Chapter
4

郵輪季節

第一節　月份分析

第二節　各洲分析

🛳 第一節　月份分析

　　這是最常見的問題之一，不同緯度不同位置，不同的季節、天氣、地形等，影響著郵輪公司營運型態。對的地方要有對的季節，例如看鮭魚返鄉就不可能是在冬天，極光就只能是深秋到初春之間才有可能，所以郵輪公司也會以該地區的型態還有需求訂出高峰需求（旺季）、中等需求（平季）和低需求（淡季）的時段。旺季通常是天氣最佳時期和受歡迎的旅行時段，例如夏季和學校假期，這個時段絕對不是最便宜的時段，當然，節慶也有可能影響市場供需，例如耶誕節、新年或是中國新年，即使不是最佳的季節，但是有些航線需求還是很高。最便宜的郵輪時段，我們所謂的淡季時段，大多數因為溫度較低或太接近假期及開學而讓參與意願降低。郵輪公司在淡季時通常會提出各種優惠促銷方案，提升產品買氣。

　　以下是全年各個地區郵輪月份分析：

一、1～2月

　　加勒比海、遠東地區和加那利群島等較暖和的地區是最受歡迎的地區。非洲南部海岸，南半球的澳洲、紐西蘭正處於溫暖的夏季時段，11月至3月是南極洲航行的理想時機，新年前後的幾週剛好也是觀看企鵝雛鳥的最佳時間，2月則是賞鯨及海豹的好時節。

二、3～4月

　　3月中旬開始，巡航於南半球或是其他溫暖海域的季節性郵輪開始返回歐洲，所以這時候也會發現很多跨大西洋的行程，而且會停在一些正常不會停靠的港口，因為特殊而且重點是回到自己的母港，所以費用上會便宜許多。

　　歐洲地區的地中海，還有波羅的海和挪威峽灣海域，那些避開淡季的郵輪公司這時候陸續歸隊，3月份主要是回到東跟西地中海地區，郵輪產品的選項及航程日期有更多選項。春暖花開，舒適的溫度，大概也是地中海地區最棒的時節。北歐地區因為緯度較高，雖然4月份還是寒冷，但是郵輪公司開始航程，遊走於波羅的海和挪威峽灣海域。

　　雖然這不是通則，但原則上4月到12月是遊覽太平洋島嶼的最佳時間，畢竟各個島嶼之間還是有所不同。

　　這兩個月份也剛好遇到復活節的假期，所以會出現比較多的家庭旅遊，船上孩子的比例也會因此增多。

三、5～6月

　　雖然這兩個月份的北歐及英國氣溫仍然偏低，卻是航行這個地區的最佳時間，而且停靠的港口仍不會充斥著遊客，而且價格相對合理。6月21日的夏至，這是北半球一年中最長的一天，航行於挪威的郵輪還可以以永晝來號召航程的特殊性。

四、7～8月

　　7月和8月是北半球郵輪市場最熱絡的月份，暑假開始，家庭旅客將會明顯的增加，在歐洲地區，有兒童的家庭大多以東、西地中海地區作為第一選擇，對於年紀比較大或是經濟能力比較許可的家庭才會選擇波羅的海、北歐、冰島、格陵蘭島和北海的郵輪，也是上述地區的旺季。

　　北極郵輪的最佳時機，可以觀看北極熊與北極生態，加上比較長的白晝以及較佳的氣溫，讓更多旅客願意在這兩個月份前往北極地區。

　　美國東海岸與阿拉斯加，這兩個月是溫度最宜人的月份。阿拉斯加自然愛好者的最佳選擇，令人印象深刻的冰川景觀，麋鹿、狼和鳥類等野生動物，海上賞鯨更是一大賣點，但是阿拉斯加能夠航行的時間很短，9

月中旬所有郵輪公司大概就結束此地的航程。

五、9～10月

9月下旬和10月初是季節性的郵輪開始慢慢轉移至另一個溫暖或是適宜航程的時機,前往的地點如南半球,或是加勒比海地區,部分郵輪公司在這個時期將船轉至中東地區,或是抵達印度洋或東南亞地區,使新加坡或香港等地區成為其季節性的母港。

六、11～12月

目前郵輪市場的主流旅客還是以北美及歐洲地區為主,所以聖誕節前的幾週開始到新年後幾週都是郵輪市場的熱門時段。北美地區的加勒比海剛剛結束11月的颶風季節,開始進入穩定的海象時期,陽光充足加上溫度適宜及大批的消費者就在北美洲,這正是加勒比海的旺季時節,佛羅里達州也就成為最大的郵輪旅客集散地。

南美洲地區,南極洲開始展開夏天,來到溫度最佳、日照最長的月份,企鵝及極地動植物在這些月份自然成為最重要的焦點。

在東南亞,11月至2月是乘船遊覽越南、馬來西亞、新加坡和泰國的理想時間,此時溫度溫暖,降水機會較低,是相對舒適的季節,而其餘如印度洋、澳洲和南美西海岸的航程,在這個時節也開始進入旺季時刻。

🚢 第二節 各洲分析

南北半球氣候的差異,每個區不同的天氣、氣候型態,造成各洲、各地區發展形態及時間各異,以下是對各州的分析:

一、亞洲地區

對歐美地區郵輪環遊至亞洲的安排，通常選擇安排在11月至3月之間，主要原因是溫度較低，受到季風或颱風的影響較小，降雨量不像6月和7月豐沛。

平均上由於6月和7月的高溫，夏季月份帶來了亞洲最多的降雨和壓迫性高溫及潮濕天氣，因此，在天氣方面乘船旅行的最佳時間是11月至3月（旺季）。但這也是亞洲郵輪行程價格最高和最多人群的時候。

亞洲郵輪吸引了各個年齡層，但是大多數年齡在45歲以上，服裝以舒適即可，但是因為寺廟或是清真寺是必定參觀的景點，所以穿戴合宜的衣著就很重要。

(一)東亞地區

東亞指的是台灣、日本、韓國跟中國，對許多西方人來說，東亞仍然是塊特殊神秘的區域，有高聳的摩天大樓與現代樣貌，也有古老的歷史小鎮，豐富的文化和傳統以及美麗的風景，神聖的寺廟和神社，聯合國教科文組織認可的歷史遺跡，這些豐富的先天資源，讓郵輪公司紛紛投注更多船舶航行該地區。

對西方人來說，秋季至隔年春季是最佳時節，主因是溫度最適宜，雖然冬季特別是日本、韓國及中國北部相對寒冷，但是1月及2月的寒假與新年及農曆過年，讓該地區旅遊人潮大量增加。

基隆、香港、東京、天津（北京）或上海是東亞地區最多乘客上下的港口，目前最常見的郵輪公司有公主郵輪、皇家加勒比郵輪，提供短天數五日遊到七日遊是最常見的航程，當然也隨著該地區乘客的喜好，漸漸出現更長的航程，連結日本、韓國到台灣、香港，或延伸至海參崴及庫頁島等。中國部分為了解決外國旅客簽證問題，甚至提供搭乘郵輪前往海南島免簽證的政策，至於俄羅斯的海參崴，雖然不在主要航線上，但是它的神祕性加上72小時免簽證政策，郵輪公司漸漸願意規劃至航程當中。其餘

季節性的郵輪，如荷美郵輪、冠達郵輪、名人郵輪甚至水晶郵輪等高級郵輪，近幾年也紛紛投入東亞航程。

(二)東南亞地區

由於天氣條件的多樣性，選擇最佳的東南亞航行時間很複雜。越南超過3,200公里的海岸線，從北到南的天氣模式就有很大的變化，冬天時節從需要穿著外套的狀況到炎熱的赤道地區，所以各個區域發展有些差異。

郵輪公司在該地區的規劃大多在相對比較涼爽的11月至3月之間，避開最熱、最多雨和最潮濕的月份。除了天氣因素之外，大量的中國觀光客在中國新年期間的挹注，也間接的鼓勵郵輪公司在這段時間投入更多的郵輪航線。

區域內比較大的問題是大型郵輪由港口前往市區的交通時間，例如：至曼谷和胡志明市就需要花費二至三小時，所以有些郵輪只好以港口停靠兩天或更多天的方式，來讓旅客可以有較多的時間參與當地旅行。

洗手間設施在東南亞的大部分國家，特別是對西方的旅客來說是一大挑戰，有時僅提供「蹲式」廁所，這對西方人來說是個很大的困擾。除此之外，對殘疾人士大多是不友善的，乾淨且管理良善的洗手間不容易找到，洗手間也常常沒有提供衛生紙，衛生條件相對落後許多。

扒手在亞洲許多城市是存在的，但是不至於有暴力犯罪行為。交通部分相對來說處於混亂狀況，飛速行駛的摩托車和嘟嘟車，讓旅客無所適從，只能夠自保保持距離。

街頭食品安全因國家而異。避免食用加工或削過的水果及未烹煮的蔬菜、海鮮和肉類。食用罐裝或瓶裝飲料時確認是彌封未打開，並避免加入冰塊，如果遇到腸胃不適，立即就醫是不二法則。

在大多數東南亞國家／地區都需要兌換當地貨幣，但是部分國家，例如越南的大多數街頭小販接受美元，但是只接受新鈔，過舊的鈔票可能不會被接受。

　　越南和柬埔寨之間的湄公河、印度恆河、中國長江或緬甸的伊洛瓦底江河輪之旅也是相當受歡迎的路線，這部分請詳見河輪章節。

表4-1　東南亞主要郵輪城市最適宜前往的月份表

1月	2月	3月	4月	5月	6月
普吉島 檳城 河內	普吉島 檳城 河內	普吉島 檳城 河內 香港 新加坡	普吉島 河內 新加坡	新加坡	新加坡
7月	**8月**	**9月**	**10月**	**11月**	**12月**
新加坡	新加坡	新加坡	河內 香港 新加坡	普吉島 香港 新加坡	普吉島 檳城 河內

二、歐洲地區

　　歐洲的季節性變化相當大，所以南北歐洲的運行時間不一樣，南歐地區主要從3月到11月，在此期間，在地中海以及北歐、斯堪的那維亞半島和波羅的海，你將擁有最多的船隻選擇，在冬季，歐洲的郵輪活動有限，主要是前往加那利群島、葡萄牙、西班牙和北非（主要是摩洛哥和埃及），還有地中海地區，例如義大利、西班牙、馬爾他、希臘和土耳其，冬季相對溫和。北歐地區就只能夠從5月至9月，雖然冬季有部分郵輪公司嘗試開發新航程，但是到目前為止在市場上只是非常微量的狀況。

　　淡旺季來說，春末和初秋是屬於淡季時期，夏季時分的6月至8月是大多數行程的「旺季」，其他月份的價格則較低。價格高低取決於你在哪裡巡遊，春季和秋季實際上可能是更好的季節，因為它不會那麼炎熱。但是隨著不同的商業手法，越來越多的人接受冬天前往北歐賞極光的郵輪，或冬天環遊地中海地區，只是冬天的北歐往往海象不佳，氣溫寒冷，所以郵輪公司便提出保證看到極光等手法來吸引旅客。南歐地區的地中海型氣候，致使冬天較易下雨，但是耶誕節、新年及中國新年還有價格

促銷等手法，特別是西地中海地區，目前郵輪行程已經成為長年運轉的情勢。

夏季是歐洲郵輪價格最高的時段，像世界上其他地區一樣，在春季和秋季（在這些航行的季節的開始和結束時），價格大幅下降。

(一)地中海地區

地中海的主要季節通常是從4月到11月，而旺季則是6月到8月，這個時段氣候宜人，少降雨，是費用最高，一票難求的時段，但是希臘、土耳其、義大利南部和西班牙在夏天特別熱，如果完全以氣溫來衡量，春季和秋季才是最佳溫度時節，費用通常也低於暑假旺季費用。

(二)北歐地區

泛指斯堪的那維亞半島和波羅的海沿岸國家，因為冬天溫度過低，郵輪通常僅從5月下旬至9月初才開往北歐，夏季末提供了最佳天氣，其中以日照最長的6月中旬至7月初特別受到歡迎。目前只有海達路德郵輪全年在挪威西海岸進行挪威沿海航行，在夏季及冬季分別推出了午夜陽光及冬天北極光的活動。

(三)英國和愛爾蘭

夏季時節是最受歡迎的，特別是夏末和初秋，是一整年最晴朗的月份。該地區的溫度要比歐洲大陸的溫度要低得多，常見的行程就是環繞英國一圈，或配合前往冰島等地區的中長程航程。

(四)大西洋群島、葡萄牙和法國西部

郵輪經常安排春季和秋季前往馬德拉島、加那利群島、葡萄牙和法國西部的停靠港，很受歡迎，作為前往加勒比海或返回歐洲的航程一部分，這些島嶼全年氣候宜人，法國、葡萄牙氣溫適中，唯獨缺點是春天雨水通常比較多。

三、北美地區

北美洲涵蓋範圍相當廣大，天氣變化可以是極地氣候到熱帶氣候，所以每個地區的發展狀況也有所不同，但可以理解的是，這個區域環繞著郵輪旅客最大供應國——美國，加勒比海地區的發展就完全依存著美國，所有大型郵輪幾乎全都集中在這個區域。

(一)阿拉斯加地區

阿拉斯加可以營運的時間很短，主要是長時間低溫與冬季惡劣海象影響，船隻僅在5月至9月之間穿越其北部水域。最佳月份在最溫暖的6月至8月之間，5月和9月氣溫就顯得比較冷一點，對國人來說可能會覺得就像冬天的感覺，雖然那只是當地的夏初及初秋時節，如果要取得比較便宜的價錢，5月跟9月是最佳時段，反之則價格高出許多，甚至一票難求。如果是5月跟9月的選擇，5月又優於9月，主因5月是阿拉斯加航行季節中最乾的月份，冰川健行或其他海岸旅遊遇到降雨的機會相對會少很多。

阿拉斯加的航行方式有很多種型態，如果要以價錢來看的話，北行冰川路線往往比南行便宜。

(二)加勒比海地區

全年航行的加勒比海地區，不會因為天氣或是其他外在因素影響航程，12月至4月是該地區的乾季，可以說是最佳的旅行時段，而且這個時節剛好遇到北半球最冷，還有耶誕節及新年時刻，所以這時段最受歡迎，6月下旬至8月雖然並不是最佳時節，但是遇到暑假，家庭旅遊占了多數，所以一樣會發現擁擠的人群。

前往加勒比海郵輪最便宜的時段，首屬颶風季節，該季通常是在夏末和秋季，航程常常受到影響或是改變，打消旅客的消費意願，所以郵輪公司常常會提出優惠打折費用，接下來的便宜時段大概是12月初和春季，12月雖然是很好的旅遊季節，但是12月初是在放大假之前，人們請假

意願較低，所以郵輪公司在這個時段也常常推出促銷活動。春季時間介於放大假之後，暑假之前，這段時間也是時常推出折扣的季節。

(三)百慕達地區

百慕達全年四季溫和，但是秋季到春季還是比加勒比海地區寒冷，颶風季節在8月下旬至10月之間，受颶風的影響比加勒比海地區小，平均每年只有一次。巡航從4月到11月中旬是百慕達的旺季，特別是夏季月份6月至8月的行程，是該地區最昂貴的時段，10月雖然還是屬於旺季時段，但是是降雨最多的月份。春季4月至6月和秋季9月至11月是最便宜的時段。

(四)夏威夷地區

全年由美國之傲號（Pride of America）郵輪運行的地區，整年運行，天氣狀況跟墾丁差不多，即使是冬天氣溫也非常宜人，12月下旬至4月雖然不是最好的季節，但是美國的耶誕節及新年時間，讓它成為旅遊旺季。如果以天氣狀況來判斷的話，夏季和秋季是降雨最少的季節，也是搭乘夏威夷郵船的最佳時間，所以夏季的家庭族群相對會比較多一點。

每年11月到12月中及1月中到2月是最便宜的時段，9月份雖然還是屬於乾季，但是颶風的到來，讓這個地區的郵輪安排變得相對棘手，並不是個很好的旅遊時段。9月下旬和10月下旬會有比較多的過境郵輪前來夏威夷群島，因為在阿拉斯加季節結束後，這些郵輪由溫哥華或美西城市過境，非常態性的到夏威夷航行。

(五)加東及新英格蘭地區

加東和新英格蘭出發的郵輪季節是從5月到10月。因為嚴寒的冬天讓旅客願意前來的意願降低，不適宜郵輪發展。6月下旬到9月上旬是天氣最好的季節，也是最受歡迎的月份。對喜歡賞楓的旅客，從9月下旬到10月中旬是賞楓季節，5月和10月下旬是這個地區價格最低廉的月份，氣溫還

是主要影響的因素。

(六)墨西哥地區

墨西哥地區全年適合航行，但是不同月份及季節還是有所不同，12月及1月屬於乾季，吸引北美避寒的旅客，2月和3月是賞鯨的主要月份。雖然夏季是雨季時段，但是暑假假期讓北美旅客大量湧入這個地區。秋季是最佳的旅遊季節，可以避開夏天的雨季，還有冬天、春天擁擠的人群。

四、南美地區

感恩節和聖誕節期間剛好是南半球的夏季，天氣良好，是南美的旺季，但是南美的範圍很大，即使是夏天，例如烏斯懷亞的溫度就猶如台灣的冬天，但是也只有這個季節人們才能搭乘郵輪前往南極。南美洲唯一例外沒有淡旺季之分的，大概就是厄瓜多的加拉帕戈斯群島，其餘在南半球的冬季，除了環球郵輪通過，短期巡遊的郵輪微乎其微。

郵輪公司的南美季節通常從11月（南半球春季末）到5月初（南半球中秋）。郵輪航程通常超過七天，因為遙遠，即使是美國搭機前往，也時常需要十小時，遑論亞洲或歐洲前往的時間，也因為離主流乘客遙遠，南美洲的郵輪產業只有少數地方可以長年經營。

(一)亞馬遜河區域

該區域最主要是河輪航行為主，但是部分地區也加入了郵輪活動，不論是哪個季節，潮濕多雨是必定的狀況，因為不同的季節，當地的野生動物觀賞狀況也會有所不同。

(二)南美南部

包括巴塔哥尼亞、福克蘭群島、智利南部和阿根廷，因為位處南半

球，所以季節跟北半球完全相反，12月到2月的夏季較溫暖乾燥，10月至11月和3月至4月屬於春季及入秋季節，氣溫較低，前往的旅客變少，郵輪活動也相對較少。

(三)南美北部

包括秘魯、厄瓜多和加拉帕戈斯群島，天氣大致上可以分為兩個季節：乾季跟濕季。秘魯的沿海地區一年四季都比較乾燥，從12月至3月是最溫暖、最潮濕的月份。

(四)南極

南極夏季郵輪通常11月開始營運直到隔年3月結束，其餘月份因為海象險惡及天氣不佳，完全不適宜郵輪航行。

12月和1月是前往南極半島最熱門的時間，因為這兩個月份溫度最適宜，雖然還是相對寒冷，加上日照時間充足，旅客最想看到的企鵝、鯨魚都在這兩個月份孵化或活躍於海面上，登陸的旅客也相對容易許多。

國際南極旅行社協會（IAATO）準則規定，載有超過五百名乘客的船舶不能讓乘客登陸，想要登島探險就只能夠選擇小型郵輪，但是近年來也陸陸續續出現大型郵輪前往，對於容易暈船的旅客算是一大福音，只是大型郵輪乘客只能夠在船上巡遊，不允許登島。

南極的風險除了寒冷，以現代的科學儀器對於面對冰山並不是困難的事情，但是不穩定的天氣常常造成無法登岸，或是濃霧、風浪造成郵輪被迫改變航程及時間的困擾。

經典南極洲郵輪行程通常是九晚至十二晚，主要參觀南極半島及福克蘭群島，如果包含南喬治亞島，航程通常必須再增加至少一週的時間，來到十五晚至二十五晚不等。

五、澳洲地區

澳洲的旺季是11月下旬至3月，南半球的夏季，此時的天氣屬於完美的狀況，雖然昆士蘭州東北部地區已進入颱風季節，可能會影響某些停靠港，例如布里斯班和凱恩斯，但是這個時期是該地區的旺季。澳洲郵輪最顛峰的時間就屬12月下旬至1月下旬的休假期間，知名的跨年煙火吸引著世界各地的人們，當然也包含郵輪旅行的喜好者，此期間可能會有大批人群和擁擠的港口。

儘管澳洲的氣候變化很大，但冬季的溫度還不至於過度極端。南半球的冬季時段是最便宜的時段，特別是在全年可用的大型船隻和大堡礁巡遊上，但是6月、7月和8月的陰雨月份，讓前往塔斯馬尼亞島的航程受到影響。

六、南太平洋地區

冬季是南太平洋地區最受歡迎的季節，因為有利的天氣條件，下雨較少及少了熱帶氣旋的威脅，是蜜月旅行以及歐美家庭度假最合適的時間。南太平洋的夏季是11月至4月之間，一年中最潮濕的季節，降雨、溫度和濕度都會增加，價格明顯較低，是比較明顯的淡季時刻。

七、非洲地區

非洲郵輪季節通常從10月或11月至5月。特點之一是不論東非或西非的行程，大部分都是長時間的航程，但是有些公司也嘗試著一些短天數的行程。非洲的範圍很大，如果以非洲大陸本土的港口來看，南非開普敦是主要郵輪港口，但是也只在特定月份例如12月和1月比較繁忙，大部分月份是沒有郵輪活動的，但河輪的部分倒是更受歡迎，這部分在河輪的章節會特別提出。

　　印度洋上的塞席爾共和國算是比較特殊的狀況，接近赤道的海島國家，提供了絕佳郵輪活動海域，所以全年運行，但是以精緻小型郵輪小艇為主。同樣在印度洋上的馬達加斯加也是受歡迎的島嶼，但是主要市場時間是在7月。

Chapter

5

郵輪實務操作

第一節　旅行社廣告

第二節　乘客的需求

第三節　預訂郵輪的方式

第四節　郵輪觀光法規

第五節　行前說明會

第六節　領隊人員工作事項

第七節　餐廳

第八節　郵輪安全規範

第九節　郵輪上常見的國際禮儀

第十節　郵輪自由行旅客

第一節　旅行社廣告

　　旅行社透過傳統的報紙、廣告招牌或是網路行銷，與電視螢幕的廣告播放來達到吸引旅客的效果。當今的消費者意識抬頭，對產品期望很高，廣告內容及如何滿足實際需求就變得非常重要。

　　郵輪行程相對來說很複雜，一個產品有很多因素需要考慮，停靠的港口、航線、船上用餐選擇、在岸遊覽，以及船上房間選擇等，不論個人或是參與旅行社的團體旅行，即使是同一個航程，因為需求的房型不同也會出現出至少三種不同狀況，加上購買的決策過程相對較長，特別是一些特殊行程，南極、北極等特殊活動，費用高且一位難求，消費者也必須考慮許多因素，例如：價格、日期、天氣、航程中的個人需求等。

　　旅行社從業人員在推銷產品或是個人在選擇郵輪產品時，至少應該預先認識以下的重點：

1.認識每家郵輪公司的特色，包含餐飲服務、住宿以及娛樂項目。
2.確定旅客品味，例如是否第一次搭船，是否有自己偏好的郵輪或是可以負擔的費用金額，以便推薦合適的郵輪品牌。
3.對熱門郵輪地區有相對高的認識，以利推銷郵輪產品。最好是銷售人員本身有親身的體驗，能增加對旅客的說服力，也能分享實際經驗。
4.隨時掌握郵輪動向與時事，表現出對郵輪產業的熟悉度與專業感。
5.牢記郵輪公司的準則，包含取消費用的計算還有一些應該注意的細則。
6.讓旅客認知參與郵輪行程的價值，而非浪費或感覺沒有價值意義。
7.隨時注意與記錄客戶的需求，盡力確保提供的選項是對方最想要的旅行產品。

　　現階段來說，我們可以看出郵輪業仍然嚴重依賴旅行社，但我們可以肯定的是，郵輪公司已經悄悄地將重點轉移到使用網際網路訂位的旅

行者。數位廣告將會是重要的廣告趨勢，依據2018年的廣告花費紀錄，我們可以看到，投注在數位廣告包含電視上的支出占了62%，而且這個花費在預估上是會繼續增加的，拜現代人手一部智慧型手機之賜，Facebook、YouTube和Instagram的受歡迎度，人人可以隨時滑開，享受視覺的刺激，也可以點選直接訂購產品，傳統的文宣或廣播的方式，或是合作旅行社的

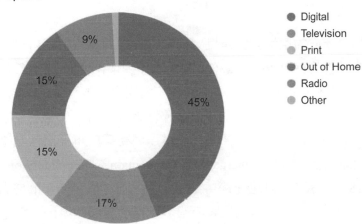

2018 Ad Spend

- Digital
- Television
- Print
- Out of Home
- Radio
- Other

45% / 17% / 15% / 15% / 9%

Approximately what percentage of your or your travel client's advertising dollars was spent across the following media channels in 2018?
Source: Sojern, 2019

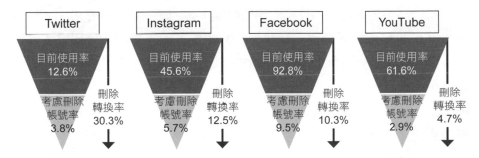

	Twitter	Instagram	Facebook	YouTube
目前使用率	12.6%	45.6%	92.8%	61.6%
考慮刪除帳號率	3.8%	5.7%	9.5%	2.9%
刪除轉換率	30.3%	12.5%	10.3%	4.7%

*刪除轉換率＝目前使用率／欲刪除率
Base：有使用社群媒體的受訪者N=1431
資料來源：創市際市場研究顧問Mar.2019

圖5-1　使用社群媒體廣告比例一覽表

協助文宣廣告將會漸漸式微。

　　但是郵輪對旅行社的存在還是有著依存關係，因為根據2019年美國旅行顧問協會（ASTA）的另一份報告裡提到，95%的旅客認為郵輪的口碑比較重要，旅行社從業人員的經驗分享，就是最佳的口碑見證者，銷售人員對顧客也有一定程度的影響力。

第二節　乘客的需求

　　郵輪所處的環境非常複雜，內在跟外在的危險性是存在的，人們一直認為，提高海上安全的最佳方法是制定國際法規，乘客希望他們可以得到安全和保障的航程，所以聯合國下的國際海事組織（IMO）制定了許多公約，負責確保建立並維持保護郵輪乘客、船員、船舶及其操作環境的安全和保障以及防止海洋汙染。鐵達尼號乘船事件之後制定的《國際海上人命安全公約》（International Convention for the Safety of Life at Sea, SOLAS），讓所有安全規範得到相當的成長，經過多年的努力，贏得現代乘客的信心，這也是為何該產業可以蓬勃發展的原因。但是2020年引發的新冠病毒問題，對郵輪產業的打擊極深，這場疫情已經不是簡單的救生艇和其他救生設備的數量以及安全規程問題，或是電子儀器的更新等，這已經超越一般能夠控制的疾病問題，各國紛紛拒絕或是脫序的拒絕靠港，但是根據《聯合國海洋法公約》的無害通過原則及《國際衛生條例》的無疫通過原則，沿海國是有充分理由以保護本國安全為由拒絕郵輪駐港的，這是否違反人道精神？是否需要更動公約，增加其他的變通救援的方法，特別是對嚴重傳染病爆發時的處理依據與原則，這些都是國際組織及郵輪產業業者應該好好思考的部分，重新贏得消費者的信心。

国際海事組織（The International Maritime Organization, IMO），聯合國專門機構，負責運輸的安全，保障以及防止船舶造成海洋和大氣汙染，甚至公平交易，支持聯合國海洋持續發展目標。

第三節　預訂郵輪的方式

透過旅行社與直接透過郵輪預訂的差別在哪裡？對旅客來說是個很直接的問題，如果都一樣，那到底該找誰比較好，這些潛在的問題一直困擾著旅客還有旅行社及郵輪公司之間。

以旅客來說，只要能夠符合旅客的費用與服務的最基本的需求，得到最大的利益，旅客就願意付費報名。旅行社只是郵輪公司的代售中心，收取郵輪公司給予的佣金，功能性如果只是如此，當然遲早可能會被取代，特別是許多部落客的分析，或是旅行家的專業分析等，對旅行業者來說都是潛在的殺手。但是一個專業的旅行社，在銷售的過程中應該扮演的是更專業且有公信力的分析，讓旅客想要參與的郵輪活動更具個性化，畢竟郵輪行程不像只是買張機票來回結束，有數天到數十天的生活都必須依存在單一郵輪上面，專業的旅行社可以透過他們配合跟搭乘過的各家郵輪為旅客量身打造，可以分析各家公司的特性，對於每家郵輪的服務、設施瞭若指掌，給予客觀的建議，讓旅客可以有多方面思考。相反的，如果直接與單一郵輪公司交談，所得到的答案除了建議不同航程，其餘所有船上的狀況都是一樣，無法讓旅客有多元的選擇機會。

旅行社在郵輪產業與旅客的關係上更像是一個旅行顧問專家，提點跟建議一個好的旅程，建立起旅客與銷售人員的信任關係，就是旅客最樂意見到的雙贏局面。

第四節　郵輪觀光法規

郵輪旅客日益增加，各式各樣的糾紛已經不是赴海外旅遊契約書能夠解決，以2020年的新型冠狀病毒（COVID-19）疫情持續延燒的狀況，僅僅幾個月的時間，統計受到影響的郵輪旅遊共112艘次，約14.4萬旅客人次。當中的新型糾紛，讓政府與業者不得不正視這個問題，交通部於2020年2月6日公告針對郵輪所設置的專門契約書，讓旅行社及旅客有所規

範。對於旅客及旅行社來說都能夠有相對較好的保障。

以下是針對《郵輪國外旅遊定型化契約應記載及不得記載事項》當中內文的解釋：

壹、應記載事項

一、當事人

應記載旅客之姓名、電話、住（居）所及旅行業之公司名稱、註冊編號、負責人姓名、電話及營業所。

應記載旅客緊急聯絡人之姓名、與旅客關係及聯絡電話。

★沒收到訂金或是費用

依照《民法》第153條：「當事人互相表示意思一致者，無論其明示或默示，契約即為成立。」重點是即使沒有收到訂金，契約就已經成立。

★有收到訂金或是費用

依照《民法》第248條：「訂約當事人之一方，由他方受有定金時，推定其契約成立。」意味著只要收到錢不論多少，沒有紙本或是任何形式的契約書，都已經算是契約成立。

★忘記或是沒簽約

依照《旅行業管理規則》第24條：「旅行業辦理團體旅遊或個別旅客旅遊時，應與旅客簽定書面之旅遊契約。」旅行社違反上述規定，未與旅客簽定書面旅遊契約，會被處新台幣一萬元。

二、契約審閱期間

應記載契約之審閱期間不得少於三日。

違反前項規定者，契約條款不構成契約內容。但旅客得主張契約條款仍構成契約內容。

郵輪旅客的審閱期間不得少於三日，所以旅客在這三日內有疑問可以提出解約，相對的，從業人員應該要注意到這部分規定與《國外旅遊定型化契約應記載及不得記載事項》規定的審閱期間不得少於一日不一樣。

《發展觀光條例》第55條第二項第一款規定，未與旅客訂定書面契約，處新台幣一萬元以上五萬元以下罰鍰。

三、郵輪國外旅遊之意義

本契約所稱郵輪國外旅遊，指由旅行業安排下列行程之一而到中華民國疆域以外之其他國家或地區旅遊：

(一)單純郵輪國外旅遊行程。

(二)單純郵輪國外旅遊行程，另加郵輪停靠時岸上旅遊行程。

(三)單純郵輪國外旅遊行程，另於行程前後安排陸上旅遊行程。

(四)單純郵輪國外旅遊行程，另加郵輪停靠時岸上旅遊行程及於行程前後安排陸上旅遊行程。

前項所稱郵輪，指海上郵輪及河輪，不包括遊艇、江輪及渡輪。

赴大陸地區從事郵輪旅行者，準用本旅遊契約之約定。

選項1：只是單純代訂郵輪活動。

選項2：如果還需要協助代訂停靠岸旅遊行程，旅行社必須付同一責任，旅客在海外停靠岸時如無法得到該有的服務，可以提出賠償，旅行社部分當然要慎選配合廠商，避免額外的糾紛。

選項3：包含了第一選項，但是只包含搭船前後的活動安排，責任問題與第二選項一樣，旅客如無法得到該有的服務，可以提山賠償，旅行社部分當然要慎選配合廠商，避免額外的糾紛。

選項4：就是包含第一到第三選項，旅行社營業人當然要負起所有責任，並善盡義務職責，旅客如無法得到該有的服務，可以提出賠償。

四、簽約地點及日期

應記載簽約地點及日期。未記載簽約地點者，以旅客住（居）所地為簽約地點；未記載簽約日期者，以首次交付金額之日為簽約日期。

五、旅遊行程

應記載旅遊地區、城市或觀光地點及行程（包括啟程出發地點、回程之終止地點、日期、交通工具、住宿旅館、餐飲、遊覽及其所附隨之服務說明）。

如有購物行程者，應載明其內容。

未記載前二項內容或前二項記載之內容與刊登廣告、宣傳文件、行程表或說明會之說明記載不符者，以最有利於旅客之內容為準。

> 記載旅客之集合、出發之時間及地點，可確認契約之主要目的及大致上的行程，如果旅遊營業人任意變更行程，旅客可以明顯的主張行使權力的證據。
>
> 特別是不同城市上下郵輪的行程，更應該詳述狀況，並且告知第一天離港時間及最後一天抵港時間，避免旅客無法配合搭乘或是抵港後的交通工具安排。
>
> 實務處理：如是前往歐、美等比較長程航線的地區，強烈建議旅客至少提早一日抵達所屬城市港口，下岸後的班機時間必須給予充裕時間的建議。

六、廣告責任

應記載旅行業應確保廣告內容之真實，其對旅客所負之義務不得低於廣告之內容。

廣告、宣傳文件、行程表或說明會之說明內容，均視為本契約內容之一部分。

> 這一部分與國外旅遊定型化契約的規定相同，為保護消費者，旅行社在販賣郵輪行程及說明會時不應該誇大浮誇內容。
>
> 《消費者保護法》第22條規定：「企業經營者應確保廣告內容之真實，其對消費者所負之義務不得低於廣告之內容。」
>
> 《公平交易法》第21條：「事業不得在商品或廣告上，或以其他使公眾得知之方法，對於與商品相關而足以影響交易決定之事項，為虛偽不實或引人錯誤之表示或表徵。前項所定與商品相關而足以影響交易決定之事項，包括商品之價格、數量、品質、內容、製造方法、製造日期、有效期限、使用方法、用途、原產地、製造者、製造地、加工者、加工地，及其他具有招徠效果之相關事項。」

七、集合及出發時地

應記載旅客之集合、出發之時間及地點。旅客未準時到達約定地點集合致未能出發，亦未能中途加入旅遊者，視為任意解除契約，並準用第十四點之規定。

> 城市或許有一個以上的港口，應該跟旅客告知正確的港口名稱，甚至碼頭編號或號碼，避免旅客跑錯地點，延誤搭船時間。例如英國南安普敦就有伊麗莎白二世航廈（Queen Elizabeth II Cruise Terminal）、五月花航廈（Mayflower Cruise Terminal）、城市航廈（City Cruise Terminal）、海洋航廈（Ocean Cruise Terminal）四個航廈碼頭。

八、旅遊費用

應記載旅遊費用總額及其包含之主要項目（代辦證件之行政規費、交通運輸費、餐飲費、住宿費、遊覽費用、接送費、行李費、稅捐、領隊及其他旅行業為旅客安排服務人員之報酬、保險費）。

前項費用不包含下列各項費用：

(一)旅客之個人費用。

(二)建議旅客任意給予隨團領隊人員、當地導遊、司機之小費。

(三)旅遊契約中明列為自費行程之費用。

(四)其他由旅行業代辦代收之費用。

旅行業宜告知旅客購買郵輪旅遊行程取消、延誤等相關保險。

最容易引起糾紛的部分應該就屬船上的服務小費，必須告知船上小費的收取狀況，如果搭乘的船艙不同，小費收取的狀況也會有所不同，這一部分應該跟旅客詳加告知。

「旅行業宜告知旅客購買郵輪旅遊行程取消、延誤等相關保險」，是針對郵輪的特殊性而明訂的，可以透過保險的機制，讓旅客在取消、延誤時減少損失。

九、旅遊費用之付款方式

應記載旅客於簽約時應繳付之金額及繳款方式；餘款之金額、繳納時期及繳款方式。但當事人有特別約定者，從其約定。

十、旅客怠於給付旅遊費用之效力

因可歸責於旅客之事由，怠於給付旅遊費用者，旅行業得定相當期限催告旅客給付，旅客屆期不為給付者，旅行業得終止契約，旅客應賠償之費用，準用第十四點規定辦理；旅行業如有其他損害，並得請求賠償。

可以採用存證信函催告，但時間如果緊迫，可以用電子聯繫方式，包含手機、電子信箱，只要能夠留存催告內容，並足以證明催告確實到達旅客的方式，所以旅客一開始填寫的聯絡電話、地址務必確認正確，避免錯誤延伸其他困擾。

十一、旅客協力義務

　　旅遊需旅客之行為始能完成，而旅客不為其行為者，旅行業得定相當期限，催告旅客為之。旅客屆期不為其行為者，旅行業得終止契約，並得請求賠償因契約終止而生之損害。

　　旅遊開始後，旅行業依前項規定終止契約時，旅客得請求旅行業墊付費用將其送回原出發地或經雙方協議之適當地點，於到達後，由旅客附加利息償還之，旅行業不得拒絕。

　　前項情形，旅行業因旅客退出旅遊活動後，應可節省或無須支出之費用，應退還旅客。

　　旅行業因第二項事由所受之損害，得向旅客請求賠償。

> 旅客如果還在國內，但是不願意配合，協力完成，處理方法與第10點一樣，但是如果旅客已經在國外，經過勸阻或是溝通之後，只能夠告知終止契約，過程中必須要有見證人或是錄影蒐證，以利之後的解釋與還原狀況。並告知可能衍生出來的損失等，並應該符合規定，營業人退回應退回的費用，或旅客補回費用等。當然最重要的必須協助安排返國。

十二、組團旅遊最低人數

　　本旅遊團須有＿＿＿＿人以上簽約參加始組成。如未達前定之人數，旅行業應於預訂旅遊開始之＿＿＿＿日前（至少七日，如未記載時，視為七日）通知旅客解除契約；怠於通知致旅客受損害者，旅行業應賠償旅客損害。

　　前項組團人數如未記載者，視為無最低組團人數；其保證出團者，亦同。

> 實務上有旅行業推出「保證出團」或契約未記載成團人數而衍生出來的消費糾紛。為減少類此消費糾紛，明訂旅行業「保證出團」或未記載成團人數者視為無最低組團人數，以維護旅客權益。

　　旅行業依第一項規定解除契約後，得依下列方式之一，返還或移作依第二款成立之新旅遊契約之旅遊費用：

(一)退還旅客已交付之全部費用。但旅行業已代繳之行政規費得予扣除。

(二)徵得旅客同意，訂定另一旅遊契約，將依第一項解除契約應返還旅客之全部費用，移作該另訂之旅遊契約之費用全部或一部。如有超出之賸餘費用，應退還旅客。

> 行政規費可以包含：護照、簽證，旅行社已支付的交通運輸、餐食、住宿、門票等取消費。

十三、因可歸責於旅行業之事由致無法成行

因可歸責於旅行業之事由，致郵輪旅遊活動無法成行者，旅行業於知悉旅遊活動無法成行時，應即通知旅客並說明其事由，且退還旅客已繳之旅遊費用。旅行業怠於通知者，應賠償旅客依旅遊費用之全部計算之違約金。

旅行業已為前項通知者，其為第三點第一項第一款之郵輪旅遊者，郵輪旅遊之違約金計算，按旅行業之解約退費條件規定賠償旅客。

第三點第一項第二款、第三款或第四款之郵輪旅遊，郵輪旅遊部分之違約金計算適用前項規定；郵輪旅遊行程以外部分之違約金計算，旅行業應按通知到達旅客時，距旅遊開始時間之長短，依下列規定基準計算其應賠償旅客之違約金：

(一)通知於旅遊開始前第四十一日以前到達者，賠償郵輪旅遊行程以外費用百分之五。

(二)通知於旅遊開始前第三十一日至第四十日以內到達者，賠償郵輪旅遊行程以外費用百分之十。

(三)通知於旅遊開始前第二十一日至第三十日以內到達者，賠償郵輪旅遊行程以外費用百分之二十。

(四)通知於旅遊開始前第二日至第二十日以內到達者，賠償郵輪旅遊行程以外費用百分之三十。

(五)通知於旅遊開始前一日到達者，賠償郵輪旅遊行程以外費用百分
之五十。

(六)通知於旅遊開始當日以後到達者，賠償郵輪旅遊行程以外費用百
分之一百。

旅客如能證明其所受損害超過前項各款基準者，得就其實際損害請
求賠償。

> 賠償基準：旅行社只能扣除行政規費，扣除後再加上按通知到達日距旅遊開始日
> 之間距為賠償之計算，旅客可以再請求其他受損害的賠償。
> 旅行社與旅客個別協議，包含郵輪公司的取消規則，在取得旅行社與旅客雙方同
> 意後，記載於個別協議條款，日後發生糾紛在認定上，對旅行社較為有利。

十四、旅遊開始前旅客任意解除契約及其責任

旅客於旅遊開始前解除契約者，應依旅行業提供之收據，繳交行政
規費，並按下列情形賠償旅行業之損失：

(一)第三點第一項第一款之郵輪旅遊者，郵輪旅遊之違約金計算，按
旅行業之解約退費條件規定賠償旅行業。

(二)第三點第一項第二款、第三款或第四款之郵輪旅遊，郵輪旅遊部
分之違約金計算適用前款規定；郵輪旅遊行程以外部分之違約金
計算，應按通知到達旅行業時，距旅遊開始時間之長短，依下列
規定基準計算其應賠償旅行業之違約金：

1.通知於旅遊開始前第四十一日以前到達者，賠償郵輪旅遊行程
以外費用百分之五。

2.通知於旅遊開始日前第三十一日至第四十日以內到達者，賠償
郵輪旅遊行程以外費用百分之十。

3.通知於旅遊開始前第二十一日至第三十日以內到達者，賠償郵
輪旅遊行程以外費用百分之二十。

4.通知於旅遊開始前第二日至第二十日以內到達者，賠償郵輪旅
遊行程以外費用百分之三十。

5.通知於旅遊開始前一日到達者，賠償郵輪旅遊行程以外費用百分之五十。

6.通知於旅遊開始當日以後到達者，賠償郵輪旅遊行程以外費用百分之一百。

前項第二款規定作為損害賠償計算基準之旅遊費用，應先扣除行政規費後計算之。

旅行業如能證明其所受損害超過第一項第二款之各目基準者，得就其實際損害請求賠償。

> 賠償基準：郵輪旅遊部分之計算，按郵輪公司解約退款規定賠償，郵輪旅遊行程以外部分，則按通知到達日距旅遊開始日之間距為賠償之計算。但是一般消費者的認知只有「通知到達日距旅遊開始日之間距為賠償之計算」，但如果「按郵輪公司解約退款規定賠償」規範會有所差距，所以當旅客報名時必須詳加告知，讓旅客明白狀況。而旅行社的一方，應該將「郵輪特別協議書」，報請交通部觀光局核准實施。

十五、旅遊開始前因不可抗力或不可歸責於雙方之事由解除契約

因不可抗力或不可歸責於雙方當事人之事由，致本契約之全部或一部無法履行時，任何一方得解除契約，且不負損害賠償責任。

前項情形，旅行業應提出已代繳之行政規費或履行本契約已支付之必要費用之單據，經核實後予以扣除，並將餘款退還旅客。

任何一方知悉第一項事由致旅遊活動無法成行時，應即通知他方並說明其事由；其怠於通知致他方受有損害時，應負賠償責任。

為維護本契約旅遊團體之安全與利益，旅行業依第一項為解除契約後，應為有利於本旅遊安全利益之必要措置。

> 產生爭議的是，「已支付的必要費用」，有多少？特別是旅行社已經預付的機票、船票及路上旅遊費用，如果對方不退，旅行社也沒辦法退。旅行社只能夠將單據留好，證明已經支出的費用。

十六、旅遊開始前客觀風險事由解除契約

　　旅遊開始前，本旅遊團所安排旅遊行程之一，有事實足認危害旅客生命、身體、健康、財產安全之虞者，準用前點規定，得解除契約。但解除之一方，應另按旅遊費用百分之＿＿＿補償他方（不得逾百分之五）。

> 為維護國人旅遊健康安全，疾管署設置「國際間旅遊疫情建議等級表」，將外國地區疫情區分為三種類型，分別為：
> 第一級注意（Watch）：提醒遵守當地的一般預防措施。
> 第二級警示（Alert）：加強對當地採取加強防護。
> 第三級警告（Warning）：避免至當地所有非必要旅遊。
> 加上外交部領事事務局發布的四個等級：
> 灰色警示：提醒注意。
> 黃色警示：特別注意旅遊安全並檢討應否前往。
> 橙色警示：避免非必要旅行。
> 紅色警示：不宜前往，宜儘速離境。
> 作為國人是否前往當地旅遊及採取何種防範措施之參考依據。如果狀況還是在「客觀風險事由」，就可以適用這一個條款。

十七、領隊

　　旅行業應指派領有領隊執業證之領隊。

　　旅行業違反前項規定，應賠償旅客每人以每日新台幣一千五百元乘以全部旅遊日數，再除以實際出團人數計算之三倍違約金。旅客受有其他損害者，並得請求旅行業損害賠償。

　　領隊應帶領旅客出國旅遊，並為旅客辦理出入國境手續、交通、食宿、遊覽及其他完成旅遊所須之往返全程隨團服務。

> 假設這個團是10天，20個人的狀況，要賠償的費用是多少：
>
> 　　　1,500×10（全部天數）÷20（實際出團人數）×3（倍）＝2,250
>
> 答案：2,250元。

十八、證照之保管及返還

　　旅行業代理旅客辦理出國簽證或旅遊手續時，應妥慎保管旅客之各

項證照，及申請該證照而持有旅客之印章、身分證等。旅行業如有遺失或毀損者，應行補辦；如致旅客受損害者，應賠償旅客之損害。

旅客於旅遊期間，除依各國法令及商業慣例外，應自行保管其自有旅遊證件。但基於辦理通關過境等手續之必要，或經旅行業同意者，得交由旅行業保管。

前兩項旅遊證件，旅行業及其受僱人應以善良管理人之注意保管之；旅客得隨時取回，旅行業及其受僱人不得拒絕。

《旅行業管理規則》第37條第六款規定：「除因代辦必要事項須臨時持有旅客證照外，非經旅客請求，不得以任何理由保管旅客證照。」如果扣留旅客證照，違反時，依照《發展觀光條例裁罰標準》附表二第　白二十一項，旅行社會被處罰新台幣六千元，領隊人員違規扣留旅客證照或機票者，依照《發展觀光條例裁罰標準》附表十第二十一項規定，領隊會被處罰新台幣六千元，情節重大者，處以新台幣一萬五千元並停業一年。

十九、旅客之變更權

旅客於旅遊開始＿＿＿日前，因故不能參加旅遊者，得變更由第三人參加旅遊。旅行業非有正當理由，不得拒絕。

前項情形，旅行業應事先揭露必要且合理之費用；如因而增加費用，旅行業得請求該變更後之第三人給付；如減少費用，旅客不得請求返還。

二十、旅行業務之轉讓

旅行業於旅遊開始前如將本契約變更轉讓予其他旅行業者，應至少於旅遊開始＿＿＿日前通知旅客，並經旅客書面同意。旅客如不同意者，得解除契約，旅行業應即時將旅客已繳之全部旅遊費用退還；旅客受有損害者，並得請求賠償。

旅客於旅遊開始後始發覺或被告知本契約已轉讓其他旅行業，旅行業應賠償旅客全部旅遊費用百分之五之違約金；旅客受有損害者，並得請求賠償。受讓之旅行業者或其履行輔助人，關於旅遊義務之違反，有故意或過失時，旅客亦得請求讓與之旅行業者負責。

如果是在出發前，旅遊營業人無法成團或是任何原因，必須轉換到另一家旅行社出團，旅行營業人必須取得旅客書面同意，才能將旅客轉讓給其他旅行社出團，並與新的公司簽約，若轉團未經旅客書面同意，即屬旅行營業人違約。在違約的狀況之下，旅客可以取消契約。

出發當天或是過程，如果發現被轉團而沒有告知，旅客可以主張賠償旅客全部旅遊費用百分之五之違約金，如果轉團後的費用低於原本團體的費用，還可以再主張要求退回價差。

二十一、因可歸責於旅行業之事由致旅遊內容變更

旅程中之食宿、交通、觀光地點及遊覽項目等，應依本契約所訂等級與內容辦理，旅客不得要求變更。但經旅行業同意者，不在此限；其因此所增加之費用應由旅客負擔。

除有第十五點所定之不可抗力或不可歸責於雙方當事人，或第二十五點所定之不可抗力或不可歸責於旅行業之情事外，旅行業不得以任何名義或理由變更旅遊內容。

因可歸責於旅行業之事由，致未達成旅遊契約所定旅程、交通、食宿或遊覽項目等事宜時，旅客得請求旅行業賠償各該差額二倍之違約金；旅行業因故意或重大過失者，旅客得請求旅行業賠償各該差額至五倍之違約金。其有難於達預期目的之情形者，並得終止契約。

旅行業應提出前項差額計算之說明，如未提出差額計算之說明時，其違約金之計算至少為全部旅遊費用之百分之五。

旅客因第三項情形受有損害者，另得請求賠償。

除非天災與人禍致使旅遊內容變更，如果沒有完成或是實現契約中行程表中該給的服務，我們可以分為：

1.一般過失賠償差額二倍之違約金。
2.嚴重過失賠償差額五倍之違約金。
3.旅行營業人未提出，就以總費用5%來計算。

例如該給的項目價值3,000元，但是實際上只提供價值1,500元的服務，一般過失就是賠償每位旅客（3,000－1,500）×2＝3,000。嚴重過失就是（3,000－1,500）×5＝7,500。
假設團費是10萬，在旅行營業人未提出的狀況之下，就應該賠償每位旅客5,000元。

二十二、因可歸責於旅行業之事由致無法完成旅遊或旅客遭留置

旅遊開始後，因可歸責於旅行業之事由，致旅客因簽證、機票或其他問題未能達成前點第三項所定事宜，旅行業除依前點規定辦理外，另應以自己之費用安排旅客至次一旅遊地，與其他團員會合；無法完成旅遊之情形，對全部團員均屬存在時，並應依相當之條件安排其他旅遊活動代之；如無次一旅遊地時，應安排旅客返國。等候安排行程期間，旅客所產生之食宿、交通或其他必要費用，應由旅行業負擔。

前項情形，旅行業怠於安排交通時，旅客得搭乘相當等級之交通工具至次一旅遊地或返國；其所支出之費用，應由旅行業負擔。

旅行業於前二項情形未安排交通或替代旅遊時，應退還旅客未旅遊地部分之費用，並賠償同額之懲罰性違約金。

因可歸責於旅行業之事由，致旅客遭恐怖分子留置、當地政府逮捕、羈押或留置時，旅行業應賠償旅客以每日新台幣二萬元乘以逮捕、羈押或留置日數計算之懲罰性違約金，並應負責迅速接洽救助事宜，將旅客安排返國，其所需一切費用，由旅行業負擔。

> 如果旅遊營業人可以事先預想到，或盡力避免，讓旅客有自己排除危機的機會，就是所謂的「危險排除措施之義務」。如果旅遊營業人不為其行為，就必須對旅客負起相關法律責任。

二十三、因可歸責於旅行業之事由致行程延誤時間

因可歸責於旅行業之事由，致行程未依約定進行者，旅客就其時間之浪費，得按日請求賠償。每日賠償金額，以全部旅遊費用除以全部旅遊日數計算。

前項行程延誤之時間浪費，在五小時以上未滿一日者，以一日計算。

旅客受有其他損害者，另得請求賠償。

延誤我們可以分成旅遊營業人造成,或是搭乘飛機、輪船、火車、捷運、纜車等大眾運輸工具所受損害。

旅遊營業人的部分比較容易出現的延誤就屬遊覽車安排,即使遊覽車機件故障造成的行程延誤,旅行營業人依然必須負起賠償之責。

大眾運輸工具所受損害就不可以歸責於旅遊營業人,比較常見的例如航空公司的延誤,旅遊營業人應該協助取得賠償,因為延誤而節省的支出,旅遊營業人應該退還給旅客。

比較常造成誤會的賠償時數算法,旅客可能會誤以為將總行程中不同日數延誤時數相加,請求累計時間的損害賠償,實際算法是依照每一天延誤的時數「按日比例」請求賠償。

二十四、旅行業棄置或留滯旅客

旅行業於旅遊途中,因故意棄置或留滯旅客時,除應負擔棄置或留滯期間旅客支出之食宿或其他必要費用,按實計算退還旅客未完成旅程之費用,及由出發地至第一旅遊地與最後旅遊地返回之交通費用外,並應至少賠償依全部旅遊費用除以全部旅遊日數乘以棄置或留滯日數後相同金額五倍之懲罰性賠償金。

旅行業於旅遊途中,因重大過失有前項棄置或留滯旅客情事時,旅行業除應依前項規定負擔相關費用外,並應賠償依前項規定計算之三倍懲罰性賠償金。

旅行業於旅遊途中,因過失有第一項棄置或留滯旅客情事時,旅行業除應依第一項規定負擔相關費用外,並應賠償依第一項規定計算之一倍懲罰性賠償金。

前三項情形之棄置或留滯旅客之時間,在五小時以上未滿一日者,以一日計算;旅行業並應儘速依預訂旅程安排旅遊活動,或安排旅客返國。

旅客受有其他損害者,另得請求賠償。

領隊或是導遊絕對是不可以棄置或留滯旅客,如果有不得已之事由,過程中必須更換領隊或是導遊必須詳細告知旅客狀況,並在交接完畢之後,無縫接軌才不至於造成棄置或留滯旅客的不好觀感。

二十五、旅遊途中因不可抗力或不可歸責於旅行業之事由致旅遊內容變更

旅遊途中因不可抗力或不可歸責於旅行業之事由，致無法依預訂之旅程、交通、食宿或遊覽項目等履行時，為維護本契約旅遊團體之安全及利益，旅行業得變更旅程、遊覽項目或更換食宿、旅程；其因此所增加之費用，不得向旅客收取，所減少之費用，應退還旅客。

旅客不同意前項變更旅遊內容時，得終止契約，並得請求旅行業墊付費用將其送回原出發地或經雙方協議行程中之適當地點之住宿及交通，於到達後附加利息償還旅行業。

郵輪團比較容易發生的狀況例如天氣因素無法靠港或縮短參觀時間。領隊應該詳細告知狀況，因此節省下來的費用就應該退還給旅客，增加費用不應該跟旅客收取。

二十六、旅遊開始後旅客任意終止契約

旅客於旅遊活動開始後，中途離隊退出旅遊活動時，不得要求旅行業退還旅遊費用。

前項情形，旅行業因旅客退出旅遊活動後，應可節省或無須支出之費用，應退還旅客。旅行業並應為旅客安排脫隊後返回出發地或經雙方協議行程中之住宿及交通，其費用由旅客負擔。

旅客於旅遊活動開始後，未能及時參加依本契約所排定之行程者，視為自願放棄其權利，不得向旅行業要求退費或任何補償。

這部分是屬於棘手的狀況，旅客旅遊開始後提出終止契約，理論上旅遊營業人對旅客的義務就應該結束，但是旅遊營業人還是有義務將旅客送回原出發地，旅客如不接受旅遊營業人的安排，領隊應該要求旅客寫下切決書。

二十七、旅行業之協助處理義務

旅客在旅遊中發生身體或財產上之事故時，旅行業應盡善良管理人之注意為必要之協助及處理。

前項之事故，係因非可歸責於旅行業之事由所致者，其所生之費用，由旅客負擔。

> 根據《民法》第514-10條規定，這包含在過程當中染疫、受傷不為其行為等。旅遊營業人有協助跟處理之義務，主要原因是旅遊營業人對當地應該比旅客還要熟悉，可以更容易取得協助，旅遊營業人對當地也比較具有較優的經驗及專業處理能力。

二十八、旅行業應投保責任保險及履約保證保險

旅行業應依主管機關之規定投保責任保險及履約保證保險，並應載明保險公司名稱、投保金額及責任金額；如未載明，則依主管機關之規定。

旅行業如未依前項規定投保者，於發生旅遊事故或不能履約之情形，以主管機關規定最低投保金額計算其應理賠金額之三倍作為賠償金額。

二十九、購物及瑕疵損害之處理方式

旅行業不得於旅遊途中，臨時安排旅客購物行程。但經旅客要求或同意者，不在此限。

旅行業安排特定場所購物，所購物品有貨價與品質不相當或瑕疵者，旅客得於受領所購物品後一個月內，請求旅行業協助其處理。

> 船上旅客自己購物發現瑕疵，這可以歸責於旅遊營業人嗎？以這一條款的規定所謂的「特定場所購物」指的是旅遊營業人安排的所謂特約商品店才算，所以郵輪上的購物瑕疵不能夠歸責於旅遊營業人。

三十、消費爭議處理

旅行業應載明消費爭議處理機制、程序及相關聯絡資訊。

三十一、個人資料之保護

旅行業因履行本契約之需要，於代辦證件、安排交通工具、住宿、

餐飲、遊覽及其所附隨服務之目的內，旅客同意旅行業得依法蒐集、處理及利用其個人資料。

前項旅客之個人資料旅行業負有保密義務，非經旅客書面同意或依法規規定，不得將其個人資料提供予第三人。

第一項旅客個人資料蒐集之特定目的消失或旅遊終了時，旅行業應主動或依旅客之請求，刪除、停止處理或利用旅客個人資料。但因執行職務或業務所必須或經旅客書面同意者，不在此限。

旅行業發現第一項旅客個人資料遭竊取、竄改、毀損、滅失或洩漏時，應即向主管機關通報，並立即查明發生原因及責任歸屬，且依實際狀況採取必要措施。

前項情形，旅行業應以書面、簡訊或其他適當方式通知旅客，使其可得知悉各該事實及旅行業已採取之處理措施、客服電話窗口等資訊。

> 依據《個人資料保護法》第42條規定：「意圖為自己或第三人不法之利益或損害他人之利益，而對於個人資料檔案為非法變更、刪除或以其他非法方法，致妨害個人資料檔案之正確而足生損害於他人者，處五年以下有期徒刑、拘役或科或併科新台幣一百萬元以下罰金。」

三十二、約定合意管轄法院

因旅遊契約涉訟時，雙方如有合意管轄法院之約定，仍不得排除《消費者保護法》第四十七條或《民事訴訟法》第二十八條第二項、第四百三十六條之九規定小額訴訟管轄法院之適用。

三十三、當事人簽訂之旅遊契約條款如較本應記載事項規定更有利於旅客者，從其約定。

貳、不得記載事項

一、旅遊之行程、住宿、交通、價格、餐飲等服務內容不得記載「僅供參考」或使用其他不確定用語之文字。

二、不得記載旅行業對旅客所負義務排除原刊登之廣告內容。

三、不得記載排除旅客之任意解除、終止契約之權利。

四、不得記載逾越主管機關規定、核定或備查之旅客最高賠償基準。

五、不得記載旅客對旅行業片面變更契約內容不得異議。

六、旅行業除收取約定之旅遊費用外，不得記載以其他方式變相或額外加價。

七、不得記載旅行業委由旅客代為攜帶物品返國之約定。

八、不得記載免除或減輕依《消費者保護法》、《旅行業管理規則》、旅遊契約所載或其他相關法規規定應履行之義務。

九、不得記載其他違反誠信原則、平等互惠原則等不利旅客之約定。

十、不得記載排除對旅行業履行輔助人所生責任之約定。

實務上，旅行社與外國郵輪公司訂位時，其約定之付款條件、解約、契約變更及退費規定較為嚴格，因此多數旅行社要求消費者要同時簽訂「郵輪特別協議書」（部分業者與消費者簽約時未事先告知，需簽此特別協議書），以排除旅客出發前臨時取消行程賠償規定、旅程中因不可抗力事由致旅遊內容變更之退費規定適用。然旅行社多未依《旅行業管理規則》第24條第二項規定，將上述「郵輪特別協議書」，報請交通部觀光局核准，即已實施。即便如此，「郵輪特別協議書」內容因未符合《消費者保護法》、《國外旅遊定型化契約應記載及不得記載事項》、《國外個別旅遊定型化契約應記載及不得記載事項》之規定，不會獲得觀光局核准，因此消費者有無簽訂特別協議書，皆不受其約束。綜合而言，郵輪國外旅遊契約應回歸於《民法》以及《國外旅遊定型化契約應記載及不得記載事項》或《國外個別旅遊定型化契約應記載及不得記載事項》之規定。
資料來源：財團法人中華民國消費者文教基金會。

🚢 第五節　行前說明會

許多旅客報名之後，或許只詢問何時、幾點出發？頂多看看書面的資料，對於行前說明會就變成不是那麼關心，但是旅行社在旅行出發前至少七日還是要為旅客舉行行前說明會，在說明會的過程當中，即使是口述的部分都是屬於契約的一部分，旅行營業人在這一方面還是應該警慎。

說明會的重點：

一、郵輪公司的講解

　　雖然旅客可能對參加的郵輪已經有一定程度的認知，還是需要對旅客做一次大致上的狀況介紹及需要特別注意的事項。旅客的艙房分布及號碼應該詳細告知。

二、出發機場的集合時間與地點

　　目前台灣啟航的郵輪港口雖然還是以基隆港為主，但部分啟航港口是在高雄或是其他港口，還是要詳加告知正確的啟航港口，甚至是正確航廈大樓，赴海外搭乘郵輪的旅客，正確的日期及搭乘航班時間與地點、航廈都應該準確，如有隨行領隊人員，也應該給了領隊聯絡電話或公司的緊急聯絡方式。

三、旅遊的內容及各旅遊據點的實際狀況

　　簡略的報告行程內容包含航線及實際上的參觀景點，是否有特殊宗教、地理、旅遊環境需要注意配合的部分。

四、天氣狀況

　　告知預測的天氣型態及溫度，特別是長程行程，旅客可能沒有任何概念，盡可能用通俗簡單容易明白的方式讓旅客理解，最好配合圖片或是相同時段的影片，讓旅客有所依據。

五、必備物品

　　必備物品如護照及其影印本、有效簽證文件、海外旅行平安保險文

件、旅行所需文件（如機票、船票、行李牌、碼頭地址、酒店住宿券、接駁車票等）、信用卡或旅行所需外幣、個人衛生用品等。都必須列出告知。

六、禁止攜帶物品

所有爆炸品或裝置、槍枝、非法藥物、尖銳物品、體育用品（如球棒、滑板）、化學等易燃物品、熱水壺、電熨斗、空拍機等。每家郵輪公司規定不同，也應該特別詳加注意與提醒告知旅客。

> 全球各地對空拍機的使用有不同的法規要求和限制，為維護船舶上所有旅客和船員的安全環境，空拍機是被禁止的，不得攜帶上船。

七、服裝準備

除了依照天氣狀況告知必備的衣物，也應提醒旅客船上可能的特殊衣著規定或是活動搭配，例如船長之夜，許多郵輪公司會希望所有乘客皆需穿著正式服裝參加，甚至嚴格要求旅客，沒有例外，拒絕不遵照規定穿著進入餐廳享用晚宴的狀況。特別活動安排穿著，通常是白色派對、70年代派對等。

八、登船時間

絕大多數的郵輪公司都是規定旅客至少啟航前二小時抵達碼頭報到，啟航前一小時拒絕辦理報到手續，報到櫃檯關閉，郵輪公司將不允許登船。這部分最可能發生的問題就是旅客時差誤解，或夏日日光節約時間的不瞭解，還有機場或是飯店、住家到港口的時間計算，在說明會時都必須詳細告知。

九、鼓勵旅客到場參加說明會

除了可以讓領隊提早準備跟認識團員，還可以為日後的法律糾紛做些補救，面對面再次溝通避免不必要的問題產生。結束後可以簽名確認參與說明會講解，線上說明會，也請旅客線上填寫確認看過說明會的表單。

第六節　領隊人員工作事項

領隊本身就是公司的代表，除了專業技能之外還要與各種各樣的人和情況打交道，盡力讓整個團隊和諧，始終對待旅客禮貌友好的態度，良好的組織能力，對所有行程安排、工作順序都能夠掌握得宜，在公司的任務當中掌握好預算支出，過程中提供正確的資訊，專業和翔實的方式分享你的知識，是個旅行專家，得到旅客信任，讓旅程盡力美滿，大概就是領隊該做的基本事項。雖然郵輪領隊與一般陸地行程領隊沒有多大的差別，但是對於郵輪領隊的工作，還是分成以下項目來討論：

一、出發前準備

核對檢查團體機票及郵輪船票名單是否符合。包含機上及船上餐食安排（例如素食是否正確），確認是否如實內艙、窗戶房或是陽台房等旅客選購的艙等，船公司給予的行李掛條等。

航空公司、航班狀況以及目的國國情消息，如有更動或是特殊情勢發生應該立即反應公司及提醒旅客。

旅客證照、表格和旅行證件，備妥台灣駐當地國使節電話住址以及當地合作郵輪及旅行社公司聯絡方式。

出發前至少三天前發送簡訊，簡訊內容應該包括：集合日期、時間、地點、護照提醒、出行需攜帶的貨幣及物品提醒、當地氣候、食宿行等注意事項、行李限重規定、預防藥物、領隊聯繫方式。

二、出境服務

如有送機人員，至少比旅客提早三十分鐘至機場，核對交接物品，確認當日辦理登機程序。

集合團員，自我介紹，提醒手提及隨身行李物品規定，統一協助辦理托運及取得登機證業務。發還護照與登機證必須再次核對是否正確吻合，說明出境流程、登機門位置及最晚時間。

領隊小撇步

· 保持微笑親切的態度，穿著合宜，讓旅客留下第一好印象。如果可以還可以幫旅客拍下行李箱的樣貌，抵達目的地時萬一行李沒有隨機抵達，也方便領隊辦理行李遺失業務。

· 領隊應該確認所有旅客入關之後，最後一位入關，協助入關手續有問題的旅客。

三、機上服務

領隊的座位最好安排在靠走道且近團隊前方的座位，確認人員是否就坐，有特殊餐飲的旅客必須再次告誡不可以隨意更換座位，以便機組人員送達正確餐點。適時的協助點餐，協助取得飲料或是其他服務等。提醒告知下機後正確的集合地點。

四、抵達目的國家

迅速抵達約定的地點，清點團員人數，協助領取行李時，並與境外接待社的導遊人員接洽。行李如有延誤、破損，協助旅客與航空公司地勤工作人員聯絡，處理申報及清楚告知行程，以方便後送行李，同時也協助取得證明，以供保險申請使用。

五、前往港口

　　有些港口非常的大，司機或是當地導遊也不見得完全清楚登船地點，領隊在出發前最好就已經確認好正確港口位置，例如英國的南安普敦港每年超過400艘郵輪在此出入，就分成QEII、Ocean、City和Mayflower四個登船航廈，把它想像成搭機航廈，中華航空大多是在桃園機場第一航廈，長榮航空大多在第二航廈，要到對的航廈才有正確的辦理登機櫃檯的概念一樣。

　　有些港口離最近的國際機場相當遙遠，時間上的掌控相當重要，避開交通尖峰時段，或是增加行車時間避免無法準時抵達港口。

　　不論是在台灣的港口上岸，或是其他國家的港口，領隊人員在港口或是前往港口的路途當中，不厭其煩的告知旅客辦妥登船的流程，避免混亂的狀況出現。

六、抵達港口

　　抵達港口和登船過程看似繁瑣且混亂，但只要按照步驟，其實並沒有想像中的困難。確認好所屬的港口及航廈，辦理櫃檯通常清晨到下午或中午就開啟旅客辦理報到手續，按照郵輪公司給的規定時間前往辦理手續，如果沒有分流制度，一般來說，最繁忙的登船時間是從中午到下午二點之間，因此建議最好可以避開那個時段。但是如果太早抵達，可能會被要求等待，特別是前一航程的乘客仍在下船當中的狀況。

　　準備好郵輪船票資料及護照，進入航廈後，需要出示郵輪文件，然後進行行李托運的動作，有些港口順序會稍微顛倒，先進行行李托運，再檢查郵輪文件並通過基本的安全線。

　　托運行李是登船過程的第一步。一般在啟航前最晚二小時可以到達郵輪碼頭托運行李，辦理之後行李將直接運送到旅客的客艙。只是托運行李時，行李掛條必須清楚指出要乘坐的郵輪公司及艙房號碼，並確保護照

沒有裝在托運行李中。

　　隨後要求填寫健康安全表格，基本格式如**圖**5-2。

Must be completed by ALL persons age 18 and
older boarding the vessel. One form per person.

Public Health Questionnaire

DATE: _____　SHIP'S NAME: _____　STATEROOM #: _____

NAME: _____

NAME(S) OF CHILDREN UNDER THE AGE OF 18 TRAVELING WITH YOU:

1. _____　　3. _____

2. _____　　4. _____

WE REQUIRE YOU TO ANSWER THE FOLLOWING QUESTIONS:

1. Have you, or anyone else traveling in your party been in **Guinea, Liberia, or Sierra Leone** in the preceding **21 Days?**　☐ YES　☐ NO

2. Within the past **21 days** did you, or any person listed above, have physical contact with, or help care for, someone diagnosed with, or suspected to have, **Ebola?**　☐ YES　☐ NO

3. Will you be more than **24 weeks** pregnant by the end of your cruise?　☐ YES　☐ NO

4. Do you or any person listed above have a fever **plus** any **ONE** of the following symptoms: **Cough, Runny Nose, or Sore Throat?**　☐ YES　☐ NO

5. Within the **last 2 days**, have you or any person listed above developed any symptoms of **Diarrhea or Vomiting?**　☐ YES　☐ NO

If you answer "Yes" to questions 4 or 5, you will be assessed free of charge by a member of our shipboard medical staff. You will be allowed to travel, unless you are suspected to have an illness of international public health concern.

I certify that the above declaration is true and correct and that any dishonest answers may have serious public health implications.

SIGNATURE: _____

圖5-2　健康安全表格

　　如是現場填寫，領隊人員可以尋求團員協助，讓表格填寫快速完成，也大致上解釋該表格填寫的用意等。問卷上的問題一般是填寫開船日期、郵輪的名稱、艙房號碼、旅客姓名、18歲以下未成年同行者姓名（如有）。勾選的問題題目一般就是詢問過去這一段時間是否有發燒、咳嗽、腹瀉、過敏、皮膚紅腫等徵狀，有時候會加問，是否在最近的一段時間去過哪些國家等。

　　填寫完之後，郵輪公司的工作人員將隨時指引排隊，旅客這時候將健康問卷表、郵輪船票及護照準備好，並約定好辦理登船手續之後的集合地點，領隊也可以告知郵輪地勤人員，是否允許團體一起辦理手續。

七、辦理登船手續

　　拿著護照、船票開始前往郵輪公司櫃檯辦理手續，郵輪公司的工作人員將驗證身分和登船訊息，並在辦理登機手續時向每位旅客提供登船

郵輪航廈大樓外排隊

郵輪航廈大樓內

卡。辦理登船手續常見的問題就是國籍、簽證問題，領隊人員可以協助告知工作人員，如果郵輪公司需要較久的時間查驗，則協助安撫旅客，一切確認之後，郵輪公司有時候會集體保管護照，直到下船前一日或航程過程中的某一日歸還，旅客不需要驚慌。

郵輪地勤人員收取護照保管

辦理搭船手續

辦理登船手續後，準備拿房卡

　　報到程序完成之後，出於安全目的，地勤人員會為旅客拍照（有些公司是在登船口才拍照），以供電子人臉辨識使用，隨後提供郵輪卡（用作登船識別、房卡和機上信用卡的多合一電子卡）。但有些郵輪公司開始以腕帶代替卡片，也有郵輪公司直接將房卡放置在艙房門口或是床上，領隊人員最好能夠先確認好每家公司給的方式。櫃檯辦理過程，有些公司也同時辦理信用卡儲值，如果沒做或是地勤不提供該項服務，旅客可以直接在船上服務中心或是自助儲值系統自己辦理，該系統機器通常設置在服務櫃檯附近，語言選項已經大多出現中文選項，對旅客來說是一大福音。

　　旅客將接受如機場設備的安全檢查，但是過程並不像在機場那樣嚴格。可以攜帶超過100毫升的液體或是水，只要不是爆裂、尖銳等危險物品，安檢人員都會允許旅客通過。

　　以上動作都做完之後，可能可以直接跟隨標誌，在工作人員的指引下立即登船，但是也有可能必須在等候區，依據發給的號碼等候叫號上船。

　　登船前，郵輪公司通常會設置登船紀念拍照點，攝影師要求乘客擺姿勢拍照，通常是郵輪的布幕或是船舵、救生圈等物件。雖然這也是郵輪公司的收入來源，但是郵輪公司不會強力推銷，乘客可以自己決定是否拍照，如果不想拍照，您只需說「不，謝謝」並通過即可，不會有任何大礙。

　　領隊可以帶領旅客登船，好奇的旅客這時候會開始拍照，領隊必須耐心的引導，沿著舷梯（高架坡道）登船，部分國家設施不夠完善，偶有必須登爬二、三層高的階梯登船，如果行動不便可以先提出，郵輪公司將會安排協助。由於許多舷梯是可移動的，特別是在風大、雨天或是浪大的時刻，領隊要特別告誡旅客小心，避免舷梯滑脫，發生從高處摔落的危險事故。

　　機組人員通常會在進入船體

登船階梯

的時候掃描房卡，無誤之後才算是正式成功，部分公司也有可能是在這個時候才幫旅客拍照，儲存人臉電子辨識系統。

登船安全檢查

旅客常犯的錯誤

攜帶熨斗、電湯匙、電熱水壺、水果刀、剪刀、酒精飲料、延長線等違禁品，查獲時每家郵輪公司規定不同，有些規定不予退還，有些規定先封存，最後一天下船歸還。

行李遺失的機會不高，如果發現行李不見蹤影，最有可能的狀況就是行李置放了違規物品，必須親自到行李部門開箱檢查乙次，檢驗完畢再由房務人員送抵所屬艙房。

酒類注意事項

有些船公司允許旅客在登船日，每個客艙最多可攜帶兩瓶750毫升的葡萄酒或香檳，這算是比較人性化的規定，但是不可以在船上公共空間飲用，如在餐廳也會被收取開瓶費用。

圖5-3　搭乘郵輪三步驟：托運行李、辦理報到手續、安檢

郵輪托運行李

排隊依序辦理手續

登船前海關安全檢查

前往郵輪入口

等待區域船公司有時候會提供茶水，產品介紹，包含船上的餐點套票、飲料、酒類等票券，這個部分領隊人員只需要協助翻譯或是介紹即可，由旅客自行決定。

八、郵輪上

　　如果是領隊這時候就該引導旅客到比較適合的區域，基本上該區域需要有足夠的椅子，之後以該地區成為每日與旅客集合見面的地方。

　　郵輪公司通常安排旅客在船上服務櫃檯附近的位置登船，該位置常座落在船中央四樓或是五樓的地區，附近也通常有許多桌椅，領隊招呼旅客確認好口後固定集合的地方，並在此時大約介紹船的方向及位置分布，約定好集合時間之後，旅客自行回到艙房。

　　確認好位置之後，指引旅客前往各自的艙房，旅客回到艙房之後，跟陸地團體一樣，領隊盡可能地協助解決問題，通常問題如馬桶不通、浴

冠達郵輪上皇后大廳

冠達郵輪艙房床鋪

室水流有問題、電視無作用、兩張單人床或是一大張雙人床的問題,這些
問題協助撥打至房務部門處理即可。

領隊小撇步

如果是中午時段登船,領隊可以告知使用自助午餐的位置,只是這一天的中午時
段通常相對擁擠,最好能夠避開或是提早入場。

房間內沙發區

郵輪上四人窗戶房

郵輪上陽台二單床房

約定時間集合之後領隊開始帶領旅客認識郵輪設施，領隊也可以詢問船公司是否有人員可以協助帶領。以下是幾個重點需要介紹的地方：

(一)餐廳

告知正確位置及每日用餐時間，第一天郵輪公司通常會將餐廳及桌次卡放置在艙房內桌上，旅客第一天也可以持該卡片，交由服務生協助引導到正確餐桌，領隊必須提醒用餐時間過後三十分鐘就會被禁止入場的規定。

早餐餐桌

郵輪上餐廳桌次及用餐時間卡

餐廳正式服裝

(二)戲院

告知每晚表演的時間，筆者經驗，最好開演前三十分鐘就定位，如是特別熱門的活動，更需要提早到達現場，以國際禮儀，當然不應該有占位行為，有些郵輪公司提供線上或是索票預約位置的制度，領隊也必須協助辦理，避免向隅。

皇家加勒比郵輪水劇場

資料來源：皇家加勒比郵輪

(三)酒吧

一般有鋼琴或是輕音樂演奏活動，或是舞池讓旅客跳舞的地方，旅

地中海郵輪上的酒吧

冠達郵輪上的酒吧

客可以輕鬆飲用調酒或是啤酒、飲料的地方。領隊也應該讓旅客知道，即使沒有訂飲料餐點，這些區域旅客還是可以坐下來，不需要覺得不好意思。只是所有飲料除了價目表上的價錢，必須再加上郵輪公司會附加收取不等的服務費用。

(四) 自助餐廳

大多數主要郵輪公司都提供自助餐廳，領隊主要重點必須簡介每日三餐的供餐時間，有些還提供下午茶或是宵夜，24小時開放小點。位置幾乎總是和游泳池、健身房在同一甲板上。自助餐廳不定時提供異國料理供旅客享用或主題晚餐。除了茶水、咖啡，酒精或果汁飲料通常都是額外付費的，所有飲料除了價目表上的價錢，必須再加上郵輪公司會附加收取不等的服務費用。

冠達郵輪自助餐廳

資料來源：冠達郵輪

熱水取用注意事項

飲料區的熱水通常是禁止乘客自己裝瓶，喜歡喝熱水的國人，這一部分可能要特別注意。

(五)健身房

　　幾乎所有的郵輪都附設健身中心，通常和水療、按摩、美髮部門連結在一起，除了一些特殊狀況，通常都是免費使用。多數郵輪公司將健身房安排在全景的區域，與游泳池及自助餐廳在同一甲板上。除了告知開放時間，也可以鼓勵團員在每日的美食之後，偶爾也可以在健身房活動筋骨，領隊也可以示範如何操作器具。船公司安排的免費與付費活動介紹，課程可能包括腹肌鍛鍊、瑜伽、飛輪等運動。

　　健身房的設施因郵輪而異，部分船公司健身房是要額外付費的，但不論如何大多數都配有毛巾及飲水機供乘客使用，還有消毒用的酒精及濕紙巾。

皇家加勒比郵輪健身房

資料來源：皇家加勒比郵輪

(六)按摩及美髮部門

除了 些示範活動，例如教導如何讓自己年輕、如何彩妝和梳頭等，大致上都是需要額外付費，費用通常高於國內的消費水準，所以國人的使用情況不高，但是有時候也會有特殊的套裝活動，吸引乘客參與。通常船長之夜的當天下午美髮部門最為熱門，最好事先預約。這些額外付費的活動領隊不需要特別推動旅客購買，但是可以介紹並讓旅客瞭解。

(七)游泳池

游泳池幾乎是郵輪的基本配備，至少一個到數個泳池都有，也幾乎所有的郵輪都會為行動不便的旅客配備泳池升降機，算是相當貼心的輔具，另外按摩池及成排的日光浴躺椅供旅客使用，天氣好的海上航行通常人潮眾多。主泳池區通常設有一個舞台和至少一個酒吧，舞台提供現場樂隊演奏，特別是在每個港口離港時刻的揮別港口音樂會或娛樂工作人員主持有氧伸展運動、跳舞等活動。酒吧工作人員將在甲板上四處走動，對乘

客推銷啤酒或是雞尾酒，甚至果汁及飲料，酒吧附近也常常提供免費或是付費的冰淇淋。位置通常在郵輪最頂層，領隊應該特別告知安全須知及開放時間。

郵輪上的游泳池

郵輪上曬日光浴的乘客

旅客常問的問題

Q：水是鹹水還是淡水？
A：鹹水。
Q：水是冷水還是溫水？
A：溫水。
Q：滑水道需要付費嗎？
A：一般來說不用，有些郵輪只允許18歲以下乘客使用，必須確認使用須知。
Q：請問哪裡可以吸菸？
A：游泳池畔有些區域會規劃為吸菸區。

(八)其他特殊場地

攀岩、網球、高爾夫球、保齡球（英式）、槌球、滑水道、溜冰等活動，領隊可以一一介紹跟講解如何操作及使用，盡力安排跟介紹旅客可以使用的項目，讓旅客能盡情享受所有設施。

注意事項

保險類別，例如攀岩是屬於高風險活動，不在一般的保險範圍內，必須提醒旅客。

領隊小撇步

如果是一艘新船或是第一次搭乘的船，領隊可以跟服務櫃檯要一張船的設施分布圖，快速閱讀甚至快速走一遍，帶起旅客會比較有熟悉感。

九、看懂跟安排好一日的節目單

不是每一家公司都會願意給中文版的活動表，在沒有中文活動表的狀況之下，領隊當然必須負起責任，協助旅客參與活動，特別是在海上航行的日子。

如果沒辦法事先準備好翻譯的節目單，領隊可以手寫跟臆測哪些活動是適合國人，手寫註明時間、地點、活動項目，有時候也需要稍加解釋活動內容概況，由早到晚，讓旅客清楚明白可以參與的項目。當然，如果

活動項目無法符合國人需求，領隊也可以扮演起帶動活動的人，例如帶著玩桌遊、健身運動、攝影、鼓勵一起玩遊戲等。

郵輪大忌

讓旅客認為船上只有吃、睡，什麼活動都不適合跟不喜歡，使旅客產生領隊讓旅客自生自滅的感覺。

十、抵達停靠港口

郵輪上提供的抵港時間及氣象預報是很好的參考，抵達前一天必須提醒旅客集合時間，如遇到時差或是日光節約時間，務必告知清楚。天氣氣溫與狀況關係到旅客衣著問題，抵港之後或許跟郵輪提供的預報不同，領隊也應該適時的通知調整。

聯絡當地旅行社，接下來的工作跟陸地上的領隊工作一樣。開船時間就等同飛機起飛時間，最好開航前兩小時可以返回港口，如有多餘時間，許多港口航廈也安排了很多紀念品商店供乘客購買。

領隊小撇步

★時間轉換
時間轉換都是以晚上十二點為基準，例如瑞典前往芬蘭，晚上十二點的瑞典時間就會往前調快一個小時，相反的，芬蘭回瑞典，晚上十二點的芬蘭時間就會往後調慢一個小時，變成晚上十一點。

★上下船注意事項
旅客上下船都是以船卡（房卡）來辨識，但也有部分國家港口必須同時準備護照。集合時應該詢問旅客是否準備齊全所有該準備的證件。

★沒搭上船該如何處置
1.致電郵輪公司，讓郵輪公司知道你的位置及情況，船長或許會視情況斟酌等待，或是告知該如何處置。如護照放置船艙內，但需要護照到下一個港口，可以請郵輪公司轉交給該港的合作窗口轉達。
2.抵達港口尋找郵輪公司合作的服務窗口，聽從指示如何到下一個港口會合。
3.回報公司及交通部觀光局，向旅客說明所有狀況。

如何避免錯過搭船時間

· 注意時間包含時差問題，閱讀每日行程表上的規定時間，下船時郵輪公司也會貼最後登船時間看板。為自己設下鬧鐘也是可行的方法之一。
· 自主遊的乘客盡量不要到離開港口太遙遠的地方旅行。
· 參加當地團的乘客，當地團無法為你的延誤登船負責，只能找信用度高有經驗的旅行團。
· 參加郵輪公司辦的團，雖然較貴，但是保證等待參團的旅客。

十一、如何閱讀郵輪卡（房卡）

郵輪乘客房卡是郵輪公司用來確保乘客上下船，並為乘客提供一種無需隨身攜帶現金即可簽購的方式，卡片還有很重要的港口識別功能，港口官員將檢查郵輪身分證以確保每個人都被允許進入碼頭。

不同的郵輪公司對卡片的稱呼會有些微不一樣，例如嘉年華郵輪稱呼為Sail & Sign卡，而皇家加勒比郵輪稱為SeaPass卡，大多數主流線路使用相似的名稱，但卡的一般功能和用途大致相同。

郵輪卡大小與信用卡一樣，通常乘客的姓名以及他們的客艙號、用餐時間和餐桌分配都印在卡片上。

雖然不常見，但郵輪卡確實偶爾會出現問題。如果卡片上的訊息不正確（例如更改了用餐時間或座位分配，或者由於最後一刻升級而導致客艙紀錄錯誤），就可能需要更換卡片，否則將會獲得額外的文件以驗證更改。

如果丟失了郵輪卡，特別是在岸上遊覽時，將需要補辦郵輪卡，有些公司會要求支付處理費用。

領隊小撇步

旅客郵輪卡遺失，萬一海關不放行，處理方式如下：請郵輪公司協助證明，旅客也可以拿出在船上拍的照片證明。

Muster/ Assembly Station　緊急逃生站
Dining: Black Crab Lower　所屬用餐餐廳
Table: 579　用餐餐桌
Seat: 1st　第一用餐時段
Ship Emergency Tel　緊急聯絡電話

圖5-4　房卡

十二、行李

(一)登船之前不見了

當飛行至另一個國度，航空公司未能如期將行李送達，在行李遺失申報櫃檯的處理程序都是一樣的，只是把每日住宿飯店地址更換成郵輪航程，讓航空公司確實知道旅客每日停泊的港口。登船之後也可以將所有單據拿給旅客服務中心，告知發生的狀況，請旅客服務中心協助追蹤，船公司有時會願意提供免費的洗衣服務，或是免費租用禮服，或是盥洗包等。

(二)登船之後不見了

行李在登船後約二至三小時會陸續送至旅客的艙房門口或是房內，但是也有可能開航了行李還沒送至艙房，這時候請旅客檢查是否有房內電話訊息留言或是信件通知，如果完全都沒有的話，可以主動詢問客房服務人員。延遲抵達的原因，大多是行李內放了違禁品，例如刀具、熨斗、電湯匙等。可以前往行李服務中心申報，共同查驗之後，工作人員會再將行

李送至艙房。不過,就行李丟失而言,郵輪公司也有可能錯置行李,造成行李遺漏在某一個地方,當然就必須船公司負責。

(三)下船行李準備

如果團員被分布在不同區域,或是必須配合班機與行程,領隊必須提早告知郵輪公司,配合給予適當時間的下船行李掛條。教育團員如何掛上行李掛條,並依照郵輪公司規定時間,置放行李於門口。下船後只要依照指示前往所屬區域領取即可,其餘步驟與機場領取行李一樣,萬一行李遺失就是請求郵輪公司協助。

行李送至艙房外的景象

領取行李區的區域安排

十三、需要搭乘接駁船靠岸

通常在吃水較淺無法靠岸
的港口,郵輪公司會安排接駁船
讓旅客上岸,秩序上如果是郵輪
公司所安排的行程,依照郵輪公
司規劃至所屬區域等待接駁船,
如是自己安排通常需要領取號碼
牌,依照號碼順搭乘,有時候郵
輪公司允許領隊幫團員領取號碼
牌,但通常是必須自己領取,這
時候領隊必須確實告知狀況,讓
旅客可以理解,耐心等候。

搭乘接駁船乘船券

第七節　餐廳

郵輪上的餐點似乎已經變成最重要的部分，通常有一個或多個大眾主餐廳，除非是特殊艙等如套房旅客，否則通常提供相同的菜單，菜餚不會因為不同樓層而有所不同。

大型船上的主餐廳提供早餐、午餐（可能僅在海上航行日開放）和晚餐，但早餐或午餐僅開放一個餐廳或樓層。餐廳食物以西式料理為主，特別是義大利菜或西班牙菜，但中國、泰國、印度、日本料理近年也時常出現在菜單，算是盡量國際化設計的狀況。菜單通常於晚餐前在門口張貼公告，旅客可以提早知道是否滿意，不滿意的話還可以前往自助餐廳或是付費餐廳。

餐桌服務生通常有兩位，一位是點菜跟介紹菜單的主要服務生；倒水、詢問是否需要麵包，通常就是助理服務生。至於飲料、茶、咖啡是否免費，每家公司規定不同，應該事先詢問清楚，避免不必要的爭端。需要

餐廳迎賓酒

紅、白酒時，可以請侍酒師提供酒單，或是請侍酒師推薦飲用。

　　旅客期待著享用餐點，領隊當然就盡力協助，讓旅客每天有個完美的餐點。

領隊小撇步

遇到無中文菜單、不懂中文的服務生，領隊可以提早研究菜單，快速說明菜餚之後，再協助服務生點餐。也可以先跟服務生溝通狀況，甚至拿出便條紙，放置在乘客座位桌面，服務生一目瞭然，也不會有錯誤的情事發生。

一、早餐

　　郵輪上的早餐一般開放時間在早上七點至九點之間，但是有些航程，例如最後一天很早抵岸，或是特殊狀況，早餐時段也會提早。

　　早期的早餐客房服務大多是免費，但是現在有越來越多需要額外收取費用，這一部分領隊應該要特別確認，避免旅客被額外收取費用。

二、早餐客房服務

　　菜單通常沒有中文版本，對旅客來說不是非常便利，領隊需要協助旅客勾選想要吃的食物，並交代必須在晚上睡前或是十一點以前掛在房外手把上，避免向隅。

三、自助早餐

　　最簡單的方式，位在自助餐餐廳，旅客可以自己隨意享用，這部分領隊就不需要特別關心，偶爾也會出現稀飯、味增湯，符合東方口味的早餐。

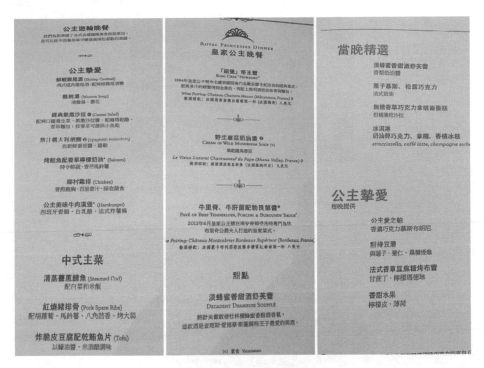

圖5-5　郵輪上的菜單

四、餐廳點餐式早餐

　　餐桌服務的早餐時段一般來說會比自助餐的用餐時間晚開放，所以也必須配合當日下船的時段，如果開放時間與集合時間不到一小時，建議鼓勵旅客選擇自助餐或是客房服務早餐。早餐的菜單一般都是固定的，可以透過各種方式幫忙旅客點到自己想要享用的餐點，例如約團員一同享用早餐，過程當中解釋跟協助點餐，鼓勵團員將菜的樣貌拍下來，當英文不好需要自己點餐的時候，至少還可以吃到自己想要吃的食物。有些郵輪為了配合旅客，推出快速早餐（express breakfast），讓旅客快速點餐，快速得到想要的食物，唯一的缺點就是選項變少。

RISE & SHINE

Grab an accessible menu.

HUNGRY FOR BREAKFAST?
PLEASE INDICATE THE QUANTITIES DESIRED

PLEASE HANG OUTSIDE YOUR DOOR BEFORE 3:00 AM
ROOM SERVICE NOT AVAILABLE ON DEBARKATION MORNING

Stateroom Number _____   No. of Persons _____

- [ ] 5:00AM - 5:30AM   [ ] 7:30AM - 8:00AM
- [ ] 5:30AM - 6:00AM   [ ] 8:00AM - 8:30AM
- [ ] 6:00AM - 6:30AM   [ ] 8:30AM - 9:00AM
- [ ] 6:30AM - 7:00AM   [ ] 9:00AM - 9:30AM
- [ ] 7:00AM - 7:30AM   [ ] 9:30AM - 10:00AM

FRUIT & CEREAL
___ Banana	___ Fresh Melon	___ Raisin Bran
___ Frosted Flakes	___ Special K	___ Fruit Loops
___ Rice Krispies	___ Corn Flakes	___ Lucky Charms
___ Cinnamon Toast Crunch	___ Cheerios	

BAKE SHOP
| ___ Danish | ___ White Toast | ___ Wheat Toast | ___ Muffin |
| ___ Croissant | ___ Bagel | ___ Gluten Free Toast | |

YOGURT
| ___ Strawberry | ___ Raspberry | ___ Peach | ___ Plain |

BREAKFAST SANDWICHES
- ___ $3.00 Sourdough, Crispy Chicken Toastie, Hash Brown, Ranch Sauce
- ___ $3.00 Biscuit, Egg*, Sausage Patty, Hash Brown
- ___ $3.00 English Muffin, Bacon, Baked Egg*, Hash Brown
- ___ $5.00 Bagel & Smoked Salmon*, Cream Cheese

BEVERAGE
___ Orange Juice	___ Apple Juice	___ Tomato Juice
___ Grapefruit Juice	___ Hot Tea	___ Hot Chocolate
___ Milk	___ Skim Milk	___ Iced Tea
___ Freshly Brewed Coffee	___ Freshly Brewed Decaffeinated Coffee	

EXTRA
| ___ Sugar | ___ Brown Sugar | ___ Lemon | ___ Honey |
Sugar Substitute: ___ Pink ___ Blue ___ Yellow ___ Half & Half
| ___ Cream Cheese | ___ Margarine | ___ Butter | ___ Grape Jelly |
| ___ Orange Marmalade | ___ Strawberry Jelly | ___ Peanut Butter | |

GUEST NAME

*Public Health Advisory: consuming raw or undercooked meats, poultry, seafood, shellfish or eggs may increase your risk for foodborne illness, especially if you have certain medical conditions.

US_RSDH$-0619

圖5-6　早餐範例

資料來源：冠達郵輪

五、午餐

除非海上航行，一般午餐不會再回到船上享用，當然就看每家公司的安排狀況而定。但如果是海上航行，領隊還是需要協助旅客，包含幾點到幾點可以用餐？哪些地點可以用餐？自助餐當然是最簡單方便的用餐方式，如需要到點餐的餐廳，擔任領隊的工作的人員也必須協助，最好的方式就是跟旅客約定時間與地點，然後帶領旅客點餐跟用餐。

除了自助餐廳與安排的餐廳之外，郵輪公司也不斷地推出例如米其林廚師設計餐點，或是法式、日式鐵板燒等特別料理，除非公司已經安排，一般不建議領隊特別推薦旅客自費前往，雖然費用大約台幣一千上下，可以告知，但是不需要特別推薦，避免旅客誤認領隊強迫推銷船上產品。

六、晚餐

傳統上，船舶餐廳每天兩次晚餐服務時段，公司不同，實際用餐時間會有不同的狀況，但是一般都在下午六點半跟下午八點半兩個時段，以國人的飲食習性來說，第一時段應該是最適合的，公司一般都已經預訂妥當，但是為了避免錯誤，領隊最好再確認一次。但最近的趨勢，有些郵輪公司也開始推出隨時用餐，或是開放前一天或當天預約的制度，當然各有好壞處，這部分只需要跟旅客告知清楚，旅客自然可以理解。

餐點一般包含開胃菜、湯、主菜、甜點，茶水依不同公司會有不同費用規定，至於酒精類飲品就必定是要額外付費了，這些部分都必須跟旅客溝通清楚，除非是特殊等級艙等或郵輪。

服務生一般不希望旅客吃到一半的時候加點食物，所以當旅客真的很難抉擇時，筆者的處理方式是，告知服務生幫旅客多點一份，如果旅客食量不大，或許可以邀情鄰桌旅客共享，當然這不是最好的方法，領隊也最好呼籲以不浪費食物為原則，盡量把所點的食物吃完。

郵輪餐廳紅白酒

領隊小撇步

· 郵輪公司一般在用餐前一至二小時將菜單公布在餐廳入口，領隊可以先前往研究當日菜單，或是請服務生建議推薦，當然也必須牢記旅客的喜好，盡力讓旅客吃到自己想吃的食物。

· 旅客如需要窗邊位子，非晚餐時段，提早排隊入場是唯一最好的方法。

· 晚餐時段座位是郵輪公司安排，當旅客抱怨或是需求窗邊時，領隊只能盡力協調，不需要為此爭吵。

· 團員彼此的關係，領隊也要盡力協調，例如換位子或換桌用餐等。

旅客常問的問題

Q：為何要分成兩個場次？

A：餐廳空間無法一次容納所有旅客，所以必須分開兩個晚餐時間，才有足夠的時間和空間來容納所有的客人。

Q：菜色都一樣嗎？

A：只要是同一個餐廳，菜色都是一樣的。

Q：自助餐廳與點餐服務餐廳的食物一樣嗎？

A：依筆者的觀察，大約有70%是一樣的，只是自助餐沒有特別擺盤及服務，當然船長之夜或是特別慶祝的夜晚，最好還是到點餐餐廳用餐，因為自助餐廳是不可能有大明蝦或是龍蝦的。

Q：那看表演會受影響嗎？

A：不同的晚餐服務可能會導致旅客參與表演和表演時間發生衝突。

註：隨時用餐制度是沒有固定位子的用餐服務，早、中、晚餐由餐廳門口服務人員隨機安排，如果是指定位子用餐服務，除非一些特殊船型／艙等旅客，早餐與午餐時段都是由門口服務人員隨機安排入座。

第八節　郵輪安全規範

一、旅客個人安全

(一)節制飲酒

　　船上有許多的酒精飲料，旅客應該要節制飲用，領隊應該多加觀察並適時的引導，避免過量飲用。酒杯不離自己的視線，酒酣耳熱絕不讓陌生人進入自己的艙房。

(二)艙房安全

　　當有人敲門，開門前可以透過鷹眼觀察是否是陌生人，出入門也注意是否正確關閉，在房內時扣上安全栓。不要隨意透露個人房號，特別是陌生或是剛認識的船上朋友。

(三)確保陽台安全

　　睡前確認通往陽台的大門是否正確關閉，當下船時特別是船公司已經通告的窗戶清潔工作，更應該確實將陽台門關閉鎖上，避免物品失竊或是其他安全隱憂。

(四)善用保險箱

　　盡量將貴重物品放置在保險箱內，如果沒有中文的使用說明，領隊應該詳加說明或是前往協助團員。旅客不應該將貴重物品隨意放置，雖然大多數的清潔人員都是安全無慮的，但是不應該引起誘惑貪念。

> 根據美國運輸部（USDOT）的數據，2017年1,300萬人次的旅客，發生了一百多次船上的各種犯罪行為。以比例上來說很低，但是旅客還是應該要多加小心。

(五)認好自己的管家

　　船公司在自己的旅程當中，正常全程都是同一個管家，與管家建立起好的關係，旅客常常會因此獲得意外的驚喜，當然也可以確保是正確的工作人員進出自己的艙房。

> 第一天遇到船上管家一般都是互相寒暄一番，管家會告知自己的名字、國籍，旅客當然可以禮貌性的寒暄，如遇到語言溝通障礙，至少微笑說聲謝謝。

郵輪房務人員

(六)不攜帶大量現金

　　旅客在船上的消費，可以在一開始即使用信用卡「儲值」，船上消費都是透過房卡消費，旅客不需要攜帶大量現金，只需要準備下船時所需要的現金，鼓勵旅客透過信用卡消費，方便又可以避免現金遺失的問題。

(七)拒絕工作人員邀約

　　這種情況不常見，但是旅客應該要知道，工作人員如在旅行過程當中與旅客有曖昧或是邀約情況，一旦被公司察覺會有解職的隱憂，旅客也有可能被要求提早下船，結束旅程。

(八)注意逃生演練

　　雖然是個例行性的工作，但是旅客應該要留意逃生流程、正確的逃生地點。

可以表演浪漫的「鐵達尼」I am the king of the world嗎？當然是不可能的！目前的船隻動不動就距離海面五到十層樓高，底下的螺旋槳還等著伺候，那是極危險的行為。

郵輪上的逃生演練

郵輪上救生衣使用教學

郵輪緊急逃生船

郵輪逃生船及通道

二、船上醫護與個人保健

　　每一年幾千萬的郵輪旅客，船上的疾病管制就變得非常的重要，所以搭船前郵輪公司一定會詢問旅客的健康狀況，基本上都是屬於自主申報，並沒有很詳細的檢查，但是為了大眾健康，旅客應該誠實告知，如果航行期間有健康狀況出現，也應該主動告知。以下是幾項旅客可以自主完成的保健項目：

(一)勤洗手

　　船公司在上下船、餐廳等公共空間的出入口，一般備有乾洗手等消毒物品，免費提供給旅客使用，旅客應該多多利用，斷絕疾病傳染，避開潛在風險。

(二)自我照顧

　　包含充足的睡眠以及足夠的水份攝取。

(三)避開疾病可能

　　當發現有人生病、嘔吐或是腹瀉，可以通知船上工作人員，為避免遭遇感染，可以先避開可能受到疾病汙染的區域。

(四)注意食物

　　當有過敏狀況時，應該特別提醒服務生自身的狀況，避免產生過敏等不適的現象。至於飲水問題，船上的水基本上是沒有問題的，但是當你發現很多船員都願意自己買水上船的時候，也不禁覺得旅客應該多少自己帶點水上船。

　　船上的醫務中心一般安排在旅客服務櫃檯往下一到二層的地方，所有醫療當然都是額外付費，旅客如果有特殊要求，例如洗腎，也可以事先提出，並由船公司安排，至於費用每一家公司不同，必須詳細確認。雖然

醫療都是24小時待命服務，但是只能夠做普通的醫療服務，如果有重大傷病問題，船公司還是會與陸地的公司聯絡，取得最好的醫療救治，當然這些額外的費用負擔都是由旅客要自己承擔。

索取或是購買暈船藥、阿斯匹林、止痛藥大概是旅客最常到醫務室的原因，領隊人員當然完全禁止給予旅客藥物，但是行前說明會時可以提醒旅客自行購買與攜帶常備用藥。

萬一在汪洋大海，無法使用直升機救助旅客，郵輪公司也可以透過遠端操作的方式，與岸上的醫師共同討論跟解決旅客問題。

旅客在遊程中多加留意自己的健康狀況，而旅遊從業人員則是多加留意旅客，及早發現及早治療的概念。

避免暈船小妙方

1. 吃暈船藥：搭船前一小時使用暈船藥，但因為是長時間搭船，所以必須購買長效但是不嗜睡的暈船藥為宜。
2. 防暈貼片：雖然效果比不上暈船藥，但是可以避免旅客與其他藥物混合食用造成的潛在危險。但是如果防暈貼片本身是含有藥物性的，還是要多加留意後遺症。
3. 吃酸的東西：上船前可以喝例如檸檬汁等酸性飲料，可以抑制暈船時胃部大量產生的胃酸，其他例如蘇打餅乾、梅子都是很好的防暈食物。
4. 船中央與低樓層：可以選擇在船的低樓層、船中央的位子，可以減少晃動帶來的不舒適感。
5. 轉移注意力：參與船上動態活動，例如跳舞、跑步、健身或是游泳，甚至桌遊、打牌等。
6. 食用薑糖：有些郵輪公司提供薑糖，如果航行或是海象不好的區域，可以詢問是否提供薑糖，讓旅客可以得到舒緩。

註：旅客食用感冒藥、安眠藥、鎮靜劑或是抗膽鹼的藥物都不適宜共同或是前後服用暈船藥，避免造成嗜睡、暈眩或是噁心想吐等後遺症。旅客最好還是出發前詢問醫師，依照醫師正確的指示服用或是使用。

(五)隔離政策

旅客如果有腹瀉、嘔吐的狀況，醫師判斷屬於嚴重或是可能有傳染病毒的可能性，船公司處置方式就是將旅客隔離在自己的艙房72小時，防止旅客隨意行動，旅客房卡也將被沒收，餐食完全由工作人員遞送至房

間，並定期訪看狀況是否改善，旅客如果不配合安全人員，法務部門可能
會強制執行。

(六)南極、北極、格陵蘭島或是其他偏遠地區的救助

　　因為這些地區都是屬於不易抵達的地方，所以急難救助的費用相對
就非常高，如果是前往這些地區的
旅客，更應該留意自己的保險內容
所含括的部分，避免因為意外造成
龐大的醫療費用產生。

南極大陸

挪威的冬天

極地探險

南極冰山

挪威羅弗敦冬景

南極冰川

三、郵輪公司的安全規範

根據國際郵輪協會的數據，每艘郵輪每年至少超過六十次的安全與衛生檢查，在安全措施上是有一定的安全度，工作人員的工作審核制度，船隻上更布滿了錄影設備，管控船隻上的人員行為，確保所有人員安全無虞。

登船或是下船，每家公司必定會確認好旅客身分，包含臉部辨識、隨身物品及行李的檢查，確保每位旅客的安全，所以尖銳物品是絕對禁止

郵輪艦橋

攜帶，包含水果刀、熨斗、電湯匙，這幾樣是國人最容易攜帶的。

船公司一般都是遵循以下組織公約：

- 《海上人命安全國際公約》（International Convention for the Safety of Life at Sea，簡稱SOLAS）
- 《航海人員訓練、發證及航行當值標準國際公約》（Standards of Training, Certification Watchkeeping for Seafarers，簡稱STCW）
- 《國際船舶與港口設施章程》（International Ship & Port Facility Security Code，簡稱ISPS）
- 國際海事組織（International Maritime Organization，簡稱IMO）

目前的郵輪公司安全規範都是根據《國際船舶與港口設施章程》（ISPS），主要架構是根據1978年《海上人命安全國際公約》（SOLAS），針對船舶、港口及港口國政府對於安全規範的修正案，2004年開始生效。其規定港口國政府、船東、船上人員以及港口／設施人員察覺保全威脅及採取相對的預防措施，以防止保全事件影響從事國際貿易的船舶或港口設施。

《國際船舶與港口設施章程》（ISPS），安全預防措施包括但不限於以下措施：

1. 將旅客名單送交核對安全，所有機組人員在受僱之前必須經過審查。提供每位客人鑰匙卡以作為登船卡，作為基本管控。
2. 船上的敏感區域，例如艦橋和技術處所等被指定為限制進入的區域，都必須安裝監控攝影機和警報機，以確保這些區域保持安全。
3. 旅客或船員帶上船的物品需通過X光機進行檢查，或由船舶保安人員親自檢查。同樣的，非隨身行李也必須在裝載點進行X光機檢查。適當地監視倉庫和貨物中是否存在未經授權的物品。

四、警報聲

船上的警報聲有很多，有短響及長響聲，所謂短響約一秒，長響約四至六秒，對於郵輪旅客最需要知道的警報聲有以下四項，因為非常重要，按照國際公約，搭乘船舶必須教育乘客安全規則，通常在搭船日當天郵輪公司就會安排一次逃生演練，包含讓乘客熟悉警報聲。

(一)一般警報

船上的一般緊急警報是七次短響，然後一次長響，或使用七次短促爆破再發聲一次長促爆破的船喇叭信號來識別。這意味著發生了緊急情況，例如起火、碰撞、著陸或可能導致棄船的情況等。

一旦發生這種聲響，所有人都必須前往指定的地點，除了防寒物品，其餘行李箱都不允許攜帶。

一旦響起，也會伴隨廣播告知旅客狀況，通常是安全演練，以目前的船隻結構，只要按照指示，不驚慌前往指定逃生地點，是不會有問題的。

2012年1月13日（星期五）歌詩達協和號觸礁事故（Costa Concordia disaster），是近年最嚴重的海難事件之一，當時該船有4,232名乘客，統計至少有32人死亡。

(二)船舶火災報警

每當船員在船上發現火災時,他應按下最近的火災開關或大聲不斷地喊「FIRE!FIRE!FIRE!」來提高船上警報信號。當船上的電鈴不斷地響起或船上發出喇叭聲時,船上的火警信號就會響起。

船上的火警信號必須持續鳴笛或電鈴不少於十秒。一旦船長確認解除警報,將響起三聲短鳴。

(三)落水警報

在船邊工作的船員或郵輪上的乘客墜入水中,響起三聲長響,以通知船上船員,並發出三聲長鳴,以通知附近的其他船隻。

郵輪上的救生衣

(四)棄船警報

當緊急情況失控並且船上的船員不再安全時,船長以口頭方式向主管站或由船上發出棄船的信號系統。

超過六次短響,然後一次長響,發出的警報類似於一般警報,所有人都必須前往緊急集合站,由船公司職員指引棄船。

郵輪冷知識

· 常聽到船的鳴笛聲:一長聲表明「船要離開了或是需要橫越,來船或者附近船舶請注意」;兩長聲表明「船要靠泊或是要求通過船閘」。
· 一艘平均載有2,700名乘客和800名船員的郵輪擁有:5支消防隊,4,000個煙霧探測器,500個滅火器,25公里長的撒水管道,5,000個撒水噴頭,10公里長的消防水帶。

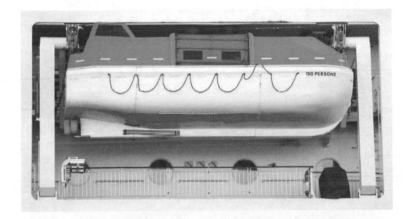

郵輪上緊急逃生船

🚢 第九節　郵輪上常見的國際禮儀

　　郵輪上的著裝要求取決於每家郵輪公司的政策，無法一概而論。一些郵輪公司有嚴格的指導原則，而另一些則讓旅客隨意，輕鬆合宜即可，但是不論如何，郵輪通常的著裝要求在白天是休閒的，在晚上是較為正式的。

　　但是大部分郵輪在一個航程當中至少還是會安排一個或多個「正式用餐之夜」（formal dining）。所謂的「正式」穿著，通常是男士著西裝和領帶甚至燕尾服，女士著正式禮服或是套裝。以下是通用規則：

一、一般時候

　　特別是在岸上活動時，穿著適合天氣條件的舒適休閒服即可，但某些旅行可能需要特殊的著裝要求，例如參觀宗教場所、水上活動或是越野探險等。

　　待在船上享受船上的設施時，例如游泳池、水療中心、健身房等，可以相應地穿著。但是在午餐時間，大多數郵輪公司會要求旅客即使是自助餐廳也不應該裸露上身或穿泳褲入場用餐。但是在游泳池附近的露天甲板上用餐就不需要擔心這個規則了。

二、晚上時段

　　下午的著裝要求仍然很隨意，但是下午六點以後，大多數郵輪會要求半正式到正式的風格，特別是在主餐廳或是前往劇院觀看表演時，比較嚴格的公司甚至會禁止不合乎規格的旅客入內用餐或是觀劇。

三、特殊活動著裝

　　一些郵輪公司會安排一個或多個正式夜晚船長的雞尾酒會、晚會等，這時候會穿著比較正式，但是也要看每一家公司的風格而定。地中海地區常見的例如白色派對，指的就是穿著白色衣物，中國新年有時候會出現紅色派對，加勒比海地區會出現花襯衫派對，或是50年代、70年代等不同主題的派對活動，當然如果沒有相關合適的衣物，這些派對還是會允許旅客參與的。

四、郵輪公司服裝規定細則

(一)正式之夜或船長之夜

　　英文名稱為Gala或是Formal、Black Tie、Chic，男士需要穿三件頭西裝或是燕尾服，當然一般來說不會那麼嚴格，有西裝就可以了，但是還是有少數郵輪公司特別要求要穿燕尾服等。顏色以黑色或是深色為宜，加上

郵輪上船長之夜

領帶或是領結，領帶也是以深色為宜，領結則以白色為最高禮儀，黑色或是深色次之，女士則是穿晚禮服，傳統服裝，例如旗袍或是唐服也可以是正式服裝之一。

(二)半正式

英文稱為Informal或Smart Casual，是一種半正式服裝的日子，男女士的穿著會稍微休閒一點，但指的是穿上襯衫、西裝褲和西裝外套，只是不需要戴上領帶或領結，女士可以穿洋裝，不是一定要穿禮服，甚至可以穿著比較中性的長褲。

郵輪上男女生半正式服裝範例

資料來源：冠達郵輪

(三)休閒服飾

英文我們稱為Casual，雖然名為休閒服，但不包含牛仔褲或是短褲等我們一般認知的休閒服飾，特別是水晶郵輪公司或是冠達郵輪，這些公司所謂的休閒服，男士指的是穿著帶領子的上衣或是襯衫及休閒長褲，女士則是連身裙裝或是兩件式服裝，不需要套裝。

(四)主題之夜

英文稱為Theme Night，船公司會依照航線或是節慶舉辦不同主題的派對，例如地中海地區就常常舉辦白色之夜，顧名思義就是穿著白色為主，義大利之夜就是紅色、綠色、白色，或是中國新年等特別主題之夜。旅客出發前可以由旅行社或是郵輪公司網站取得資訊。

依照不同的郵輪公司，給的規定也會不同，例如名人郵輪、荷美郵輪、地中海郵輪、歌詩達郵輪、皇家加勒比郵輪和嘉年華郵輪這幾家郵輪，雖然每晚也都註明了服飾規定，但是在要求上相對比較不嚴格，只要不是太誇張，船公司服務人員還是會允許旅客入場用餐。

正式服裝的天數和航程長短有關，一般的七天航程活動會安排一次船長之夜及一次正式服裝之夜，長天數的活動所舉辦的正式服裝之夜就會相對更多。

常見的郵輪著裝規定政策

- 挪威郵輪：每天只要輕鬆愉快的服飾即可。
- 公主郵輪：正式而時尚的休閒裝。船長之夜會要求男士穿深色西服，女士穿晚禮服。
- 歌詩達郵輪：大多時段是非正式的，晚上只要求不穿短褲和沙灘鞋、拖鞋即可。船長之夜就看個人狀況，並不強求。
- 荷美郵輪：通常是正式而時尚的休閒著裝規範。
- 地中海郵輪：休閒裝即可，船長之夜可以西裝但是不打領帶。
- 皇家加勒比郵輪：正式、時尚的便裝和便裝規範。

五、用餐的禮儀

船上安排的用餐時間一般會有兩個時段，為了避免影響到第二場或是延誤結束時間，船公司一般規定是開放用餐時間後三十分鐘必須入席，如果延誤時間，餐廳入口將會關閉或是告知不可進入用餐的狀況。

除了部分郵輪公司採用隨到隨進，無指定餐桌，大多有特定安排的位子。第一天因為不熟悉環境，所以服務生會帶領旅客入座。

(一)入座

按照餐桌禮儀規範，由年長者或是女士先行入座，年幼者或是男士次之。

(二)餐巾

按照餐桌禮儀規範，由年長者或是女士先行打開，年幼者或是男士次之。較大的餐巾，可以對折成三角形，或是打開餐巾，靠近自己的一端再向外折大約四分之一，如果是較小的餐巾，可以直接攤開，一樣都是放置在自己的腿上。切記千萬不可以使用餐巾擦拭桌子、餐盤、餐具，或是擦汗，這些都是非常失禮的動作。

餐巾使用一般一道菜最多以一至兩次擦拭為宜，不適合頻頻擦拭，當口中遇到太燙或是味道不適，需要吐出時，可以使用餐巾摀嘴吐出，吐畢包覆並放於自己座位的左（前）方，示意服務生再給新的餐巾。使用酒杯或是飲料，避免留下油漬，應注意先擦拭過後再飲用。

中途需要暫時離席，應該將餐巾約略摺疊放置在椅座上，或是扶手、椅背都可以，除非真正離席結束用餐，餐巾不宜直接放置在桌面。離席時的餐巾也必須約略摺疊，不宜隨意扔在桌面上。

> 餐具環該怎麼辦？取出餐巾之後將餐具環放置在左前方，由服務生拿取收回。

郵輪上餐桌

(三)菜單及酒單

由年長者或是女士先拿，年幼者或是男士次之，如果是外文菜單或是酒單也可以詢問是否有中文翻譯版本。呼喚服務人員點餐時，忌用彈指、呼喊或是招手，盡量用眼神交會的方式，示意服務人員前來服務點餐。

紅酒通常配紅肉，白酒配白肉，如不知道如何選擇，也可以請侍酒師推薦。計價方式可以是一瓶或單杯計算，如果一瓶無法一次喝完，通常郵輪公司也提供寄瓶服務。

(四)麵包盤位置及如何食用麵包

麵包盤位置都是自己位子的左邊，或是左前方，服務生給了菜單之後，一般會伴隨著給麵包，旅客可以依照自己的喜好直接點選，由服務生夾至麵包盤，絕對不可以直接動手拿取，如不需要僅需示意不需要即可。食用麵包如需要桌上的奶油，若是小包裝，以自己單獨使用為宜，不

可只取用一半再將另一半放回奶油盤，若是自行取用的狀況，以奶油刀取用，以一次為原則，盡可能不重複取用，以免汙染公共奶油。

食用麵包必須撕開，以一口的量為宜，一口一口食用，絕不可以像吃漢堡一樣大口大口食用。沾用奶油或是油醋醬，每吃一口沾用一次，不可一次塗滿整片食用。

(五)餐具的使用

餐具由外而內使用，一般來說，沙拉或是前菜先上，叉在左邊，刀子在右邊，最明顯的狀況就是刀叉的尺寸通常比較小，如果前菜是海鮮類或是法式蝸牛等類，服務生會另外給予適當的餐具。

西餐的湯分為清湯及濃湯，如果是比較講究的郵輪，供應清湯時會使用橢圓形的湯匙，供應濃湯時會使用圓形的湯匙，喝湯過程不可以出聲，不可以碗就口直接食用，反之，應該以口就碗，第一口應以小口為宜，如過燙不可用嘴將湯吹涼，味道試過之後再增減調味，如無法喝完或是不想食用，可以直接將湯匙放至湯托並略與桌平行或是垂直，服務生就知道可以收走。當湯品只剩下約三分之一或是四分之一時，可以將湯碗約略朝外，開始由內而外舀食，食畢一樣將湯匙放至湯托並略與桌平行或是垂直，由服務生收走。

不可以將刀叉擺放在桌上，應該如**圖5-7**的擺放方式，刀口朝自己，叉子朝上，用具略與桌平行或是垂直擺放，但是如果真的很不滿意，可以將刀子置放在叉齒當中，讓餐廳知道你並不滿意，當然如果需要暫時離席，可以將刀叉擺成八字形，等候第二道主菜時可以擺出十字型，示意服務生可以上第二道主餐。

食用主餐會因為不同的食物而有不同的器具，例如吃魚有魚用刀，吃肉有肉用刀等，但原則上都是右手拿刀左手拿叉，食用過程刀叉都是不離手。

PAUSE
歇會 別收走

READY FOR SECOND PLATE
等候第二份

EXCELLENT
太讚了

FINISHED
用餐完畢

DO NOT LIKE
差評

圖5-7　刀叉的擺放方式

◆ **食用肉類食品**

　　切忌將肉品直接切成小丁塊，再放下刀子，以叉子一塊一塊慢慢食用，正確食用方式是，由左下方開始以一口的量切食，以叉就口，雖然餐刀不鋒利，但是絕對不可有舔刀或是放入口中等詭異不雅行為。當吃到骨頭或是小物品需要吐出時，絕對不可以直接吐出或是用口摳拿，這都是非常不雅的動作，應該約略空心握拳，在不經意當中，將異物吐至空拳中，因為是小東西不亦察覺，所以可以放置在餐盤，如果東西實在太大，可以拿起餐巾，摀住嘴巴將食物吐至餐巾裡，合上餐巾並要求服務生更換餐巾。

◆ **食用義大利麵**

　　義大利麵的形狀有很多種，有長，有短，還有餃子狀，一般我們的講法是將叉子捲起麵條，大約一口的量再置放在湯匙，一口一口吞嚥，但是如果是義大利人，他們是允許直接使用叉子捲起麵條食用，甚至認為用

圖5-8　義大利麵的食用方式

湯匙是小孩子的食用方式，唯一共同的處理方式就是不該將麵條截斷。當然以國際共通的處理方式還是以前者講法為宜。

◆食用龍蝦／蝦

　　一般來說只有在船長之夜，還有比較高檔的船艙或是郵輪才有龍蝦這一道菜，出現時也已經半隻橫剖或是整隻切開的方式呈現，用刀叉切食，忌用雙手拿取，切出肉來之後再沾調味料食用，如是帶殼的蝦子，用叉子固定蝦身，再用刀子切頭，並切開蝦殼之後食用，一樣忌用雙手食用。

◆食用燉飯

　　國人看到飯類食物一般會使用湯勺食用，但在國際禮儀應該使用叉子，並以刀子輔助將食物置放在叉上，以叉就口。

餐桌禮儀

- 餐食過程當中聊天：發話者應該注意對方是否正在咀嚼食物，如果正在咀嚼食物就應該稍後在發話詢問，如果是受話者在咀嚼食物，可以用手擋在嘴巴前面，手指併攏，示意對方正在咀嚼食物，等吞嚥之後再回話。
- 手機該放在哪裡？手機絕對不可以放在餐桌上，最多只能夠開靜音，並放置在自己的口袋或是隨身包裡，如果有非常重要的電話必須接聽，可以示意抱歉必須接聽電話，但是不宜過久，最好是不超過五分鐘為宜，回座之後再示意表達歉意。
- 想要發言：一般來說是在主餐之後，上甜點之前想要發表意見、感言或是宣布事情，可以輕敲酒杯，不需要過大的聲音，以同桌或是同群體人員可以聽到的範圍為原則。
- 西方人並沒有分食的習慣，在餐桌禮儀上應該盡量避免分食。

(六)甜點

甜點的餐具置放在主餐盤的上方，但是如果有甜點刀叉時，表示可以用在比較硬的甜點，方便切開食用，如果只是一般的蛋糕或是果凍等甜食，甜點湯匙就可以使用，所以要看食用的甜點是哪一類來決定取用的器具。

(七)飲品及酒精飲料

飲用水並不是每一家郵輪公司都會免費準備，但是酒類就一定是需要付費，原則上紅酒配紅肉，白酒配白肉，甜點可以點甜點酒來搭配，增添用餐過程的愉悅度。

侍酒師將選購的酒倒入酒杯之後，會請點酒的人試飲是否滿意，一般來說我們會稍微搖一下酒杯，隨後觀看一下酒再品飲，並做出類似漱口的動作，經同意滿意之後，示意侍酒師倒酒，但是國外並沒有乾杯習慣，所以應該適量，不宜過度勸酒。如需要自己倒酒應該注意紅酒一般約倒滿1/3，白酒倒滿1/2，香檳倒滿3/4杯為宜。端酒杯時除了威士忌等烈酒，紅、白酒或是一般的甜點酒不可以握住杯身，應該捏住杯柱，這樣可以避免酒溫升高，破壞酒的味道。

領隊小撇步

如果需要幫旅客點酒,而旅客本身也不是品酒專家,男士多的場合可以協助點平順的紅酒,如果女士居多,可以點帶甜味的氣泡酒,比較容易受到青睞。

「澳客」的行為

・遲到或是硬凹改變時間。
・對服務生態度不佳。
・過度飲用酒精飲料。
・大聲喧譁吵鬧。
・過度點菜,甚至要求加點菜餚。
・占用中場準備或是結束收場時間。

🚢 第十節　郵輪自由行旅客

　　隨著旅遊興盛以及網際網路的發達,喜歡自由行的旅客越來越多,對於郵輪旅行也是有著一樣的趨勢,但是有些部分還是仰賴旅行社服務,以下是常見的狀況。

旅行社操作

　　協助旅客訂妥所選擇的艙位後雖然就沒事了,但還是要提醒並給予書面的該抵達的日期及時間資料。以下是國內跟國外行程的不同處理方式:

(一)國內登船郵輪活動

　　書面確認日期、所屬艙房、開船港口、離港時間還有取消費用計算方式,讓旅客清楚明白,避免客訴未盡告知的義務。

(二)赴海外登船郵輪活動

　　跟國內的處理方式基本上是一樣的,但赴海外參與郵輪活動很容易

因為沒有足夠的銜接時間而錯失船班，所以一般建議提早一天前往。

(三)取消

每一家公司的取消規定不盡相同，在契約書的合約當中應該要另立特別協議條款，避免旅客誤會取消費用的計算方式。

旅客可能會要求旅行社代勞預訂當地下船的行程活動，責任上的問題就必須釐清，雖然郵輪公司的行程基本上是固定的，但是船公司可以因為天氣因素或是不可抗力的原因改變行程，或是延長、縮短停留時間，相關規定應該提醒告知旅客，避免日後造成爭議。

以下是品質保障協會公布的「旅行業辦理郵輪國外旅遊應注意事項」：

1. 為保障旅遊消費者權益，並符合消費者保護法之精神，特訂定本注意事項供旅行業遵循。旅行業舉辦郵輪團體旅遊，若未依國外旅遊定型化契約與旅客簽約，應於招攬前檢附郵輪公司取消、變更或延遲等相關規定（如郵輪公司網站的取消、變更或延遲規定或郵輪公司出示的證明），報請交通部觀光局備查。

2. 旅行業舉辦郵輪團體旅遊，應事先向旅客充分解說關於郵輪公司取消、變更或延遲等相關規定，並應提供旅客詳細閱讀。

3. 旅行業舉辦郵輪團體旅遊，如有安排旅客郵輪沿途岸上觀光行程及其他陸上行程，仍應與旅客簽訂國外旅遊定型化契約書，但雙方得協議將郵輪的費用排除在全部團費外，由旅行業受託代訂郵輪船票並額外向旅客收取。

4. 旅行業舉辦郵輪團體旅遊，仍應依規定派遣合格領隊隨團服務；對於旅行業所安排行程有變更或縮短等情事，造成旅客權益受損時，應依國外旅遊定型化契約書的規定來處理。

5. 旅行業辦理郵輪團體旅遊，除雙方另有約定外，應事先為旅客辦妥旅途所需簽證，並提醒旅客旅遊應注意事項。

6. 旅行業單純受旅客委託，代訂郵輪公司所販售的船票或其所代售的岸上觀光等活動，或代訂飯店或住宿飯店與港口或機場的交通，旅

行業沒有安排任何遊程，此種型態非團體旅遊，毋須與旅客簽訂國外旅遊定型化契約書。

7. 旅行業接受旅客報名郵輪團體旅遊或受託代訂船票時，宜告知郵輪旅遊行程取消保險等相關保險，提供旅客參考購買。

8. 旅行業應事先告知旅客，依國內、外相關法規規定，如因不可抗力因素或基於旅客安全等考量，郵輪公司可於未事先通知的情況下，對行程中登船、抵／離港時間及停泊港口，做出必要的變更。若有上述情況，郵輪公司不負任何退款和賠償責任。

孩童費用的計算方法

每家公司計算方法不盡相同，介紹行程時，應該熟知各個公司給的條件跟計價方式。

Charges For Late Cancellation	
Days Prior to Departure	**Charge Per Person**
1 to 4-NIGHT (Including holiday sailings)	
75 days or more *Prior to the first day of the cruise	No charge
74 to 61 days	50% of total price
60 to 31 days	75% of total price
30 days or less	100% of total price (no refund)
5-NIGHTS OR LONGER (including holiday sailings and cruisetours)	
90 days or more *Prior to the first day of the cruise	No charge
89 to 75 days	25% of total price
74 to 61 days	50% of total price
60 days to 31 days	75% of total price
30 days or less	100% of total price (no refund)

圖5-9 郵輪公司取消規則範本

Chapter

6

郵輪產業經濟

第一節　郵輪的經濟貢獻

第二節　郵輪帶來的災難

第三節　郵輪上的工作

第四節　郵輪公司職位概述

第五節　港埠周邊經濟

第六節　郵輪業的未來

郵輪所帶來的經濟效益，最直接的例如購買紀念品、參與當地旅遊，再加上周邊及船上的服務工作，國際郵輪協會（CLIA）指出，該產業至少連續三年創造出了一百萬個工作，貢獻出至少1.4億美元的產值。

這些工作例如酒吧餐廳工作人員、採購人員、零售人員、行政技術人員或是娛樂人員等，動輒上千人。一艘船就等於是座游動的小城市，生活中我們想得到的工作，船上大概都可以找到他們的影子。

至於全球郵輪產業對目的地和供應鏈所需的所有補給，估計產生了680億美元的支出。如果這些支出產生的全球總產出，則可以達到1,501億美元。這些數據告訴我們郵輪產業對全球經濟是有一定影響能力的。加上不斷地增長、加大及擴張船艦等，未來在觀光產業上勢必占有重要地位。2018年國際郵輪協會報告，郵輪業繼續保持快數增長的態勢，該年北美增長9.3%，歐洲3.3%，其餘世界平均增長5.2%。如果以2008年至2018年的增長率來，數據增長了75%，由原本的1,630萬旅客人數增加到2,850萬，這些數據振奮著郵輪業者，紛紛投入更多計畫，以全球艙房臥鋪數量來看，從2013年到2018年，增長了38%，由1.303億臥鋪增加到1.797億。如果以臥鋪總數百分比來看，2017年到2018年全球增長了5.6%，各地區發展不同，但北美依然是主要市場，占全球床位容量的39%，比2017年增長6.2%，其次是歐洲占全球床位容量的28%，比2017年增長7.4%。亞太地區占全球床位容量的16%，與2017年持平。南美及世界其他地區占全球床位容量的17%（資料來源：2018年國際郵輪協會報告）。

快速的擴張對郵輪產業是否帶來惡性競爭，2020年新冠病毒帶來的衝擊，對產業界勢必帶來重大影響，該如何調整營運方式，目前還在觀望當中。

第一節　郵輪的經濟貢獻

郵輪的經濟貢獻可以分成三個部分討論：直接經濟貢獻、間接經濟貢獻和經濟誘導貢獻。

一、直接經濟貢獻

　　主要有三個來源：郵輪公司、郵輪乘客和機組人員。郵輪公司所帶來的經濟貢獻就屬大宗，包括供應郵輪上的食品和飲料、房務及船上的補給用品、燃料和港口稅及設施服務費用等，除此之外，郵輪公司還必須支付全球合作的旅行社佣金、廣告費和其他。郵輪乘客的經濟貢獻主要是港口消費，包含可能的住宿、購買每個港口觀光活動行程、紀念品和其他消費，消費力平均比陸地旅客還高，這也是世界許多港口願意擴建，建設更適合現代郵輪停靠的港口，加深港口，營造相對氣氛，吸引更多郵輪公司願意安排停靠。機組人員雖然消費力相對較低，特別是公車式郵輪，長時間的巡遊，對於這些機組人員來說沒有特別新鮮感與消費慾望，特別是基層工作人員占大多數，消費能力相對較弱。三個貢獻來源加總起來，2018年總計達到680億美元，比2017年的610億美元增長了11%，算是相當可觀的成長狀況。這680億美元的主要貢獻來自郵輪公司，在郵輪運營上的支出估計為466億美元，占總數的69%，郵輪乘客花費了大約199億美元，占總數的29%，機組人員花費了14.6億美元，占總額的2.2%。

二、間接經濟貢獻

　　這部分的統計不是非常容易，但是可以理解的，這些間接貢獻的廠商或是行業，包含旅行社需要的遊覽車、運輸服務，郵輪公司所需要的食品、設備，直接貢獻的廠商尋求間接合作或是整合呈現的商品和服務，換取勞務，這部分的龐大商機，影響的供應鏈相當龐大，這也是許多港口爭取成為觀光母港或是停靠港的原因，港務公司甚至提出優惠停靠費用方案，獎勵補助郵輪公司等措施，因為這些船隻所帶來的效益，遠遠超過所提出的所有優惠方案。

郵輪觀光

228

三、經濟誘導貢獻

主要指的是這些供應商或是相關工作人員或郵輪工作人員，得到勞務報酬後，花費在非觀光產業或是郵輪產業上的消費，通常是家庭或是日常生活用品或是消費，例如港埠附近的超市，就是郵輪工作人員補充日常生活用品的地方，而這只是最直接可以理解的部分。

間接經濟貢獻、經濟誘導貢獻相對不容易認定，但2018年國際郵輪協會（CLIA）報告指稱，這兩項經濟貢獻帶來了822億美元的價值，也是相當可觀的規模，如果將直接經濟貢獻、間接經濟貢獻和經濟誘導貢獻全都加總起來的話，創造出來的經濟規模就可以達到1,502億美元。

第二節　郵輪帶來的災難

儘管旅遊業的發展可以帶來積極的經濟利益，但也可能產生負面的經濟影響。旅遊業發展帶來的負面經濟影響可能包括土地和住房價格上漲、稅收增加和通貨膨脹水平。巡遊似乎是沿海社區經濟發展的巨大潛力。因此，與其他旅遊政策一樣，通常大家對郵輪開發或是發展，最初的反應通常都是正面積極的。但是，另一方面，與所有發展計畫一樣，郵輪旅遊會帶來許多潛在的正面和負面影響。

由於郵輪業的性質，特別是對於較小的區域或是國家，郵輪及其乘客的到來可能會刺激或需要作出重大改變，而這種改變可能涉及整個目的地過於倚賴所造成的衝擊，2020年的新冠病毒，對於一些過度仰賴郵輪經濟的港口來說，就造成極大的影響，經濟及社會衝擊，讓這些國家及地區不得不作出調整。

除了明顯的經濟衝擊，郵輪本身也是汙染最嚴重的模式，這一部分在近年環保意識抬頭之後，漸漸被大家開始重視。郵輪是旅遊業活動裡二氧化碳總排放量較高的活動之一，除了空氣汙染，還有水的汙染問題，這對海洋系統的破壞衝擊，可能遠遠超乎人們的想像。

郵輪因燃燒的燃料而造成嚴重的空氣汙染，這可能導致嚴重的人類健康問題，尤其是在港口社區。即使在碼頭上，郵輪也經常使用柴油提供電力，排放物包括氮氧化物、硫氧化物、二氧化碳和柴油機顆粒物，這些細微的煙灰對人體健康具有極大的危害，對於古蹟、建築的危害也極深，一些港口開始拒絕或是限制郵輪，這些都是可以理解的狀況。

為了減少停靠的郵輪對環境的影響，許多城市的郵輪碼頭都安裝了太陽能或岸上電力設施。阿拉斯加的朱諾港口在2001年成為世界上第一個為郵輪提供岸上動力的港口。西雅圖緊隨其後，在2005年和2006年進行了兩次安裝。這些設施估計對於郵輪在十個小時的停靠期內可以節省大約17,000公升燃油。目前郵輪公司公開承諾到2025年岸電使用率達到100%，減低對港口的汙染。

水汙染的部分，根據美國環保署估計，一艘可容納3,000人的郵輪，每週產生210,000加侖的汙水，足以填滿十個游泳池和100萬加侖的灰水（盥洗室和廚房等流出的洗滌廢水），另有四十個充滿廢物的游泳池。一艘郵輪等於五十個充滿高汙染廢物的游泳池，這些廢物可以每週倒入我們的海洋。郵輪公司承諾在任何海岸24海里內停止傾倒所有廢物，所有船舶上的汙水和中水系統升級到高級汙水處理系統。

郵輪旅遊對城市的影響是模棱兩可的，他可以帶來經濟規模，增長旅遊產業發展，但郵輪帶來的潛在災難，也變成另一個需要好好思考的議題。

第三節　郵輪上的工作

現代郵輪本身就是一艘浮動的度假勝地，提供精緻的住宿、美食以及各種可能的娛樂活動。為確保乘客的舒適度，數百名甚至數千名員工的服務就非常需要。工作項目由高端而且需要技術性的海事部門，到一般房務或簡單的清潔工作人員都有，但是有一個共通性就是需要服務的熱忱以及語文能力的要求，畢竟長時間單一空間工作，必須直接面對世界各地來

的工作人員與旅客，服務熱忱與語言就變成相當重要的部分。

在考慮參與郵輪產業工作時，基本的證照或是工作經驗要求必須符合之外，身體狀況的評估也相當重要，例如是否容易暈船、體能狀況是否能夠負荷等，接下來會考慮的幾個大項：

一、郵輪公司的規模與船艦大小

原則上大噸位船體的晃動狀況以及天氣影響來說會比小噸位的船體要來得安穩，大型公司在保障上基本上也比較高。特別是重心平衡系統和水下平衡翼裝置（可伸縮的水平翼），在強風巨浪保持船舶平穩，但不是每家郵輪公司都有上述設施。

二、郵輪公司註冊地點

這一部分相當重要，雖然郵輪公司看起來都是西方國家為主導，但是只有少數公司是在美國或西方先進國家註冊。這樣做的主要原因當然是要規避遵守西方國家更高的安全標準、稅收、殘疾和嚴格的就業相關法律。大多數郵輪公司會註冊在要求較低的國家，例如：巴拿馬、利比亞、北韓、蒙古等。因為這些國家勞基法的觀念薄弱，可以不受工作時數上限約束，有些船舶上每天工作十二至十四個小時相當普遍，當船上的員工遇到傷殘事故，可能也無法採用公認的國際法律法規，而是以註冊國的法律來規範，所以郵輪公司註冊國也變得相當重要。

三、工作申請

郵輪上的工作並不是全由郵輪公司負責，所以必須先確認好想要做的工作項目，如果是直接由郵輪公司負責，可以是郵輪集團招募員工，或是透過代辦或是其他機構來協助申請。

　　郵輪上有些部門是由特許公司租用郵輪上的空間來進行商業行為，這種關係類似百貨公司或是大型購物中心將場地外租給各種零售商店的方式，每個零售商店都與百貨公司或是購物中心簽訂自己的合約，支付郵輪租金，所以應徵該項目的工作就應該直接找所屬的零售商店。這些特許工作如美容院、健身房、禮品店和購物商店通常由特許公司經營，他們負責自己的整個運營、僱用與管理人員及貨物調度，盈虧也必須自己負責，不歸屬於郵輪公司。

四、季節性工作

　　因為季節性的需要，郵輪公司在北半球由5月中旬一直持續到9月是最需要季節性工作的時段，其餘月份不需要這些工作人員，郵輪公司不想全年支付薪水，就開始徵求季節性的工作職缺，這些職缺正常應該11月或以前開始申請工作，12月開始進行通知面試流程，然後1月或2月獲得錄取通知，但這只是大致上的時間流程，還是要以每家公司的招聘時間為準。

五、合約問題

　　如果想要在郵輪上工作，務必在簽署合約之前仔細閱讀，可能會出現許多意想不到的漏洞或不合理，或是尋找以前在該船上工作過的人交談。

　　郵輪公司的工作合約通常是三到十一個月，大多數工作人員每週的工時平均是七十七小時。也有些合約是連續工作十個月，加上兩個月的有薪假，這就必須看每家公司的合約狀況，通常服務、非管理人員是沒有帶薪休假或退休金的，工作狀況比較不穩定，薪水也偏低，其餘的非服務和管理人員是可以談帶薪休假福利，還有參加公司團體保險醫療、退休金等。

住宿除非是高級船員工作，否則都是兩人一室或是更多人一個艙房，但是至少有自己的洗手間、電視和房間內的基本配備。船上的娛樂設施，除非是高級船員，包含餐廳的使用，一般職員只能夠到員工餐廳，不可以使用乘客的娛樂設施，較大型的船隻有時候也會提供員工游泳池、按摩池、酒吧、娛樂室、祈禱室／清真寺和健身中心，端看每家公司還有船隻的大小來給予不同的福利。

對於中下層的工作，目前大多數員工還是以亞洲國家、東歐國家、加勒比海和中南美洲等開發中國家為主。特別是餐廳，幾乎全都是菲律賓、印尼或是馬來西亞員工為主，目前講中文的服務生也有日趨增加的狀況，對於外語能力不佳講中文的旅客來說算是一大福音，特別是航行於亞洲的航線，中文菜單、中文服務人員、中國菜普遍出現。

六、工作環境與晉升就業前景

郵輪的工作環境會因為所從事的工作類型而異，但是共通的狀況是，大部分時間都將花在船上，不論天氣是否惡劣或是海象狀況不好，沒有拒絕說不的理由。部分工作壓力很大，或是必須在完全密閉的環境中工作，平均每週工作六天，每天工作十個小時。高級船員以及賭場、商店和娛樂組的工作條件通常會比較良好，但廚房、房務、餐廳和機艙人員的工作環境相對就比較差，待遇與福利也比較不好。

因為這幾年的郵輪產業快速成長，跟許多產業比起來，其工作人員需求在短短的十年內就至少上升一倍的需求，在許多資料的顯示上，我們可以預期需求量會繼續上升。只要經過郵輪公司的考核，取得一定的管理階級之後，在許多地方都充滿著機會。但是旅遊產業本來就是屬於比較脆弱的產業，2020年爆發的新冠病毒問題，讓郵輪公司紛紛提出停航或是暫停營業等不利因素，這些外在影響因素，對於想要從事郵輪產業的人也應該考慮。

第四節 郵輪公司職位概述

船上員工通常分為娛樂部門、房務部門、海事部門、餐廳部門等，簡介如下：

一、娛樂部門

簡單的說，這個部門就是要提供最優質的娛樂活動讓乘客參與，讓娛樂效果達到最佳化，但是平均而言，這個部門大部分的工作門檻並不高，需要有特殊技能或是特殊經驗與能力，就能獲得郵輪公司青睞。

(一)郵輪總監（Cruise Director）

最重要的責任就是確保旅客在航行當中愉快，這大概就是這個工作最重要的任務，除此之外，這個工作必須每天與上百人溝通與協調，對社交能力的要求自然就比其他工作要高出很多。

這些溝通與協調工作包含監督及協調船上的所有娛樂活動，包含節目的安排，所以必須時常跟船上的娛樂組人員、音樂家、演員、舞台工作人員溝通，也必須肩負起主持的任務，確保娛樂活動符合乘客的喜好，主持也可以讓旅客感受詼諧有趣等，是一項不簡單的工作。

語言能力的要求上也比其他工作要來得高，因為船上的工作人員來自世界各地。

(二)劇院經理（Production Manager）

管理郵輪上所有表演，包含公共區域、劇院，需要有相當經驗的劇場工作人員才能擔當此一工作。

(三)活動部經理（Activity Manager）

管理娛樂部員工班次、工作分配，設計每日郵輪上活動安排，包含

舞蹈、音樂、歌唱、遊戲、派對等活動。

(四)娛樂部助理（Cruise Program Administrator）

負責娛樂部的文書工作、工作道具與表演衣物的庫存統計與安排等。工作內容甚至必須負責乘客郵輪婚禮的策劃。具有至少二至三年的酒店或郵輪行業管理職位經驗，能夠以英語與客人和船員清晰、正確而誠懇地溝通，其餘例如西班牙語、法語或德語夠提出能力證明，錄取機會會更高。

(五)歌唱演員（Singers）

劇院裡晚會表演的歌者，外籍歌手居多，英文歌曲為主，歡樂的拉丁舞曲主打歌也時常出現。

(六)舞蹈演員（Dancers）

劇院裡晚會表演的舞者，東方人漸漸出現在舞台上，但是歐美或是東歐、俄羅斯籍的舞者還是居大多數。

(七)DJ

一般僅在晚上工作。最好對所有十年來的各種音樂流派有充分的瞭解，擁有相關經驗以及其他有關燈光和音響設備的經驗。

(八)運動部主管（Sports Supervisor）

基本上與運動部員工職責類似，在此基礎上，加上對該部門的監督、管理、安全措施、運動器材安全及維護，確保所有運動場地能夠正常營運。應徵人員必須具有四星級或五星級郵輪、酒店、度假村，餐廳或休息室運動相關活動經驗人員。

(九)運動部員工（Sports Staff）

負責協助、引導乘客參加船上的運動項目，為乘客指導及示範正確

運動動作及安全須知，促銷自費訓練課程等。必要時，需要配合協助到港日和母港日乘客上下船時的服務工作。

(十)兒童部經理（Youth Manager）

兒童部的總負責人，負責員工的培訓、人員安排、每日活動安排、管理預算、人員管理與評估具有特定的專業知識、兒童器材與娛樂設備的維護，並處理該部門的各種投訴等。至少需要三年在娛樂或飯店類似行業中與小至兩個月大到17歲的嬰兒與青少年的照護或是工作的經驗。除了英文，具有至少一種其他語言，例如德語、西班牙語、法語或義大利語的中級語言和寫作能力。

如有特殊才藝，包含雜耍、戲劇、體操、體育、舞蹈、唱歌等，都是錄取該部門的重要依據。

(十一)兒童部副理（Assistant Youth Manager）

督導、協助兒童部員工，完成每日航程指南上青少年及兒童的日常娛樂活動安排，協助兒童部經理。至少有三年與兒童相處的相關行業經驗，清晰的多國語言能力，面對兒童的急救合格證照等，錄取條件基本上與兒童部經理差不多，但經驗仍顯不足，郵輪公司會先安排此一職位來過渡到經理的位置。

(十二)兒童部員工（Youth Staff）

至少有兩年與兒童相處的相關行業經驗，擁有兒童和青年照護文憑、幼兒教育文憑或教育助理文憑，會是郵輪公司考慮的重點項目。負責完成船上青少年及兒童的日常娛樂活動安排。在兒童中心主導與之相關的遊戲益智娛樂活動。必要時，需要配合協助到港日和母港日乘客上下船時的服務工作。

(十三)音樂家（Musicians）

郵輪上的樂團表演到獨奏表演藝術家，最常見的是樂器是鋼琴，表演地點可以是一般的酒吧、大廳和餐廳，提供背景音樂，讓氣氛和緩，也有可能是在劇院的舞台上表演。樂手的要求基本上是豐富的舞台表演經驗，以及受到肯定的文件證明。

(十四)樂隊總監（Musical Director）

必須有過相關的經驗證明，擔任過郵輪上的樂隊指揮或音樂家，具有出色的表演，除此之外必須具備至少良好的英語口語和書面表達能力，具有兩種語言以上者，會是郵輪公司優先錄取的重要考量。

(十五)舞台員工（Stage Staff）

負責所有演出和活動之組裝及拆卸舞台設備和道具，能夠執行較小的戲劇修復工作，例如木工和繪畫，具有電氣、技術、燈光和音效方面的工作背景知識者優先。

必須滿足所有身體要求，包括參加緊急救生演習的能力和必要的培訓，加上至少具有一到兩年的舞台設備和道具的組裝及拆卸經驗。語言能力在該項工作中還是占了相當重要的部分。

(十六)燈光師（Light Technician）

燈光師主要工作是負責主劇院和船上的各個酒吧或是音樂、舞廳的燈光效果，讓每個場地的燈光達到該有的效果。所有照明設備維護和檢查工作，並追蹤所有庫存，以確保每個演出及各個場地有足夠的設備耗材。工作者需要具備工作經驗及相關證明。

(十七)音響師（Sound Technician）

能夠在郵輪上營造一種充滿樂趣和興奮的氛圍，在主要劇院表演，或是各個場域的音樂效果呈現等，還有設備維護、維修和計算耗材安全存

量。工作資格必須至少在酒店、郵輪或娛樂設施中擔任類似工作至少一年以上。

二、房務部門

(一)首席管家和管家（Chief Butler/ Chief Housekeeper）

領導與監督整個客房服務人員，保持船上住房區域的清潔，其中還包括客房服務及旅客行李處理和分配。

擔任此職位的人必須擁有商務管理或酒店管理的學位，或是至少三年管理住宿部門的經驗，良好的溝通和管理經驗，能夠說流利的英語，語言能力愈高，錄取的機會就越高。

(二)首席客艙管理員（Chief Cabin Administrator/ Head Room Butler）

主要工作是負責檢查各個客艙工作人員是否確實清潔工作，確保完成郵輪的公共區域和船艙整潔有序，符合公司與乘客的期望。

最好有管理經驗，或是在飯店或郵輪公司工作兩到三年的經驗，以及良好的英語溝通能力。

三、海事部門

主要職責是船舶的航行以及運作的所有安全和保障，需要相當的海事背景或是學歷與證照，工作可以再分成以下幾大類：

(一)航海部（Navigation）

船長（Captain）、副船長（Staff Captain）、總安全指揮官（Chief Safety Officer）、大副（1st Officer Navigation）、二副（2nd Officer Navigation）、海事秘書助理（Marine Administrative Specialist）、水手長（Bosun）。

(二)工程部（Engine）

總工程師（Chief Engineer）、副總工程師（Chief Engineer JR.）、第一工程師（1st Engineer）、第二工程師（2nd Engineer）、電力總工程師（Chief Electrical Engineer）。

(三)維修部（Workshop）

木工（Carpenter）、製冷工（Refrigeration）、電工（Electronic）、家具裝修工（Upholstery）、機修工（Engine）、環境監察官（Environmental Officer）等職位。

因為應徵的條件相對比較高，技術面的要求也比較多，這些部門薪資相對高出許多。

四、餐廳部門

餐廳服務生的工作節奏很快，必須快速有效地完成各項任務，與乘客是直接面對面的服務，所以經常承受壓力，還要有足夠的精力和力量端起沉重的托盤並協助移動餐桌與清潔。但好處是工作環境至少是優雅的餐廳環境，當遇到好的乘客還可以有意外的驚喜，能夠有多元的談話對象。每週工作可能48小時或是更多，也常常需要接受其他餐飲場所的輪班。

有些航線因為有淡、旺季或是季節性的航程，需求狀況差異較大，也會招收季節性的工作人員，參與輔助的工作。

(一)餐飲經理／總監（Food and Beverage Manager/ Director）

管理部門中下層管理職位的績效，例如副食品和飲料總監／經理、食品經理、飲料經理、酒吧經理和行政總廚。控管食品成本與預算、酒吧收入和人員加班，以確保收支平衡。

人員上，安排餐飲部門各個領域的所有員工適當的在職培訓，餐飲

主管和其他部門負責人或船長召集定期的會議，以確保船上各個部門之間的最佳協調與合作，為客人提供優質的服務。

對郵輪上提供的所有食品、飲料產品及服務進行全面監督和質量控制，以確保達到郵輪的最高標準，並且能夠超出乘客的期望。

學歷上，最好是餐旅學校或酒店管理、商務管理等相關領域的文憑，至少三年在郵輪上擔任相關部門的高級管理人員背景。當然也被要求需要精通英語。

(二)餐館經理（Restaurant Manager）

負責郵輪上的所有餐館和餐飲服務，監督餐飲服務區中所有下屬職位的活動，例如特色餐廳經理、助理餐廳經理、總服務生、服務生、助理服務生、酒吧服務生、客房服務主管、侍酒師和調酒師等飲料相關人員。

工作包含充分瞭解廚房準備的菜餚，每天與廚師和餐飲總監或是經理商討，提供給乘客預算內最佳菜單和服務，確保郵輪上的餐廳和廚房完美協調。對服務生的培訓課程，涵蓋服務、菜單教育和西餐禮節。負責餐廳工作人員的工作分配和休假時間表，記錄餐廳所有用品和設備完整的庫存和消耗紀錄。

主餐廳的乘客座位分配和控管特殊餐廳的預訂，都是屬於餐館經理的工作項目。

這是一項重要的工作，所以薪水相對是比較高的，要求條件至少必須在高級餐廳有四年的管理經驗，良好的語言溝通能力，包含流利的英文，如果具有豐富的葡萄酒和葡萄酒服務相關知識，在這項工作上會有更加分的作用。

(三)服務生／女服務生（Waiter/ Waitress）

郵輪上有非常高的比例工作人員就是餐廳服務生，這些餐廳服務生又可以分成以下不同的工作：

◆ 餐廳主管（Restaurant Supervisor）

協助餐廳經理督導服務生，與乘客互動，增加用餐時的友善氣氛等。要求條件一般是知名四星、五星飯店的服務經驗，具備良好的語言溝通能力。

◆ 主餐廳服務生（Dining Room Restaurant Waiter/ Waitress）

平均每個時段需要負責約三十位乘客，除了晚餐餐點時段，也會依據主管的安排支援早餐、午餐時段或是自助餐廳。語言溝通能力雖然要求不是相當高，但是基本的溝通能力是必須具備的。因為每個場次需要負責的乘客眾多，所有餐點都必須由廚房搬運至乘客餐桌，是相對辛苦的工作。要求條件比較低，只需要有類似職位的經驗即可。

◆ 咖啡廳服務生（Café Wait Staff）

在船上的咖啡廳為乘客服務，雖然不需要有流利的英文，但是必須具備一定水準的沖泡咖啡技巧與能力，能夠提供相關證明證照或是經驗尤佳。

◆ 自助餐服務生（Buffet Server）

補充自助餐食物和清理餐廳的桌子，集中乘客使用過的餐盤以便清潔，為旅客提供郵輪所期望的一流服務，相對於主餐廳服務生，外語能力的要求就更低，因為不太需要與旅客溝通，也算是餐飲部門的入門級職位。好的服務生在這個部門之後，可以期待提升到其他更好的部門。

◆ 雞尾酒服務生（Cocktail Waiter/ Waitress）

也可以稱為酒吧服務生（Bar Attendant）、酒吧管家（Bar Butler）、酒吧經理（Bar Steward），主要工作當然是盡力讓乘客對酒精飲料有興趣，包含向乘客推薦各種雞尾酒、葡萄酒或啤酒，配合郵輪公司推薦各種酒精或是非酒精飲料套裝活動等。

這個部門的工作人員需要熟悉各種酒精飲料的詳細資訊，當乘客詢問時可以很清楚的介紹所有類別的差異，以便能夠促進乘客購買意願，從

而實現銷售目標。

　　酒吧工作人員的學歷要求不是很高，一般來說具有高中文憑即可，但是必須具有至少一年在酒吧、飯店或郵輪酒吧服務的經驗。因為需要對乘客推銷船上套裝飲料活動或是酒精飲品，一口流利的英語就顯得相當重要。薪水的部分除了合約上的薪資，銷售所獲得的佣金也是一筆重要收入，這也是為何工作人員常常熱情招呼、邀約購買的原因。

◆ 侍酒師（Wine Stewards）

　　調酒師（Bartender）也是被歸類在同一個部門，該工作必須對葡萄酒和葡萄酒文化有相當的瞭解，他們被認為是餐廳葡萄酒的專家，能夠回答有關各種葡萄酒的任何問題。能夠對乘客提出建議，並推薦正確的葡萄酒來搭配餐點，使其成為理想且完整的用餐體驗。

　　工作人員的條件要求是，必須在五星級高級餐廳中擁有至少三年的經驗，最重要的是，郵輪公司通常會鼓勵透過葡萄酒銷售，來讓工作人員獲取更多的佣金，所以良好的英文與社交能力就變得相當重要。

🚢 第五節　港埠周邊經濟

　　每年有超過2,800萬人參與郵輪活動，在世界所有港口產生了約1.37億的旅客人次，郵輪業正在世界各國帶來巨大的經濟價值，郵輪國際協會（CLIA）（2018）報告，2017年郵輪產業直接、間接產生的經濟貢獻估計為1,340億美元，這巨大的利益，促使許多地方的港口積極擴張，增加港口的深度或是改善港口服務設施等。

一、港埠經濟影響來源

　　郵輪旅遊業產對港埠經濟最直接的影響有三個來源，占最大宗的是郵輪公司本身，接下來是郵輪乘客，而機組人員雖然不是最主要，但是也

占了一定的比例。

(一)郵輪公司

在港埠必須採購各種商品和服務來滿足郵輪的營運，這些商品包括食品、飲料、船上所需耗材用品、船用燃料、船舶維修和港口的服務費用，包括人頭稅、噸位稅、領港費、曳船費、碼頭碇泊費、浮筒費、帶解纜費、給水費和垃圾清理費等，因為郵輪帶來的驚人收入，促使全球許多港埠更新或是擴建，期待吸引郵輪公司青睞，安排停靠。

(二)郵輪乘客

主要支出是岸上觀光遊覽、零售服裝、珠寶貴重物品和當地手工藝品及紀念品等。

(三)機組人員

主要支出通常集中在購買食物以及飲料，比較屬於生活必需品，接下來是當地的交通費用，機組人員通常不會參加當地旅行團活動，參觀遊覽旅行的部分，偏向自助旅行為主，其餘支出包含服裝和電子產品的零售購買。

二、港口類型

以郵輪產業來說，我們把港口分成郵輪母港（home port）、掛靠港（transit port）和多母港（partial turnaround）三種，其分類方法可依據郵輪港口的設施、是否有固定路線、遊客流量大小和是否設立郵輪公司總部或地區總部來判斷。

(一)郵輪母港

郵輪在該港口搭載主要乘客並開始其行程，並在航行結束後返回該

港口讓乘客下船，完成旅程，為郵輪乘客和船員提供安全設備、倉庫和行李處理設備。除了搭載乘客，也是郵輪裝載所需用品的地方，其中包括飲用水、燃料、水果、蔬菜、酒類以及郵輪所需的其他任何物品，同時港口有足夠的港口基礎設施，碼頭的運營深度、長度、是否有客運大樓、運輸模式的連通性（例如是否存在連通性良好的國際機場，火車站的存在以及郵輪港口與公路網）、足夠吸引人的城市或是人口支撐郵輪活動。例如基隆港，鄰近台北市、新北市、松山機場、桃園機場，連結出發前往日本琉球，或是東北亞，為期一週不等的航程前往日本與韓國，最終再回到基隆的巡航模式，讓基隆港成為郵輪母港的絕佳條件。

郵輪母港也根據服務輻射範圍的大小，又可以細分為國際母港和區域母港，它不僅適用於提供全面的服務，而且也適用於郵輪公司設立總部或地區總部。

積極成為郵輪母港，郵輪旅客乘坐飛機前往所屬港口城市，該港口提供住宿和相關服務，根據國際郵輪協會（CLIA）在2018年的報告裡提到，每位乘客在乘船遊覽之前所在城市平均花費是376美元，而且65%的郵輪旅客在登船港口會多停留幾天，在航行期間每位在每個訪問港口的平均花費是花費101美元。這也是為何許多港口積極爭取成為母港的原因。

(二)掛靠港

掛靠港只是郵輪公司在旅程中安排的某一個停靠港口，例如基隆出發前往日本石垣島再回到基隆，石垣島就是屬於掛靠港。郵輪的靠港為港口本身得到該有的利益，陸上過境旅客訪問通常只有8小時，這類型的港口最主要的直接觀光受益就屬郵輪遊客參加有組織的旅遊活動。一般來說，平均50%以上的郵輪旅客會參與有組織的旅遊活動，而這當中又有約80%的旅客直接透過郵輪公司安排，20%自行安排接洽當地港口旅行社，不論是哪一個選項，對於動輒上千人的郵輪乘客來說，特別是小港口的經濟，這些郵輪的到訪，直接投入的經濟是相當可觀的，跟郵輪母港最大的差別大概就是後勤補給，乘客只能在該港口或城市停留短暫時間，無法吸

引Fly-Cruise旅客。

(三) 多母港

營運模式就是旅客不單只是從某一特定港口上下，郵輪允許乘客在航行的港口上下，類似公車型態，對旅客來說可以有更多元的選擇，例如MSC郵輪公司就推出環西地中海行程，剛好配合七夜的型態，停靠羅馬、馬爾他、巴塞隆納、馬賽、熱那亞等城市，對郵輪公司來說可以吸收更多地區的乘客，達到最大利益，通常這種航程費用也會較為經濟。

台灣已發展成為郵輪母港的港口有基隆港及高雄港，這兩個港口剛好一北一南，提供南北旅客在這兩個港口上下船，西岸的台中港、安平港、馬公港，東岸的花蓮港、蘇澳港目前定位為掛靠港，如果可以南北配合，加上各地獨特的觀光資源，應該可以逐年均吸引許多外國觀光客。

第六節　郵輪業的未來

很多數據告訴我們，預計郵輪業將會繼續擴張，隨著擴張，通常會出現一波又一波的新趨勢、創新和可以期待的新世代發展。以下是未來十年郵輪業可能會出現的情況：

一、一生必去行程

郵輪行業不斷地推出許多所謂一生必去、必訪地區或是私密景點，這種體驗誘發更多人願意嘗試，傳統郵輪地點不再滿足所有人，郵輪航程出現遊覽阿拉斯加的冰川、觀察野生動物，格陵蘭島、北極探險，或南美洲、南太平洋等偏遠地區。

二、小型遠征船行程

專注於更偏遠地區的戶外探險，避開人群尋求更私密的氛圍，特別是新冠病毒影響之後，對於金字塔上層願意支付更多費用的旅客來說，更願意參與這種形式的郵輪行程。

三、主題性強烈行程

主題郵輪越來越受歡迎，對於那些有特殊興趣的人來說，他們希望與一群興趣相同的人一起遊玩，可能是有關於健康、美食美酒、潛水、藝術，甚至專門的LGBT郵輪行程，也慢慢浮出檯面。

四、私人島嶼行程

所有主要的郵輪集團都擁有加勒比海的私人島嶼，想前往該私人島嶼勢必就是參與所屬郵輪公司行程，除此之外，也讓郵輪活動可以增加更多特殊性，目前MSC郵輪也以中東的錫爾巴尼亞斯島（Sir Bani Yas Island）為據點，至於其他區域在未來或許還會繼續發展。

五、追求自然生態與環保行程

生態旅遊是近年來蓬勃發展的項目，目前也開始影響郵輪業，環保意識的提升，要求與環境可持續性的共存共享，許多公眾要求郵輪公司採取更加環保和保護環境政策，目前一些公司已經開始遵循這一市場需求，使用液化天然氣（LNG）、廢氣淨化（EGCS）、先進水處理系統和岸電等創新尖端環保技術，大力投資減少廢棄物，減少對環境的影響。

Chapter

7

河輪觀光

第一節　河輪人少的原因

第二節　熱門區域與旅客特質

第三節　科技與河輪設施

第四節　吸引新客群

第五節　可能的隱憂

第六節　各洲及國家河輪發展概況

第七節　主要河輪公司

　　現代河輪觀光大概只有一百多年的歷史，可能始於萊因河，早期的河輪因為空間小，艙房與陸地上的飯店水準相距甚遠，行程安排與路線也不夠精緻，這些因素讓旅客卻步，但是從1990年代開始有了比較大的轉變，特別是1992年7月31日，位於德國東南部正式通航的美因—多瑙河運河（Main-Danube Canal）開通，運河連接了歐洲大陸上的萊因河和多瑙河兩大水系之後，河輪觀光發展有了更大的發展空間，可以由北海通往黑海，橫貫東、西歐區域最受矚目，四通的河運水系，多元人文與自然景觀，船的數量從1992年以前的大約50艘到2019年計有300多艘，這些有利狀況鼓舞了河輪投資公司，改良船隻內裝，以精品酒店的形式呈現，提供更舒適的環境，形同浮動的高級飯店，根據船的大小，通常只能容納100～250人乘船遊覽，有些河輪甚至提出隱密、尊榮行程的感覺，人數只有個位數到十位數的小型河輪也紛紛出現。餐飲服務與整體服務水準也得到相當大的提升，寰宇精品河輪公司比照冠達郵輪公司，提供穿戴白手套的管家，為旅客提供下午茶點心，河輪與郵輪最大的差別，幾乎所有的河輪公司都是在午餐和晚餐時段提供免費的葡萄酒、啤酒和其他飲料，當然隨著更多元類型的河輪經營模式出現，目前也出現相對陽春，不是全包式的形式。

　　全球幾乎有一半的河輪航量都在歐洲，在世界河輪市場起著領導作用，是目前主要的河輪市場所在。而歐洲的成功，也帶動起歐洲以外許多鮮為人知的河流，目前也日益流行起來，加上船體科技的改革，讓原本不利航行，或是吸引力較低的地區，河輪行程一一浮現出來，例如雅魯藏布江，或是緬甸的伊洛瓦底河，目前都在穩定成長當中。

　　為了配合目前市場上的主題式要求，河輪公司也紛紛推出如品酒、騎腳踏車、運動、烹飪、高爾夫球、養身、園藝、音樂、藝術、歷史或是節慶為主軸的行程，吸引更多旅客願意參與。河輪設施不斷地增加，出現迷你高爾夫球場、按摩池，加大河輪的尺寸，增加陽台空間，克服船隻吃水問題，延伸至相對較淺的區域，例如柏林及布拉格之間串流的易北河、伏爾塔瓦河就是屬於較淺的水域，目前也取得克服。年輕世代與家庭

旅遊也是目前河輪公司努力積極擴展的部分，其中迪士尼集團的加入算是最亮眼的，擺脫老人船的刻板印象。

氣候條件是河流航行的限制因素，河輪不像郵輪的機動性，冬天可以由歐洲地區跨洋轉移至加勒比海地區，在這一方面，河輪運營商只能夠努力試圖延長夏季航程，並在冬季引入冬季河輪活動，特別是聖誕節巡遊，致力安排配合各個城市的著名聖誕市集日程，在費用上也調節出更多不同高低的時段，稍微平衡淡旺季的差別。

幾乎隨時可以看到陸地，這是與郵輪旅行最大的差別，加上相對平穩的水文，對於容易緊張或是容易暈船的旅客來說，河輪都可以克服這些因素。

海上郵輪乘客數量持續增長，河輪旅客也不斷地增長當中，包括中國在內，國際郵輪組織（CLIA）指稱，會有這樣的狀況，主因是成熟的經營模式，每艘船都像河道上遊走的豪華旅館或是度假村，提供了獨特的可達性，營造小型而親切的感覺，不似郵輪動輒數千人的規模，這些都是可能讓其增長的原因。

2019年最亮眼的成績大概就是以精緻著稱的維京郵輪公司（Viking Cruises），總共推出了7艘新的河輪。號稱歐洲最大的河輪公司泛歐郵輪（CroisiEurope）在聯合國教科文組織列為世界遺產的葡萄牙斗羅河谷（Douro Valley）新增6艘船。水晶河輪公司（Crystal River Cruises）則表示因為過於踴躍，所以不得不開放一年甚至二年後的行程預訂。

以歐洲地區的河輪為例，國際郵輪組織（CLIA）的報告中指出，萊因、摩塞爾河、多瑙河、易北河增長了53%，索阿納河、塞納河、羅亞爾河增長了30%，以及斗羅河、隆河、多爾河、加隆河、波河增長了24%。這些成長的數據都是相當驚人的。

對河川巡遊的高滿意度，也推動了全球的風潮，對於喜歡歐洲河川巡遊的旅客，經過這麼多年之後，加上航空業的日趨發達，能夠抵達的航點及航班不斷地增加，促使這些旅客想要前往更具異國情調的路線，例如亞馬遜河和湄公河。雖然河輪之旅增長快速，但是在觀光產業當中仍然不

是主流產品，以這個角度來看，河輪觀光仍有相當大的發展空間。

第一節　河輪人少的原因

每年參與河輪旅行的旅客，人數上遠遠不及郵輪，更不用說是陸地旅行旅客，原因有很多，光是載客量與動輒上千人的郵輪比就顯得微不足道，截至2020年，航行於長江號稱最大的河輪也只能搭載690名乘客，所以這些河輪普遍上都非常的小，無法提供寬廣的休閒設施，可能只有一個或是兩個音樂廳，一個主餐廳加上一個酒吧，健身房空間不大，按摩水池能夠容納的人數也有限。

艙房部分遠比郵輪小，只有少數船隻提供陽台，對於習慣較大艙房的郵輪旅客來說，或許會不習慣，一切都變成縮小版的，整艘船一眼望去即是所有，跟郵輪來說差異非常大。

對河輪形成的認識度偏低，即使是歐美國家的旅客，國際郵輪組織（CLIA）就指出，英國只有0.4%的人會想到河輪觀光。對於河輪旅行是相對陌生的，自然就不會是度假旅行的選項。

但是最主要的問題應該是因為費用一直居高不下，河輪給人的概念就是昂貴，豪華的享受，47.8%河輪行程以高價團為號召，中階價位占有34.6%，價錢讓年輕人或是中產階級卻步，加上岸上旅遊項目有限，而且特別注重文化方面的活動安排。到目前為止的統計，32.6%在66～75歲之間，35%在56～65歲之間，緩慢的旅行方式，不是年輕人喜愛的步調，沒辦法獲得年輕人的青睞，惡性循環之下，讓河輪行程的參與者，到目前為止還是以年長者居多，所以就常常被冠上老人行程或是千歲團的稱號。

船上晚間娛樂相對貧乏，設施不足，這也是阻斷年輕人參與的原因，簡單鋼琴演奏或小型樂隊表演，或是安排卡拉OK活動，偶爾邀請當地民間舞蹈家、歌手或其他當地團體進行快速的晚間表演，這些「寧靜」式的活動，與郵輪上的大型歌舞表演、通宵的舞廳截然不同，這些缺點讓河輪市場相對受到局限。

🚢 第二節　熱門區域與旅客特質

　　2019年總計179萬人次乘坐歐洲河輪行程，是所有發展河輪地區人數最高的，因為在地理、歷史以及文化上的優勢，讓歐洲遙遙領先其他區域。但是河輪遊客在該地區美國和加拿大還是最大宗，占據了最大比例（36.7%），也是是目前河輪旅客最大的輸出國家，德國人緊隨其後（28.3%），接下來是英國和愛爾蘭（11.8%）。以全球的河輪旅客來源來說，前五名分別來自美國和加拿大地區、德國、英國和愛爾蘭、法國及澳洲和紐西蘭（資料來源：萊因河航運中央委員會CCNR）。

　　以國家來說，德國是最受歡迎的河輪旅遊國家，萊因河、美因河、多瑙河、易北河、奧德河全部流經德國，河輪遊船數量占歐盟內河巡遊船隊總數的近75%。德國河輪事業的成功，促使旅遊運營商嘗試開發德國地區吃水淺的河域，以較小的船隻替代航行柏林至布拉格、柏林至施特拉爾松德之間以及埃姆斯運河地區的河輪行程。至於其他歐洲也是吃水淺或是以往不受重視的河輪行程河川，如波河、加倫河、多爾河、羅亞爾河或是斗羅河紛紛出現許多以往沒有的行程，船隻數量由2004年以來一直不斷地增加，到2020年超過360艘航行於歐洲的各大河域。

　　歐洲是當今最大的河輪產業運行的區域，其次是尼羅河和其他非洲河流，但是非洲地區包含埃及的政局不穩定，恐怖攻擊又時有所聞，讓該地區的河輪沒辦法像歐洲地區一樣快速穩定增加。俄羅斯河輪產業也相當重要，但是俄羅斯和烏克蘭地區的河輪平均而言相對老舊，這一部分是最受到旅客詬病的。美洲地區和亞洲地區是目前急起直追的兩個主要區域，加密西西比河、長江、恆河等。亞洲地區的湄公河，2019年被列為最熱門的目的地之一，穿過東南亞六個國家，不需要像歐洲的河輪需要顧慮太多尺寸和高度的問題，能夠提供更大的客艙和更多的公共空間，豐富的異國情調與風情，吸引著歐美旅客前來。

　　河輪旅客特質總括起來是屬於經濟能力較高，或是收入穩定固定的族群，受過良好的教育，平均而言，參加河輪旅客的教育層次是更高於郵

河輪水上風光

河輪休息間

輪旅客，這個部分是相當有趣的現象。這些族群的人經常旅行，出遊時會與伴侶同行，旅行方式特別是喜愛緩慢方式，厭惡急忙趕行程的活動，不喜歡一直換飯店，又可以一次旅行中遊走不同地點或城市的旅客。抵達當地之後對當地的文化、傳統、生態、藝術、歷史和美食情有獨鍾。

第三節　科技與河輪設施

　　為了克服航道吃水問題，目前河輪船隻的鋼材設計上可以減輕至45％，吃水甚至只要80公分，意味著河輪可以開往更多以往無法抵達的區域，例如布拉格及柏林，以往必須透過陸上交通工具接駁，現在可以直接開往市區，乾季時期的航行限制，也得到相當大的改善。除了減輕船體重量，平底的槳輪船再次被大量運用，例如泛歐郵輪公司，更新了槳輪技術，將其整合到其艦隊的某些船上，對於吃水淺或是水流乾季比較明顯、水位波動較大的河川，得到比較有效的解決方法，例如德國的易北河、澳洲的墨累河、美國的密西西比河等。

　　歐洲河輪有兩個基本的世代，2009年以前建造的河輪長度通常只有110公尺或更短的老式船，2010年以後就開始出現長度135公尺以上的現代船。會有這樣的變化跟科技及乘客需求有很大的關係，至於船的寬度每個地方會有所不同，主要是為了配合河道、運河寬度、船閘和橋樑寬度，例如歐洲地區在大多數情況下，被標準化為約11.5公尺，但目前也漸漸出現寬度較寬的河輪，歐洲地區的船，只要不打算通過運河，以萊因河或多瑙河為主要航程，有些船寬就增至17公尺，甚至22.8公尺。例如水晶莫札特號（Crystal Mozart），寬度就來到22.8公尺，幾乎是一般河輪的兩倍，顛覆河輪的概念，即使最小的艙房都可以比擬海上郵輪大小，因為寬度的關係，航行路線必定受到限制，目前該船只能遊走多瑙河，以奧地利、斯洛伐克及匈牙利九晚為主要航行路段。

　　戶外慢跑跑道、水療設施、按摩、健身、理容院以及船上購物商店慢慢變成豪華河輪的必須配備，那些缺乏配備的老船就漸漸變成低

價活動的行程，或是銷售至比較不熱門或是相對落後的航道及國家繼續運行。2019年阿瑪河輪公司（AmaWaterways）推出的阿瑪麥格納（AmaMagna），算是近年最極致的一個範例，可容納196人的船隻，寬度22公尺，房間及公共空間更寬大，擁有四家餐廳、五家酒吧、一座游泳池、水上運動平台、兩個按摩室和私人快艇，首創可將乘客帶到頂樓享受日光浴甲板的電梯。

河輪行程隨著越來越多公司與船隻投入，河輪公司的競爭是可以想像的，求新、追求更大規模、新增更多設施，但是相對的也就製造出更多汙染問題，隨著環保意識的抬頭，這個議題也不得不讓這些經營業者必須面對，歐洲最大的河輪公司——泛歐郵輪公司（CroisiEurope）在環保議題上就提出許多措施。河輪通常從岸邊儲備飲用水以用於所有需求，所以儲存飲用水就占了相當大的空間，加上客房清潔、洗衣和廚房，到旅客和員工淋浴、水龍頭和廁所，再到外部甲板和窗戶清潔所產生的廢水儲存，使用生態和可生物降解的清潔產品，在環保的前提下，船公司必須提出更多有效的運用，配備節水器就變成非常重要的部分，該器具為每艘船節省飲用水的浪費，並減少35%的廢水排放，減輕船上廢水處理系統的負擔。船體造成水汙染的部分，最直接的就是船體接觸水面的部分，歐盟地區規定全都使用無汙染成分的塗料，這些概念在環保意識抬頭之後，應該也會慢慢被其他地區或是國家接受。

空氣汙染的議題上面，船隻配備符合最新、最嚴格的歐洲反汙染標準的發動機，有效利用柴油功率，減少碳的排放量，配合太陽能發電，配備省電裝置，停靠港岸時盡量關閉柴油引擎發電，改用岸邊動力，特別是通常使用機載發電機比使用岸邊電力更昂貴，這個誘因也促使河輪公司願意配合。這些措施對於空氣和噪音汙染起了一定減低的作用。至於船上的減低能源使用部分，除了技術性如何航行減低動力使用，接下來就是旅客直接接觸到的部分，例如在各個空間盡可能使用最低瓦數產品，大量使用節能的LED燈，使用現代節能設備，例如洗衣機、洗碗機、烹飪加熱器，盡可能配合靠岸時間，使用岸邊動力（資料來源：歐洲河輪協會IG

RiverCruise）。

🚢 第四節　吸引新客群

目前河輪的主要消費族群還是以50歲以上的中老年人為主，要如何吸引更多不同的年齡族群就變成目前河輪公司積極想要推動的。

改變停留方式，故意安排延長停留在大城市的時間，對於年輕族群來說，可以安排大城市的夜生活、音樂會或是其他活動，享受當地的特色餐點，不需要急忙返回河輪使用晚餐，讓晚上的活動更多元，對老年人來說或許不需要，但是讓河輪活動多了一些不一樣的選項。

陸上娛樂活動也開始做更動，過去這些主要遊覽活動相當靜態，例如導遊帶領參與城市遊覽、參觀博物館、宮殿、歷史古蹟或是品酒會，雖然沒有創新但是這些傳統活動還是存在，為了吸引更多不同族群，河輪公司提出更多元的選項，提供自行車之旅，自行車的部分為了配合旅客需求，甚至安排動力腳踏車，增加旅客的舒適感，泛舟、划獨木舟、短途徒步旅行或是冒險，安排研討活動、專業演講、修道院內「與修士共進晚餐」活動、城堡晚宴，傳統的酒莊品酒之後，安排乘客體驗採收葡萄或是種植葡萄等體驗型的活動。多出來的活動選項，主要還是想要吸引喜歡嚐鮮、不希望一成不變旅遊型態的旅客。

親子遊活動目前也紛紛在河輪業者產品中推出，對18歲以下的年輕人推出享受50%不等的折扣活動，增加年輕家庭參與的意願度，對於這些年輕人來說，除了活動中的一些冒險、刺激活動的安排，對於網路的流暢度也非常重要，這部分也是海上郵輪到目前為止無法全面做到的。快速免費的網路連結，包括下船的旅遊巴士上，讓青少年和年輕人能夠更願意參與河輪行程。

除了網路設備的改善，對於迪士尼冒險樂園也開始投入河輪產業，為河輪市場帶來不一樣的景象，對開發年輕族群來說可以帶來多少效益，目前還無法確認，但是以迪士尼郵輪的成功經驗，應該也可以吸引到

年輕族群，破除河輪就是千歲團的稱呼。

河輪上與陸地的網路連結不斷的優勢，國際郵輪協會（CLIA）在2019年行業狀況報告裡就提出，對於不需要一直待在辦公室完成工作的「網路工作者」，河輪活動也將會是這一類工作者的選項，這些工作者大多是年輕族群，只要能夠與網路連結，停靠口岸又能夠配合年輕品味的活動，這些族群的人也將會陸續願意參與河輪活動。

除了以上吸引更多新客群的方法之外，安聯2019年的報告（Allianz Global Assistance Report）指出，57%的美國人每年最長能夠安排的休閒度假時間是四晚，大部分是因為經濟條件的問題，但這些族群裡也不全然是因為經濟負擔問題，一些年輕的專業人員，因為工作性質很難長時間離開工作場所，能夠選擇的也只有短天數的活動，跟郵輪航程設計發展一樣，目前河輪公司也開始嘗試著開發一些短期河輪活動，符合有經濟負擔壓力的旅客，以及有經濟能力但是時間不夠多的旅客。

除了既有的歐洲、尼羅河、美洲河輪活動，增加與過往不一樣的河輪行程來吸引新的客群，例如緬甸及東南亞地區的河輪行程，近年來也受到青睞，神秘和探險的感覺，吸引喜歡異國文化的旅客，同時在行程安排上刻意以親子可以共同參加的行程安排，包含騎自行車、冒險健行活動、船上電影之夜、烹飪課程和東方武功、太極等活動，擴大更多的消費族群。

第五節　可能的隱憂

隱憂部分大致上可以分成天然災害及人為災害兩個部分，有些部分是可以避免的，但是有些部分則無法避免，產業或是旅客只能夠盡量讓傷害減到最低。

一、天然災害

2020年的新冠病毒打亂了全球各個產業，特別是觀光事業，相對密閉的空間，難以維持社交距離，特別是郵輪動輒上千人，交互感染，鑽石公主號爆發的事件，讓旅客覺得搭乘相對密閉空間的船隻猶如置身在細菌培養皿當中，大量的取消狀況，迫使郵輪及河輪公司紛紛停止銷售產品，這波損失是史無前例的，對於該項產業的衝擊會有多大，目前尚無法估量，但是可以想像的，任何疾病的傳染，對郵輪或河輪產業都是致命傷。由鑽石公主號對爆發新冠病毒事件的一項研究表明，餐廳、游泳池和水療中心等公共設施都是最主要的感染風險區域，改變自助餐的取用流程，加強嚴謹的船上及乘客消毒政策，甚至更嚴格的身體健康證明，未來必定會被施行。

河輪是按照嚴格的要求建造的，高度取決於船舶必須經過的橋樑，寬度依照河及水閘可以容忍的寬度及其吃水深度建造。水位高低、濃霧及風就變成主要的隱憂。

溫帶地區的河川，高水位最常在春季發生，特別是突然變暖的時節，雪融速度過快，河川無法及時宣洩，便會造成高水位問題，對於不會下雪的地方，也有可能出現夏季強降雨造成的山洪，大部分狀況河輪公司都能夠應付跟處理，例如加重船隻、增加穩定度及避免撞擊橋樑等。至於低水位時期，通常在9月下旬至10月中旬左右的秋季，為順利航行，船舶必要時會盡力減輕重量，包含改讓旅客搭乘巴士旅行。除了天氣因素，河川本身條件，為了解決低水位問題，河輪公司只好採取船隻「瘦身」計畫，減輕船舶重量，或是改用槳輪動力。

低水位問題近代最著名的例子就發生於2018年，由於中歐地區異常溫暖和乾燥的天氣，多瑙河和萊茵河的歷史低水位，中斷了由阿瑪河輪（AmaWaterways）、艾凡隆河輪（Avalon Waterways）、維京河輪（Viking River Cruises）和其他航線運營的數百遊船航次，雖然這不是常態性的問題，但是目前急劇的氣候變遷越來越劇烈的趨勢，可能會導致極

低或極高的水位，這將不可避免地導致路線改變。低水位及高水位變化週期是否縮短，雖然目前沒有足夠的研究數據報告可以顯示，但是對業者來說也是一大警訊，水位下降或提升，內河航行受到嚴重干擾時，通常會進行某種形式的賠償，如退還部分河輪票價給那些不得不在旅館入住一晚或更多晚而不是在船上度過的乘客，對於尚未出發的旅客實施全額或是較高比例退費的政策。

一般來說，霧的問題出現在秋天和冬天，對於乘客而言，最大的問題應該就是無法欣賞兩岸的風光，對於船舶來說，除非是非常大的濃霧造成河道關閉，否則通常現代河輪上的雷達足以引導盲航。盲航的狀況下，船將降低速度，航行時間必須加長，對於下船的旅行時間可能會因此而縮短。

河輪中可能因為颶風、強風而造成停止航行，這種狀況其實並不常見，河輪公司判斷如果航行狀況不理想，對旅客帶來安全上的隱憂，通常會安排旅客改住陸地上的飯店，完成該完成的行程。

二、人為災害

恐怖襲擊所帶來的災害，這是完全無法預期的，攻擊之後往往讓旅客旅行意願明顯降低，以埃及為例，2011年是該國政治不穩定和恐怖攻擊的災難年，旅遊人數從2010年的1,470萬下降到2016年的540萬，尼羅河河輪營運受到相當大的衝擊，經過了八年的時間，2019年的觀光人數雖然破千萬，但是尚未達到之前榮景的數量。至於主要市場的歐洲地區，巴黎、比利時恐怖攻擊事件雖然只造成市場上的些微波動，但仍是河輪觀光的隱憂。

不同國家或地區的法律干擾，雖然歐洲地區大多屬於歐盟國家，但是每個國家的規則不盡相同，變動的簽證和工作規定，影響著船上工作人員或是參與的旅客意願度，加上空汙與廢水的規範及稅則要求不斷地提升，各個港口的不同稅率規則，突然的燃料大幅提升稅則、匈牙利的奢侈

品稅、荷蘭的酒水稅，以及萊因河沿岸的一個大城市已經開始徵收「臥室稅」，每一個船舶必須為每位過夜的客人繳稅。這些因素拉高經濟活動及工作成本。

　　大量河輪需求也促使大量船舶出現在河道上，以歐洲為例，泊位難求，競爭變得非常激烈，擁擠的窘境在熱門港口屢見不鮮，船隻所需要的補給，也因為交通量大導致物流出現問題（資料來源：歐洲河輪協會IG RiverCruise）。

🚢 第六節　各洲及國家河輪發展概況

一、歐洲

　　是目前全球最主要的河輪市場，2019年共計179萬人次乘坐歐洲河輪旅行，航線非常多元，主要穿越的國家有德國、奧地利、法國、瑞士和荷蘭，南歐地區的葡萄牙、義大利和西班牙則在最近幾年慢慢崛起，也越來越受到旅客青睞，而全球所有知名河輪公司也幾乎都在歐洲布局，航行於歐洲的大小河川。

　　歐洲除了歷史以及豐富的人文與自然景觀之外，因為歐盟的合作政策，以及長遠的計畫，整合整個航運計畫，1992年美因—多瑙河運河的開通，歐洲的河川運輸發生了巨大變化，多瑙河幹渠開通，連接了歐洲大陸的主要幹線，長171公里的運河，讓現代船隻可以從北海航行到黑海，使河輪的活動範圍及行程運用得到了更大的鼓舞，這一年算是歐洲河輪發展的重大轉捩點。

　　每年從3月或4月開始到11月下旬至12月是主要河輪的運行季節，可以說是始於比荷盧三國的鬱金香季行程，結束於匈牙利、奧地利和德國的聖誕市集活動，為了延展河輪運行日數，有些公司也開始舉辦1月、2月期間的活動，或利用這兩個月的時間實施船舶檢修、員工訓練及休假。

　　排除特殊節慶或是假期，歐洲地區一般來說6月至8月是最熱門的季

節，跟陸地旅遊的時間一樣，因為天氣及各方面是最佳的時節。

傳統上遊船在歐洲許多具有歷史意義的重要城市中停下來，儘管有更長的航程，但大多數行程都是七個晚上，也是市場上最受歡迎的安排，至於更短天數的旅遊，隨著策略上及經濟上的改變跟運用，目前也陸續推出。為了改變活動型態，目前也開發出許多主題式的行程，有見證歷史發生地、自然歷史地理、尋找松露活動，或是與當地文化結合的安排，讓活動更加多元，年輕人的活動在近幾年也逐漸增多，船上針對現代人的需求，網路或是現代電子產品需求應用，紛紛在船上出現。甲板上戶外用餐活動似乎也變成一種時尚的河輪活動，歐洲的河輪紛紛起而效尤，天氣與條件允許的狀況之下，至少安排一次，讓旅客在游動的船舶甲板上，吹彿自然涼風，一邊用餐一邊欣賞兩岸綺麗的風景。

歐洲本身就是河輪旅行的先驅，創新的作為，在未來必定也會在全球其他河川的船舶上看到。

在歐洲，多瑙河的長度僅次於俄羅斯的窩瓦河，多瑙河是最受歡迎的河輪航線之一，與傳統的萊因河是主要大宗航程，美因河、摩塞爾河、易北河、隆河、索恩河、斗羅河和塞納河在歐洲也是受到相當歡迎，歐洲各河川快速成長的河輪旅客數量，鼓舞了歐洲其他地區的發展，以往不被重視的區域，例如目前北歐瑞典的哥塔運河、芬蘭的塞馬運河及蘇格蘭運河，目前也在漸漸開發當中，雖然北歐及蘇格蘭地區受到氣候因素的限制更大，成本及推動上來說比較困難，但是業者依然躍躍欲試。

目前歐洲受歡迎的河川狀況：

(一) 多瑙河

如果不算俄羅斯的窩瓦河，2,800多公里的多瑙河是歐洲最長的河川，河面寬度最大可以達到1,500公尺，流經十個國家（德國、奧地利、斯洛伐克、匈牙利、克羅埃西亞、塞爾維亞、保加利亞、羅馬尼亞、摩爾多瓦和烏克蘭）和四國首都，河輪公司主要營運德國帕紹和黑海之間航行

的路線，行程長短從五天至二十三天都有，但是主要航程產品還是在德
國、奧地利和匈牙利之間航行，有些行程會繼續一直東行至黑海，或只是
航行在多瑙河東段，羅馬尼亞與保加利亞地區的旅行，因為歐洲運河的開
發，多瑙河可以接連萊因河，所以有一些行程會由德國紐倫堡開始，不等
的天數通往維也納或布達佩斯。

　　布拉格雖然不在多瑙河上，但是與多瑙河連結，部分河輪公司以布
拉格為航程的起點或終點，增加乘客不同旅行地點的旅遊選項，所以多瑙
河的航程並不是意味著只在多瑙河上，有些行程還會配合支流，讓行程增
加多元性質，吸引更多旅客。

　　指標性的城市如維也納、布達佩斯，受到相當大的歡迎，其餘德國
帕紹，奧地利林茨、梅爾克、杜倫施坦，斯洛伐克首都布拉提斯拉瓦，塞

水晶河輪公司多瑙河上航行

資料來源：水晶河輪公司

爾維亞首都貝爾格萊德，保加利亞維丁州的美麗山城貝洛格拉奇克，羅馬尼亞首都布加勒斯特，都是最容易被安排在航程中的拜訪城市或地區。

> 台灣因為塞爾維亞簽證問題，東多瑙河河段又必經該國，比較無法受到旅行社青睞，該行程相對也較少。

> 美因－多瑙河運河（Main-Danube Canal），也被稱為萊因－美因河－多瑙河運河、RMD運河或歐洲運河。運河將北海和黑海連結起來，西起萊因河三角洲（位於荷蘭鹿特丹），東至多瑙河三角洲之間，運河本身長171公里，計有16座水閘，海拔最高處406公尺。河川底部寬度31公尺，水面寬度55公尺，水深4公尺，目前允許最大長度船舶是190公尺，11.45公尺寬。

(二)萊因河

　　萊因河蜿蜒穿過大城市和小城鎮，無論乘坐哪種遊船，都會融合大城市文化、小城鎮寧靜和幾處真正的鄉村風光。有充滿活力的重要的文化首都阿姆斯特丹和科隆，以及傳統歐洲城市風貌的史特拉斯堡和巴塞爾。

　　對於萊茵河河輪航行來說，巴塞爾地區水流要比上游平靜得多，所以巴塞爾就成為許多河輪的起點或是終點，總長約1,400公里，只有多瑙河的一半，途經瑞士、法國、德國和荷蘭，最後在鹿特丹流入北海。

　　八天七夜阿姆斯特丹與巴塞爾之間的航程，算是最傳統的安排方式，目前也推出更多不同的航程，甚至由萊因河連貫至隆河，下達亞維農的特殊活動。因為歐洲大運河的開通，水域之間不再有距離，兩週不等的長天數旅行，把萊因河跟多瑙河聯繫在一起，遊走阿姆斯特丹到布達佩斯之間。至於更長天數，就有可能會延續到羅馬尼亞、保加利亞，直到碰觸黑海為止。

　　萊因河和多瑙河都可能遇到水位過高和過低的問題。夏季及秋季是最容易發生乾旱的季節，春、夏之際，由於阿爾卑斯山的積雪融化，水道河水上升容易造成洪水氾濫，如果河水水位上升太多，船隻將無法通過橋樑。

維京河輪公司萊因河上航行

資料來源：維京河輪公司

　　萊因河流經許多工業區，也是一條繁忙的河流，貨船與河輪共享水路，比較容易看到醜陋的貨運港口或難看的發電廠，相對於其他歐洲河道，比較讓人覺得煞風景。它的支流包括摩塞爾河，連結盧森堡向西南延伸到法國，內卡河向東南方向流向海德堡和美因河。

　　夏季及秋季是最好的旅遊季節，5月開始到9月，沿途不同城市舉辦煙火節，也算是給河輪旅客帶來特殊吸引力的活動。短天數活動，相當受到歡迎，11月和12月尤為流行，欣賞該地區壯觀的聖誕市集。

(三)易北河

　　是中歐的主要河流之一，發源於捷克共和國北部的克爾科諾謝山脈，越過波希米亞，進入德國，最後在漢堡西北部的庫克斯港入北海。總長度為1,094公里，是德國僅次於萊因河的第二大河。

　　沿途有薩克森州青翠的葡萄園和美麗的砂岩山脈，除此之外，沿途也座落許多迷人的城市，主要吸引喜愛德東及東歐文化的旅客。沿河兩岸

的著名城鎮包括德勒斯登、邁森（以精美的瓷器聞名）、沃里茲（宏偉的城堡和花園）、威登堡（馬丁·路德宗教改革）和馬德堡（壯觀的哥德式大教堂）。

大多數航程始於漢堡或柏林，然後結束於布拉格或布拉格附近（反之亦然）。從柏林出發的航程有時由波茨坦開始，繞過奧得哈維爾運河，再入易北河。經典安排是為期七日的行程，但也有少數公司，例如泛歐郵輪就提供了七天到十二天的航程活動。然而部分河段較淺且狹窄，橋樑較低，因此能夠航行的船舶類型受到限制，無法承載大型河輪，易北河上出現的大多是較小的船舶，為了解決這個問題，目前泛歐郵輪使用槳輪推進器，吃水淺，可以讓船隻直達布拉格和柏林的中心。布拉格和柏林兩個航程主要城市其實都沒有在易北河上，所以必須透過支流或是運河連接，布拉格有伏爾塔瓦河，柏林則有哈維爾河與易北河相通，解決了航運上的問題。但是除了泛歐郵輪提供的船舶可以直接入城，前往柏林必須在馬德堡或德勒斯登轉乘巴士，布拉格乘客則需在梅爾尼克搭船。值得注意的是，所有的易北河河輪行程通常都包括柏林和布拉格一晚或更多晚。

易北河的水位基本上是較低的，對河輪公司的挑戰很大，當水量較多的時候，必須考慮橋樑是否過低，導致船舶無法通行，水位太低的時候又擔心可能會擱淺，有時乘客還必須被迫轉換搭乘巴士完成原本的行程，這些因素讓河面上的船普遍較小，河輪公司也卻步，不願意經營這條河川。

除了水位的問題，氣候因素也影響著該航線的發展，最好的季節在5月到9月之間，10月到12月氣溫大幅下降，除了耶誕市集人數稍微增加，這段時間遊客人數是大大減少的，1月和2月通常是凍結的，只有少數河輪公司願意經營這個時段，儘管3月和4月的氣溫再次上升，但嫌太冷，必須穿著保暖的衣服。截至2020年為止，在易北河上經營的公司不到五家。

泛歐郵輪柏林市景圖

資料來源：泛歐郵輪公司

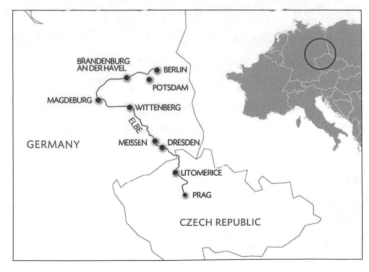

圖7-1　易北河，布拉格到柏林航線圖

資料來源：泛歐郵輪公司

(四)美因河

主河全長500多公里,始於德國的上法蘭克尼亞行政區,從東到西在德國美因茲匯入萊因河,雖是最長的河川,但是只有班貝格和美因茲之間的380公里才適合通航。

1992年,歐洲大運河的開通,美因河因此成為河運及河輪銜接多瑙河和萊因河往來的重要河川,北海可以直通黑海。

美因河上的河輪活動通常會與萊因河或多瑙河結合,摩塞爾河有時也是行程的一部分,航程天數可以只有五天,部分甚至可以拉長至三十天不等,畢竟可以搭配航行的河川很多,自然也就開發出許多不同型態跟天數的活動。

航程的起點很少在自己的河道上,一些航程選擇以法蘭克福為啟航及終點站,大多數航行至美因河的河輪起點站是在阿姆斯特丹、布達佩斯、維也納或紐倫堡,美因河比較像是被搭配在航程裡的一段,鮮少出現專玩美因河的行程。

美因河的上段和中段穿過德國高地的山谷,下游流經德國中部美麗的巴伐利亞,然後進入美因茲附近的萊因河。沿途可以看到一望無際的森林、童話般的城堡、雄偉的宮殿和古樸的中世紀小鎮,算是美因河上的特色。

季節來說,6月到8月是美因河地區氣候最宜人的月份,即使是最高溫大概30℃。9月溫度開始漸漸下降,還算是令人愉快的溫度。秋末、冬季和早春是主要的雨季,溫度就可能來到零下攝氏度的狀況。

班貝格一年一度的啤酒節,通常在8月的第三週舉行,為期五天的慶典活動,將老城變成了美因河畔最熱鬧的聚會場所,並設有街頭集市,現場樂隊,甚至在當地漁民之間的河上放煙火。其實該節慶最主要是要慶祝聖伊莉莎白教堂(St. Elisabeth-Kirche)的落成,是件宗教盛事。

(五)摩塞爾河

被認為是歐洲可航行的河流中最美麗、也是最浪漫的。從佛日山脈一直到在科布倫茨與萊因河匯合的地方，摩塞爾河長544公里，使其成為萊因河最長的支流。

像歐洲大多數大河一樣，摩塞爾河流經工業區和風景名勝區，是運輸貨物的重要動脈，所以河道上也會遇到大小不一的貨輪，但在阿爾卑斯山谷，沿途翠綠的葡萄園和童話般的城堡，中世紀夢幻城鎮科赫姆（Cochem）、貝爾恩卡斯特爾－庫埃斯（Bernkastel-Kues）、特里爾（Trier）。

> 摩塞爾河沿岸以白葡萄酒而聞名，例如雷司令（Riesling）和皮斯波特（Piesporter），是該航程中常品嚐的酒款。

最佳航行時間通常是指5月至9月之間，是摩塞爾河最熱門的月份，但是10月份對於喜歡賞楓的乘客來說，也是個相當好的時段，秋天的顏色使風景變得柔和，溫度不似7月、8月時的炎熱，也沒有11月時的寒冷，配合節慶，例如博帕德（Boppard）和皮斯波特（Piesport）都在10月初舉行秋季葡萄酒節，對喜歡節慶的旅客來說是個很好的選擇。夏天至秋天的一系列活動，城鎮以鮮花和絲帶裝飾，慶祝活動包括音樂會、市集、煙火表演、樂隊遊行以及最重要的葡萄酒品飲。從11月中旬到聖誕節前夕，大部分城鎮都會舉辦閃亮的聖誕節市集，也是該區的特色之一。

摩塞爾河的河輪行程安排是多樣化的，最單純的航程是科布倫茨和特里爾之間的五至七天活動，如果與萊因河段相結合，航程就可以來到八天或九天，甚至更長的時間，如果再與內卡河和美因河相結合，天數就是十天以上的航程。

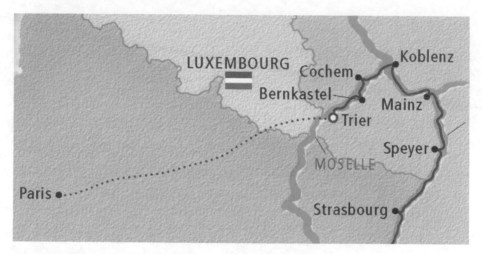

圖7-2　摩塞爾河航線圖

資料來源：維京河輪公司

摩塞爾河兩岸風光

資料來源：水晶河輪公司

(六)塞納河

　　法國的第二長河，從勃艮第流經巴黎和諾曼第，總長約800公里，最後在翁夫勒流入英吉利海峽。塞納河上游與約訥河和勃艮第運河連結了索恩河，惟上游處的河川寬度不夠，無法讓大型船隻穿越，算是比較大的缺憾。

　　河輪公司通常會以巴黎為起點及終點，往返盧昂之間，這是最主要的行程，前往更下游的科德貝克昂科航程不多，規劃到出海口翁夫勒的河輪公司就更少了。平均行程為八天，也有少數結合東部河川的小型河輪，延長河輪時間到二十幾天。一般來說最好的航行時間是8月份。

　　經營塞納河河輪的公司目前相對較少，主要原因在於相對平淡的自然風景，沿途以人文、歷史景點為主，相對比較不具吸引力。

1991年，聯合國教科文組織將巴黎的塞納河兩岸列入世界遺產名錄。

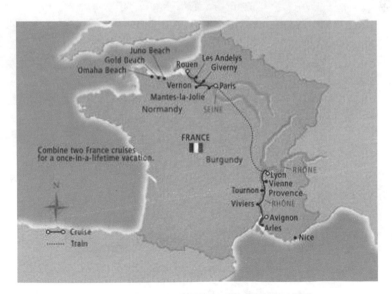

圖7-3　塞納河及隆河／索恩河航線圖

資料來源：維京河輪公司

(七)加倫河

從西班牙北部流入法國，總長約600多公里，河輪通常由波爾多開始，遊走於吉倫特河口到比斯開灣的80公里之間，當然也有結合加倫河和多爾河以及吉倫特河口的行程。潮汐影響大概是該地區最大的致命傷，有時候因為潮差，不得不轉換原本計畫的停靠點。

儘管該地區非常美麗，但沒有萊因河或多瑙河的壯麗，地勢相對平坦，所以來這裡的乘客通常已經有基本概念，品嚐紅酒將會是行程的重點項目，通常河輪公司也會安排烹飪課程、騎腳踏車或是參觀美麗的花園和富麗堂皇的房屋。

最好的遊覽時間是在9月和10月的收穫月份，此時也是最舒適、溫度適宜的季節，5月至8月也還能夠接受，但是溫度相對比較高，至於其他月份，氣候變化比較劇烈，只能夠以價格取勝。行程通常是七晚，但是也有推出四晚、五晚等短天數的行程，只有少數航程會規劃超過七晚。

圖7-4　加倫河航線圖

資料來源：French water ways

波爾多2000年以來一直是葡萄酒貿易中心，羅馬人在公元前60年征服了該地區，並賦予波爾多葡萄園和葡萄酒生產權。目前該地區超過一萬個葡萄酒釀造廠，五十多個產區由13,000名專業葡萄種植專家努力經營，生產出許多世界知名、昂貴的葡萄酒，每年生產近10億瓶葡萄酒。

(八)隆河／索恩河

原意為「滾來滾去的那條河」，總長約800公里，發源於瑞士，最後在法國卡馬格省立自然公園入地中海，是排入地中海的三大歐洲主要河流之一。瑞士到法國里昂的河段，水流湍急，不宜通航，所以通常都是由里昂開始向下游航行。

里昂是隆河與索恩河的匯流處，往北到索恩河畔沙隆市之間的130公里，也是河輪公司喜歡安排的河段，結合勃根第與普羅旺斯兩個地區。透過索恩河，隆河和萊因河間接相連，流經巴黎的塞納河，經約訥河和勃艮第運河與索恩河相連，連貫隆河，對於河輪公司的航程運用，有了很大的活用空間。

里昂和亞維農或亞爾之間是隆河地區最常安排的行程，航程大約八天七夜，也符合市場上的需求，沿著通航水域航行，將帶你經過翠綠的葡萄園、鬱鬱蔥蔥的橄欖樹和芬芳的紫色薰衣草田，都是喜愛大自然的乘客想要的。參觀世界一流的釀酒廠和品嚐精緻的法國美食也是該航程被讚許的，除此之外，14世紀天主教的所在地亞維農有宏偉的教皇宮殿、啟發梵谷的城市亞爾，以及法國古羅馬建築保存最完好的遺蹟之一——加德水道橋。

隆河河輪營運通常從3月一直持續到12月，1月和2月休息。夏季月份（6月至9月下旬）是最燦爛的季節，也是旅客最多的時刻。隆河河谷之密史脫拉風（mistral或mystral）在冬天及春天是最常見的，阿爾卑斯山上吹拂下來冷冽的強風，強勁的風勢時常帶來不少災害，不利航行。春天的阿爾卑斯山融雪，如果當季融雪過快，往往也迫使河輪取消行程，或是必須改搭巴士。

卡馬格省立自然公園，是一個壯觀的三角洲，以其特有的馬匹和公牛而聞名。

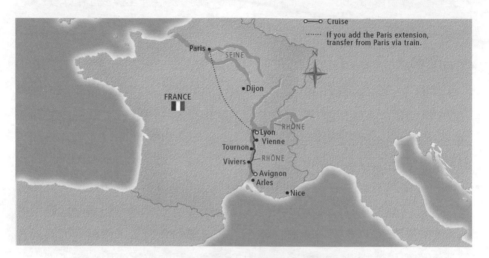

圖7-5　隆河／索恩河航線圖

資料來源：維京河輪公司

(九)斗羅河

伊比利半島第三長的河流，發源於西班牙索里亞省，全長約900公里，有黃金之河的美稱。

行程從世界遺產城市波爾圖（葡萄牙第二大城市）開始到葡、西邊界的小村莊巴爾卡德阿爾瓦（Barca de Alva），或繼續前往西班牙邊境城市維加德特隆（Vega de Terron）之間航行，航行時間通常為八天七夜，當然也有較長天數的行程。除了由葡萄牙波爾圖開始，也可以反過來航行，通常在西班牙的薩拉曼卡開始搭乘巴士，前往西、葡兩國之一的邊境城市搭船，開往波爾圖。與其他地區河輪最大的差別，斗羅河上的航程沒有夜間航行，僅在日出後、日落前航行。

以歐洲大部分的河川景觀來說，斗羅河最迷人之處就是沿岸的田園鄉村小鎮，陡峭的梯田，翠綠的葡萄園，獨特的河流景觀。河輪上供應著

來自葡萄牙的優質波特酒，以及來自西班牙的海鮮飯和傳統美食，並可欣賞傳統舞蹈或音樂表演。

位處南歐的斗羅河，相對來說可以有比較長的河輪營運時間，通常從3月下旬開始一直持續到11月，部分公司延續到12月。最佳時節是春天，5月下旬和6月下旬，以及9月和10月，秋季收成季節。8月仍然是遊覽的絕佳時機，只是南歐的夏季高溫，並不是適合所有旅客，價格可能會便宜一些。

上斗羅（Alto Douro）是世界上最古老的葡萄酒產區之一，以生產僅在斗羅河谷生產的波特酒聞名，波爾圖市是最大的集散地。2001年被聯合國教科文組織命名為世界遺產。
雷貝洛船（rabelos）是葡萄牙傳統的木製平底雜物船，意為小尾巴，因為船尾有根伸出的細長木槳，用來操縱船隻，幾個世紀以來一直沿斗羅河運輸人員和貨物，也是主要運輸波特酒的運輸船，目前也用來觀光遊河使用。

斗羅河風光

資料來源：維京河輪公司

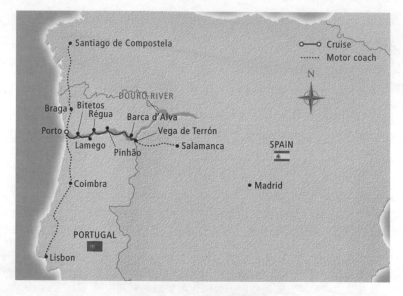

圖7-6　斗羅河航線圖

資料來源：維京河輪公司

(十)波河

　　義大利最長的一條河流，全長652公里，位於義大利北部，發源於阿爾卑斯山地區，向東在威尼斯附近注入亞得里亞海。河輪部分通常只在最後的160公里，曼圖阿到威尼斯潟湖之間航行。

　　義大利主要還是以悠久的歷史文化為賣點，除了沿途的歷史古城，當然還有葡萄酒和美食佳餚，航行時間以七日到十幾日不等，也有一些四日的航程，長天數旅行通常會配合米蘭陸地旅行，或是由威尼斯開始。河流巡遊季節與歐洲其他水道相似，營運時間大多在3月到10月之間。目前只有少數公司願意全年投入營運航行。

　　波河相對於歐洲其他河川還有一個很大的問題，它並不是一條容易航行的河川，加上沒有其他運河可以連貫至其他區域，在地理環境上讓它比較無法得到河輪營運商青睞。

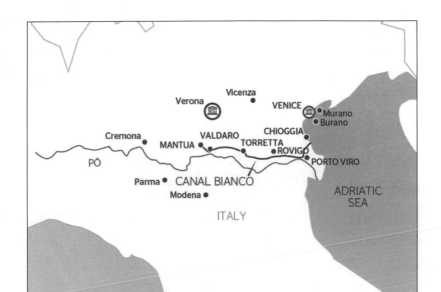

圖7-7　波河航線圖

資料來源：CroisiEurope

二、北美洲

北美洲地區河輪最主要集中在美國，密西西比河、俄亥俄河、田納西河、哥倫比亞河、斯內克河、哈德遜河，這些河川可以讓乘客飽覽整個美國發展歷史。最著名的密西西比河，因為馬克吐溫的《哈姆歷險記》聞名，是多瑙河外最知名的河輪旅遊地區，全程超過3,700多公里，穿越美國中部十個州，密西西比河三角洲流入墨西哥灣。

最受歡迎的兩個河輪經營地區包括美國中部的密西西比河，以及西北太平洋的哥倫比亞河和斯內克河，中部的俄亥俄河、田納西河和坎伯蘭河可以交匯，最後銜接密西西比河，算是可以搭配的附屬河川。東南部佛羅里達州的聖約翰河和東北部紐約的哈德遜河則是獨立河川，目前也漸漸受到矚目發展當中。

　　河輪提供乘客飽覽北美各種當地風情，美國的歷史、娛樂、音樂或舞蹈以及美食和美酒，大片棉田、牧場，或是欣賞野生動物和鳥類，主軸還是以自然景觀為主，畢竟北美不像歐洲擁有悠久的歷史，或是精緻壯麗的皇宮、城堡與教堂。

　　河輪主要營運期間是4月至11月，但各個地區有所不同，也會有所增減。

(一)密西西比河

　　是美洲河輪營運最具標誌性的河川，從明尼蘇達州北部穿過美國中部中央大平原，一直到新奧爾良入墨西哥灣，河道由北向南，總長3,700多公里。

　　密西西比河沿岸的航程，除了自然風光外，美國文化及歷史也是河輪公司最常安排和提及的。

　　目前主要有兩家公司經營，分別是美國郵輪公司（American Cruise Lines）及美國皇后蒸汽輪船公司（American Queen Steamboat Company），各有特色，航程時間由五天到二十二天的安排不等。目前歐洲河輪運營商維京河輪公司計劃2021年也投入密西西比河的航運，算是比較顯目對密西西比河的投資案。

　　密西西比河很長，通常分為三部分，每個航段大約需要一週的時間，也可以將它們組合起來進行為期三週的巡遊。南段是屬於人口聚集最多的區域，對於喜歡人文歷史的乘客，南段是比較好的選項，越往北邊，特別是北段區域，自然風光更明顯，看到野生動物就越普遍。航程可以由北向南，同時也推出由南向北的航程，只是由南向北逆流航行會減慢船速，通常意味著航程中港口減少或港口停留時間減少，當然如果是以休閒為考量，不希望每天匆忙，由南往北的航程將有更多時間在船上放鬆。

　　北段通常指的是從聖路易斯到聖保羅，被認為是密西西比河最美麗的一段。中段通常指孟菲斯到聖路易斯，主要以自然風光為主，但是無法與北段媲美，並且港口停靠點較少，跟南段的豐富歷史小鎮相比又嫌

少，因此河輪公司相對提供的航程就比較少。南段通常指新奧爾良到孟菲斯，為期一週的航行，偶爾也會有較短天數的航程，這一段主要是以人文歷史為主軸。

密西西比河由北至南，因為緯度跨距較大，北、中、南天氣狀況也不一致，南段氣候溫和，除了春、秋兩季被認為是好的航行季節，冬季也適宜，雖然溫度降低，但是還在可以接受的範圍，擁有最長的營運時間，也是密西西比河上河輪公司主要的營運河段。北段因為春季和初夏融雪，水量豐沛，造成水位過高，所以航程通常要到7月才開始，秋季相對是水位比較穩定的季節，但是溫度開始下降，以市場上來說相對比較不利。

颶風或乾旱問題也同樣困擾著密西西比河，南段要注意的是颶風，而北段則要注意乾旱造成無法航行的問題。

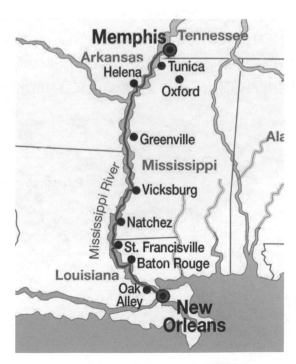

圖7-8　密西西比河航線圖

資料來源：美國郵輪公司

(二)俄亥俄河／田納西河

　　俄亥俄河全長1,579公里，始於賓州匹茲堡附近，流經美國中部，連接密西西比河，在美國拓荒史上有非常重要的地位，在1700年代後期，向西流動的水路成為開拓者和定居者從賓州向西行駛的主要路線。但是俄亥俄河比較淺，平均深度只有4.5～6公尺深，對於河輪發展來說是其致命傷。

　　田納西河全長1,046公里，季節變化大，上游落差大，中游多急灘所以中上游比較不利河輪運作。跟俄亥俄河一樣，自然風光是重要賣點，河流以U形蜿蜒於阿拉巴馬州、田納西州、肯塔基州和密西西比州。也是美國由東部前往西部開拓的重要水路之一。

　　俄亥俄河和田納西河沿岸同樣充滿許多特色的美國小城鎮，乘客可以感受美國的真實品味。但是因為氣候及本身條件的影響，目前俄亥俄河航程僅在6月下旬至7月的夏季，提供少數幾次的航程，起點通常以密西西比河的聖路易斯或孟菲斯為起點及終點，往來辛辛那提之間，俄亥俄河比較像是配合密西西比河的河川。目前有些單純俄亥俄河河輪行程，從辛辛

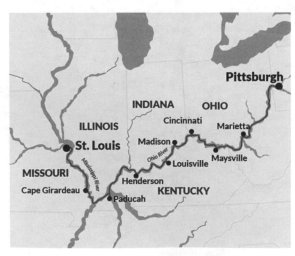

圖7-9　俄亥俄河／田納西河航線圖

資料來源：美國郵輪公司

美國郵輪美國號

資料來源：美國郵輪公司

那提出發前往肯塔基州的路易斯維爾和印第安納州的麥迪遜的五日或延伸
六日的行程。從匹茲堡出發為期七日或八日的行程，目前也漸漸受到市場
矚目。

田納西河10月和11月之間美國皇后蒸汽遊輪公司還願意安排旅行路
線，主要航行納什維爾和查塔努加之間以及納什維爾和孟菲斯之間的航
線。其航行狀況與河輪公司願意投注營運的狀況，似乎比俄亥俄河要來得
良好。目前主要航程還是以八日或是九日為主。

(三)哥倫比亞河／斯內克河

西北太平洋地區最大的河流，從加拿大不列顛哥倫比亞省的落磯山
脈到美國華盛頓州及奧勒岡州，最後在太平洋入海，全長2,044公里。斯
內克河是最大支流，發源於懷俄明州黃石公園附近，由東向西貫穿整個
愛達荷州，進入奧勒岡州最後在華盛頓州匯入哥倫比亞河，全長1,670公
里。兩條河川互相配合，搭配不同的航程，符合更多旅客的需求。

　　典型的一週航程是航行於華盛頓州的克拉克斯頓和奧勒岡州的阿斯托里亞之間，上、下船城市則是在奧勒岡州的波特蘭市。

　　除了自然景觀，諸如馬特諾瑪瀑布、哥倫比亞河峽谷和地獄峽谷（北美最深的河峽谷），自然生態也相當受到歡迎，沿途解說人員帶領認識動植物，尋找麋鹿、大角羊、高山山羊等。奧勒岡州接近300座的葡萄酒廠，目前以葡萄酒為主題的河輪也很受歡迎，旅客還可以品嚐當地鮭魚、螃蟹和優質海鮮。除此之外，探索歷史的部分也相當受到重視，安排認識印第安人及古老的岩畫，述說路易斯和克拉克兩位探險家的冒險故事，都是航程中會被提及的項目。

　　4月至11月是哥倫比亞河／斯內克河河輪營運時節，春季容易出現春雨，特別是在靠近太平洋沿岸地區，7月、8月溫度較高，但是還在可以忍受的範圍，初秋時節，是葡萄園最漂亮的月份，10月初開始採收，可以參與葡萄收穫和壓榨活動。

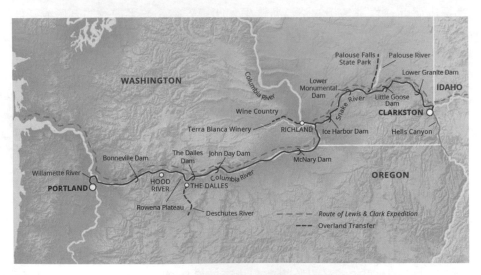

圖7-10　哥倫比亞河／斯內克河航線圖

資料來源：UnCruise Adventures公司

(四)哈德遜河

　　哈德遜河谷從風景秀麗的阿第倫達克山脈流淌，最後在紐約市中流入紐約灣，西接伊利運河（可達五大湖），長507公里。沿著這條歷史悠久的水道，城鎮可追溯至荷蘭和英國統治時期，右岸的卡茲奇山和左岸的伯克希爾山，構成哈德遜河的壯麗景色，是一條充滿歷史及自然景觀的河流。

　　該地區鬱鬱蔥蔥的河岸和林地，也是孕育哈德遜河畫派的所在地，其中包括托馬斯‧科爾（Thomas Cole）和弗雷德里克‧埃德溫‧丘奇（Frederic Edwin Church）等藝術家，是河輪歷史講座常提到的畫家。

　　其餘常提及或是安排的景點有富蘭克林‧羅斯福（Franklin D. Roosevelt）的春木（Springwood）莊園、金斯敦（Kingston）的百萬富翁街（Millionaire Row），或者參觀西點軍校的校園。

　　以紐約為起點及終點，通常是八天七夜的航程，也有更短或更長的航程，哈德遜河谷每年9月、10月的「賞楓航程」相當受到矚目，其實不是只有楓葉，濃密的樹林在秋季呈現出鮮豔色彩，亦吸引旅客願意參與航程。比較長的航程通常是往北入伊利運河連結加拿大聖羅倫斯河十三晚。

　　冬日該地區是相當寒冷的，所以不適合航行，通常航行季節始於4月下旬，10月下旬結束。

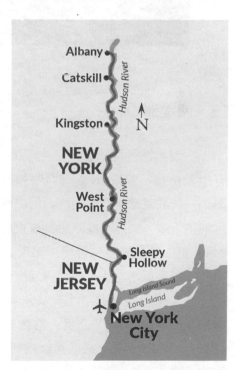

圖7-11　哈德遜河航線圖

資料來源：美國郵輪公司

河輪上的早晨

三、南美洲

在南美進行河輪旅行，主要的亮點當然是亞馬遜雨林，令人驚嘆的野生動植物、熱帶植物、傳統村莊和獨特的文化體驗。航行分成兩大類型，一般的河輪航行，由巴西河口城市馬瑙斯開始或結束的旅程，探索亞馬遜河下游，十五晚或是更長或更短的航程。主要航運時間在10月至隔年2月。第二種屬於特殊行程，深入更蠻荒的地區，主要航行於秘魯伊基托斯和尤里馬瓜斯之間，亞馬遜河上游的偏遠水道。

主要河川亞馬遜河的流域非常大，由巴西河口城市馬卡帕航行至秘魯伊基托斯，約3,700公里，沿途其他重要城市還有馬瑙斯以及聖塔倫。亞馬遜河本身水深，最大可以接受至9,000噸，以目前都是千噸級的河輪來說，除非至支流或源頭地區，所有河輪船舶航行都不是問題，但是在亞馬遜河上運營的大多數河船可容納約30名乘客，因此你當然不會感到擁擠。

赤道貫穿厄瓜多和巴西北部，因此南美洲的大部分地區都是屬於熱帶。雨季在12月至4月之間，旱季在5月至11月之間，雨林地區降雨是常見的事情，如果要說最好的季節，就屬南半球春季至夏季時節，是相對最適合前往亞馬遜航行的時間。

亞馬遜河

地球上第二長的河流，全長大約6,437公里，支流數量和水量最多，它也是地球上最寬泛的河流之一，在某些地方跨度達9.5公里。亞馬遜河始於秘魯安地斯山脈，向東流動，部分跨過哥倫比亞，然後在整個巴西繼續其漫長的旅程。

亞馬遜河旅行最主要是欣賞鬱鬱蔥蔥的熱帶雨林，豐富的動植物，叢林中還居住著土著部落，可以認識當地原始部落文化。流域中棲息著世界約10%的物種，河流充滿了色彩和生命，在河岸上可能會發現金剛鸚鵡、松鼠猴、樹懶和美洲虎，而在河面下則有食人魚、水蟒、電鰻和粉紅海豚。

航程選擇性多樣，主要有三個地區，秘魯的亞馬遜河地區、巴西亞馬遜河地區及厄瓜多的納波河（亞馬遜支流）地區，儘管景觀和野生動植物相似，但各地區之間存在差異。

◆秘魯的亞馬遜河地區

長期吸引著探險家和旅行者，屬於專業的航程，重點是考察河流和熱帶雨林的動植物，旅程由專業的動植物學家帶領。從伊基托斯到迷人的秘魯亞馬遜河段，航程由三天、四天到七天是市場上最常見的，因為相對開發較少，河輪規模也不大，所以保有比較自然原始的風貌。

◆巴西亞馬遜河地區

大多數亞馬遜河路線由馬瑙斯或里約熱內盧啟航，沿著亞馬遜河航行至馬卡帕港。因為下游地區相對水深，看到巨型郵輪駛入主航道，也是不足為奇的事情。七天航程是最常見的，至於長天數航程，甚至有為期超

過兩個月的七十日行程。

◆厄瓜多的納波河（亞馬遜支流）地區

使用的是較小的船舶，通常在弗朗西斯科港或是科卡啟航。亞蘇尼國家公園是厄瓜多的國家公園，1989年被聯合國教科文組織指定為生物圈保護區，雖然覆蓋不到亞馬遜盆地的0.15%，但是在這個區域可以看到三分之二亞馬遜河流域兩棲和爬行動物物種，鳥類也估計占了亞馬遜河流域總數的三分之一，最小範圍內，可以看到大量不同物種的航程。航程一般安排四天、五天或是八天。許多七晚航程是兩個較短行程的組合，因此中間有時會有活動重疊的狀況。

全年都有航程，雨季水位上升，船舶可以更深入某些區域，但是一年中這個時候蚊子最多，穿過叢林的許多小徑都無法到達，乾季水位下降，步行於茂密林區相對不至於泥濘不堪，但還是無法避免泥濘，畢竟是雨林區，即使乾季還是有一定的雨量，是一年中最熱的季節，但是蚊蟲會較少一些。

河輪船上一景

亞馬遜河地區的蚊蟲是有名的多，所以防蚊措施很重要，包含防蚊液、穿著長袖長褲避免叮咬都是最基本該做的。雖然大部分船上河輪公司都會提供望遠鏡，但是乘客也可以自備，觀看雨林中的動植物及景觀相當受用。

四、俄羅斯

俄羅斯是世界上最大的國家，有很多景點可供參觀和旅遊，但是多年來，最受歡迎的目的地一直是俄羅斯先後的兩個首都聖彼得堡和莫斯科。在各種不同的旅遊方式中，最舒適和放鬆的方式就是搭乘河輪雙都旅行。雖然這幾年因為烏克蘭危機，讓一些河輪公司退出經營，但是窩瓦河這條世界上歷史最悠久的水道之一，魅力不減，目前只有少數西方河輪公司願意經營，其餘就由俄羅斯沃多霍季（Vodohod）郵輪公司和其他河輪公司經營，沃多霍季郵輪公司擁有俄羅斯最大的郵輪船隊，目前是最主要的經營者。

涅瓦河銜接窩瓦河，結合輝煌的過去，途中將歐洲兩個最大的湖泊──拉多加湖和奧涅加湖，莫斯科運河及莫斯科河串連起來，迷人魅力以及俄羅斯的神秘感都在這一條線上。沿著俄羅斯河流航行本身就很特別，沿途寧靜的風景，美麗的自然風光，安靜的小村莊，彷彿走在過往歷史當中，雙都之間運河有十七個水閘，也是最引起乘客好奇的建設。莫斯科位處海拔較高的地方，所以當從莫斯科到聖彼得堡的航程，水位隨著航程推進逐漸下降，反之，從聖彼得堡到莫斯科的過程中，水位逐漸上升。

航程中會安排許多行程，你將對俄羅斯的文化和歷史有更深入的瞭解，東正教及教堂幾乎每日圍繞在行程當中，由石砌到木教堂，數百年的歷史發展，當地導遊通常是以英文導覽，沒有中文服務。通常船上會提供俄羅斯民俗音樂表演，下船也會安排古典或民俗舞蹈表演，除了在船上品嚐正宗的俄羅斯美食，有些行程甚至會安排岸上餐食，體驗當地生活。

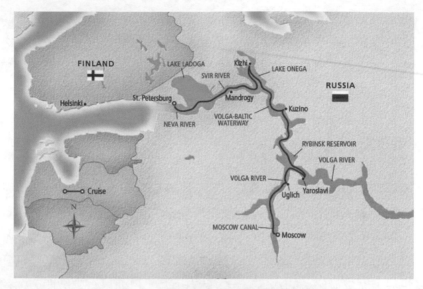

圖7-12　聖彼得堡到莫斯科航線圖

資料來源：維京河輪公司

　　除了雙都航程，窩瓦河上另一個往來莫斯科及伏爾加格勒的航程也很受歡迎，只是名氣上沒有聖彼得堡來得響亮，所以在市場上及營運上沒有往來聖彼得堡及莫斯科的航程受歡迎，但是沿途依然可以感受俄羅斯文化與古老城鎮之美。

　　俄羅斯河輪旅遊季節從5月到10月，其中夏天6月、7月和8月最繁忙，其餘月份因為氣候因素，冰封的河面與寒冷的氣溫，讓河輪公司不得不停止營運。航程通常十二天到十五天是最常見的，但也有推出聖彼得堡至莫斯科，再由莫斯科至伏爾加格勒的長時間航程。

涅瓦河上鐵橋

涅瓦河風光

窩瓦河上的河輪

郵輪公司迎賓儀式

五、亞洲

目前主要的河輪旅客還是以歐美人士為主,當歐美地區的河輪活動熟悉之後,加上近年飛往亞洲航班的大幅增加,便捷性更高,機票費用更便宜之後,亞洲地區的河輪自然就開始被關注。亞洲神秘的廟宇和異國風情,不同的文化,豐富的歷史,人文景觀與自然景觀交錯,讓亞洲河輪市場在這幾年蓬勃發展當中。

相對於歐美許多河川,亞洲河川可以承載更大型的船隻,河輪高度限制也不是障礙,所以在亞洲地區的河輪通常可以建造較大,高度較高,讓乘客有更好的視野,豪華程度甚至超越歐美地區。亞洲河流河輪三大巨頭分別是穿越越南和柬埔寨的湄公河,緬甸的伊洛瓦底江和中國的長江。至於印度的恆河相對來說比較沒有顯眼的發展。

(一)湄公河

世界上第十二長河,亞洲第七長河。長度約4,350公里,源於青藏高原,流經六個國家,分別是中國、緬甸、寮國、泰國、柬埔寨和越南。湄公河流量極端季節性變化,急流和瀑布的存在,使航行相對困難,雖是如此,這條河還是中國與東南亞之間的重要貿易路線,下游地區比北部湄公河地區更容易航行,對於河輪發展來說並不會造成困難。目前在亞洲河輪的發展上來說是最受矚目的,這有相當多複雜問題,例如西方各國前往東南亞國家簽證取得相對於中國容易,沿途不同國家與多元文化都是造就其成功的原因。

目前湄公河只有下游550公里可通航。5,000噸以內河輪航行胡志明市至金邊市之間是絕對沒有問題的,目前該航線的船隻以復古風格為主軸,充滿19世紀殖民時期的樣貌和風格,這與歐洲的現代線條風格有很大的差異,當然也是另類賣點。目前湄公河河輪正蓬勃發展,尤其是在柬埔寨和越南之間,至2020年,至少有10條河輪經營,而且還推出相當豪華的設施,大多數河輪行程安排十天至十二天,也有為期八天或更久的行

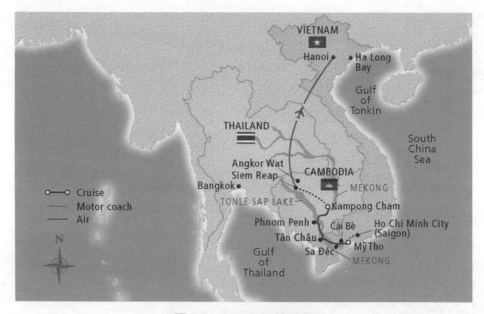

圖7-13　湄公河航線圖

資料來源：維京河輪公司

程，這些較長的行程通常會搭配其他陸地活動，搭配越南北部下龍灣航程
算是相當有特典的活動，目前也相當受到歡迎。

　　湄公河航行的亮點包括參觀越南最大的城市胡志明市、柬埔寨首都
金邊及吳哥窟和其他寺廟。河輪可以觀看兩岸美麗的稻田、鬱鬱蔥蔥的熱
帶風光、古老的廟宇、水上市場及沿途小村莊。

　　每年11月到2月是最佳季節，屬於乾季，溫度稍微降一點，但是位處
熱帶，所以體感溫度依然偏熱，最佳季節將會遇到西方人的耶誕節及新
年，接著是中國的新年，最佳季節加上大假期時段，這個時段通常也是價
位最高的時節。雨季在每年5月至10月之間，雖稱為雨季，但是通常每天
只有一小時左右的降雨，不至於終日，雖然潮濕造成不便，但是因為水位
上升，旅客可以更容易前往吳哥窟，倒是另一種補償。

　　熱帶雨林地區的共通狀況，雨季通常也是蚊蟲滋生最快的季節，防
蚊蟲大概是這個季節更應該注意的事項。

(二)伊洛瓦底江

緬甸第一大河,長2,288公里,從北到南貫穿緬甸,在仰光附近流入孟加拉灣。早在6世紀,這條河就被用於貿易和運輸,所以航行其上對當地來說並不是新鮮事,因為過往政局不穩定的結果,直到最近十年緬甸政府才開始提出多項吸引觀光客的措施,包含電子簽證等,目前有越來越多外國旅客的趨勢。

伊洛瓦底江在緬甸歷史上扮演非常重要的角色,從古至今都是該國的經濟命脈,與緬甸的精神生活密不可分。華麗的佛教寺廟、修道院和宗教遺址,這些遺址遍布伊洛瓦底江沿岸的城鎮和村莊,除了這些人文景觀,熱帶地區雨林景觀和野生動物對於外國旅客來說都是相當受到關注的,這些優異的先天條件,對於河輪旅遊來說相輔相成,河輪經營商在行

圖7-14 伊洛瓦底江航線圖

資料來源:艾凡隆河輪公司

程安排上可以呈現出更多元的航程。

伊洛瓦底江在自然影響因素中最大的就屬旱季和雨季之間，河流的高度差問題，河水的高低差可以達到14公尺之譜，這在港埠設施的安排上造成相當大的困擾，而水量的巨大差別往往也造成當地災害，對河輪經營者來說，該如何預防造成損失，相對於亞洲其他河川，更顯嚴峻，這也是為何伊洛瓦底江無法與湄公河相比擬。

主要航行季節是從9月至4月，而最怡人的時節就屬11月至2月乾季時節，但是跟所有熱帶地區一樣，溫度比較舒適不代表就是不熱，而乾季也不代表沒有午後雷陣雨發生，只是總下雨量跟雨季比起來較少。5月下旬至10月是季風降雨與濕度和溫度均高的時期，也是河輪運作最常出現的時期。

目前前往首都仰光及古都曼德勒都有國際航線通航，對於旅行安排上更具靈活性，這些友善觀光客的新措施，都是助長當地河輪觀光的重要因素。最受歡迎的河輪航程是往返曼德勒和蒲甘兩個古城之間，三晚至

河輪上享用美食，欣賞河岸景觀

四晚較短的航程，讓旅客體驗古老緬甸文化，參觀古蹟、寺廟都在行程之內。對於想要享受更長航程的旅客，會選擇由曼德勒往南前往仰光，或是往北由曼德勒到巴莫之間，前者超過700公里的航程，後者超過450公里的航程，航程多達十一晚、十二晚。除了伊洛瓦底江之外，最大支流欽敦江也開始受到注意，河輪公司使用較小的船舶往北至印度邊界。

(三)長江

全長6,300公里，幹流發源於青藏高原，是僅次於尼羅河和亞馬遜河的世界第三長河。目前是中國最主要的河輪運作河川，主要原因除了吃水夠深，長度夠長之外，兩岸古城及古蹟處處，三峽地區擁有壯觀的風景，陡峭的峽谷、茂密的竹林和寧靜的河岸。通過人類巨大工程三峽大壩也是受到囑目的體驗，壩長2,335公尺，底部寬115公尺，霸高181公尺，頂部寬40公尺，從堤岸到堤壩有2公里長，設計五個閘口，船舶需要四個小時的通行時間，也是讓旅客有足夠的時間驚嘆這偉大工程。

長江的吃水深，橋樑設計遠高於其他國家，所以在船舶設計上相對限制較少，船舶上的配備可以如一般郵輪，陽台艙房、挑高中庭設計、購物商店、寬敞的水療中心、健身房和游泳池等。在陸地和航行的過程中，完全以中國地方特色為主，傳統的北京烤鴨、中國戲曲、表演和雜技，當然也會有一些中國歌曲表演等。航程中還是以東方人為主，西方人算是相對比較少的族群，食物上以東方食物為主，西式餐點相對是較少的。

長江河輪安排通常只有三至五個晚上，在重慶和宜昌或重慶和武漢之間航行。只有少數公司提供六晚至八晚較長的航程，重慶至宜昌、武漢之後，繼續通航至出海口城市——上海。

參與長江河輪的外籍旅客，河輪公司通常在搭船前或航程結束後安排搭配其他歷史古城，或是中國特色的城市與區域，例如北京、西安、成都、上海或是麗江、桂林等。

長江的航行季節是4月至10月，以氣溫來說，春季4月至5月和秋季

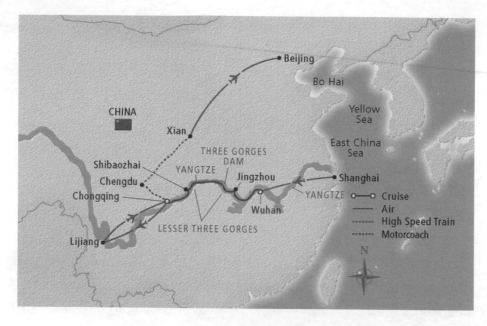

圖7-15 長江航線圖

資料來源：維京河輪公司

9月至10月最佳，夏天除了溫度偏高之外，有時雨量過於充沛，造成氾濫，例如2020年的洪災，影響程度是近年來最顯著的。

六、印度

很少有目的地像印度那樣充滿色彩和文化的世界，挑戰旅客的感官，由上至下不同階級、文化、貧富差距所產生的錯雜感，大概就是印度最令人印象深刻的。搭乘豪華河輪認識這個國家是目前河輪公司提出的號召，至少不需要忍受城市之間遊覽車因為堵車、塵土飛揚等不舒適感，而是在舒適的河輪上享受奢華的航程。對於被詬病的食物衛生問題，河輪上所提供的食材，一直保持良好的衛生條件，這也是一部分旅客喜歡在印度搭乘河輪的原因之一。

目前印度地區河輪運行主要以恆河的上、下游進行，及布拉馬普特拉河（雅魯藏布江下游稱呼）為主。這兩條河對印度來說都是至關重要的，前者是印度人心目中的聖河，或是稱為母親河，是重要信仰河川，屬於印度教徒中的女神，沿途也布滿許多歷史悠久的重要城鎮，形成了沿岸的生命，後者雖然也有歷史古蹟或是古城，但主要是以自然景觀為主，茂密的灌木叢環繞著河流，起伏的急流驚險刺激，是比較新興嘗試運行的河川。

(一)恆河

蜿蜒2,525公里，穿過印度北方中央大平原（印度大平原），越過邊界進入孟加拉國。航程中通常包含在印度金三角的陸地住宿酒店觀光行程，並不是每天都是睡在河輪上。沿途可以看到英國殖民時期所帶來的建設，精美的宮殿、寺廟、古城和傳統村莊，河邊台階和碼頭上觀看印度人游泳、洗衣服、宗教儀式和火葬都是恆河河輪旅行容易接觸到的活動及景象。因為和當地人緊密連結，所以恆河的汙染狀況也是世界知名，目前被評為世界五條汙染最嚴重的河流之一，負面形象跟狀況較多，所以目前恆

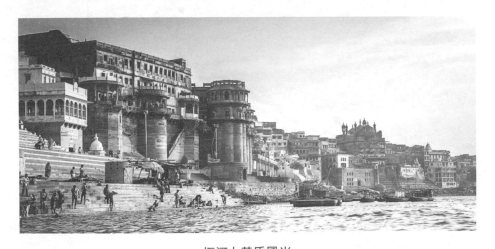

恆河上黃昏風光

資料來源：Pandaw河輪公司

河的河輪發展不如亞洲其他河川。

10月至3月之間是最舒服的季節，屬於乾季，對乘客來說是最好的季節，但是水位在這個季節下降，河輪航運上受到限制，相對不利安排，加上因為氣候與本身空氣汙染問題，造成12月至1月霧霾問題嚴重，對恆河上經營的河輪公司來說無疑是雪上加霜。恆河下游地區全年開放航行，其他區域每家公司依情況調整，有不同的政策。

行程通常結合陸地旅行，至於河輪方式，部分提供短期三晚的航程，也有恆河全程十五晚的航程。有些公司也提出中段搭乘飛機，銜接兩段恆河的旅行。

(二)布拉馬普特拉河

相對於恆河，布拉馬普特拉河所呈現的是滔滔江水，「脾氣」相對不穩定，水量變化較大，源頭來自中國西藏，上游稱為雅魯藏布江，與恆

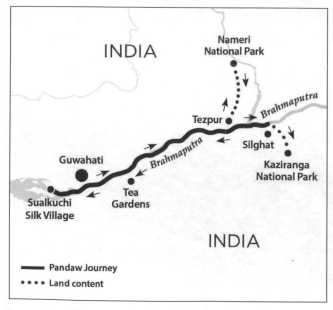

圖7-16　布拉馬普特拉河航線圖

資料來源：Pandaw河輪公司

布拉馬普特拉河上河輪

資料來源：Adventure River Cruises

河一同匯入孟加拉灣。

參觀加濟蘭加國家公園是參與布拉馬普特拉河航程最重要的參觀地點，騎乘大象或是吉普車在國家公園觀察飛禽、野鹿、白犀牛與青青草原。目前經營這條路線的公司不多，大多以小型幾十個乘客船舶為主。最受歡迎的選擇是七晚河輪旅行。

河輪航行於11月至4月，當季風降雨已經結束，洪水消退之時，大地鬱鬱蔥蔥，溫度和濕度均保持適度狀況，但是冬季的濃霧問題在這個時節常常出現，也常常因此耽誤航程。

七、埃及

尼羅河是世界上最長的河流，流經非洲東北部，由南向北流，總長超過6,650公里，最後在埃及流入地中海。對埃及來說是另類綠洲，如果少了尼羅河，埃及將是一片荒漠，不適人居與種植的地方。

　　尼羅河河輪旅行曾經相當熱門，就在河輪業巔峰時期巡遊開始達到頂點之際，2010年末爆發的阿拉伯之春對埃及的觀光產業投下震撼彈，河輪產業完全倒退。這比1997年的恐怖攻擊事件影響要來得深遠，目前觀光產業漸漸復甦當中，大約280艘船舶航行於尼羅河上，跟許多地區的河輪數量相較，算是相當驚人的數據。

　　古老的金字塔、神秘的廟宇與文化，一直都是旅客嚮往前往埃及的原因，河輪算是讓乘客體驗古埃及人航行於尼羅河的活動，但是河輪經營並不是由首都開羅開始，主要航行於路克索和亞斯文之間，部分河輪公司配合陸地活動，行程從開羅開始，安排在開羅住幾個晚上，然後安排客人搭乘飛機前往路克索，安排參觀壯麗的帝王谷，參觀圖坦卡門國王的陵墓以及雄偉的路克索神廟等。

　　乘客沿著尼羅河向南或是向北航行於路克索和亞斯文之間，航程通常是三晚至五晚之間，沿途除了歷史古蹟，還有因為尼羅河河水帶來的

圖7-17　尼羅河航行圖

資料來源：艾凡隆河輪

樹木與綠地，兩岸居民住所以及當地居民生活樣貌，加上傳統帆船航行其中，這些都是觀光客最喜愛看到的景象，彷彿回到古埃及世界。

　　尼羅河遊船最舒適的天氣在10月至4月之間，這時候是一年當中最涼爽的時刻，沙漠地區的夏季溫度是最不適合前往的季節，6月至8月溫度甚至可以到達40℃，許多參觀景點沒有樹蔭，那是相當需要考驗的季節。

八、澳洲

　　澳洲河輪發展最主要集中在最長的美利河上，長度2,995公里，發源於澳洲最高山澳洲阿爾卑斯山脈，最後在阿德萊德匯入印度洋。

　　風景秀麗的水道，具有獨特性，得天獨厚的自然風光，擁有豐富的文化遺產和歷史故事，沿途河岸散布著許多古樸的小鎮。

　　河谷及其周圍地區存在大量多樣的動植物，諸如西部灰袋鼠、大鬍子龍蜥蜴、紅腰鸚鵡、鵜鶘及海豚。

　　小眾河輪地區，目前只有兩家主要運營商，航程天數有二晚、三晚、四晚和七晚不等的選擇，因為水位穩定，全年運行。

第七節　主要河輪公司

　　河輪業的蓬勃發展，刺激更多公司願意投入或是增加新船，目前全球大大小小河輪公司超過25家，散落在各地經營，但是主要營運地點還是以歐洲為主，以下視2019年航運路線狀況多寡，列舉18家河輪公司。

(一)艾凡隆河輪公司（Avalon Waterways）

艾凡隆河輪公司標誌

　　2004年開始運營，是歷史悠久的Globus旅遊品牌家族的一部分。2009年8月成為國際郵輪協會（CLIA）成員。2019年贏得了最佳歐洲河輪航線獎。旅客以北美、英國、澳洲和紐西蘭等英語系國家為主，旅客的平均年齡介於50～60歲之間。

　　目前主要營運地區有歐洲的多瑙河、萊因河、莫澤河、隆河、塞納河和索恩河；亞洲地區的湄公河、長江和恆河；南美洲的亞馬遜河（秘魯段）。船上會因為不同的區域制定出不同的免費項目，在歐洲、亞洲和南美洲，全天免費提供咖啡和茶。在歐洲，早餐提供氣泡酒，午餐和晚餐包括免費葡萄酒、啤酒或無酒精飲料。在湄公河、恆河和亞馬遜河上，全天提供精選汽水和當地啤酒／烈酒，午餐和晚餐則包括葡萄酒。除了在亞馬遜河，網路都是免費供應。其餘船上的娛樂及設施都是免費，包含路上遊覽活動。活動盡力與當地融合，例如在航行期間安排學習太極拳、當地語言教學、法式餐點烹飪課、射箭等。下船後安排許多知性的行程或是鮮為安排的行程，諸如二戰走私路線、水果園採集。目前在歐洲的每艘船都增加了免費自行車供乘客使用。

　　提供各項高檔的服務與品質，在河輪等級裡被分類為頭等或豪華等級。

艾凡隆河輪房間

資料來源：艾凡隆河輪公司

(二)阿瑪河輪（AmaWaterways）

阿瑪河輪公司標誌

　　該公司成立於2002年，大多數乘客是來自美國跟加拿大，其次是澳洲和英國人，其跨國團隊主要服務於講英語的乘客，乘客平均年齡50多歲左右，受過良好的教育且相當活躍，為了吸引更多年輕族群，近年來也安排三人房、四人房，吸引家庭組合一同參加。每艘船都提供免費網路，舒適的公共區域和全景晚間娛樂節目。還提供美容院、健身中心和精選的水療服務。在所有的歐洲航程（葡萄牙除外），早餐都提供免費的氣泡酒和果汁，午餐和晚餐時提供啤酒、汽水和無限量的葡萄酒，雞尾酒時間則包括免費的葡萄酒、啤酒和烈酒。在越南和柬埔寨，提供免費的汽水、果汁、自家品牌烈酒、當地啤酒、咖啡和茶。在非洲，船上所有午餐和晚餐都提供免費的葡萄酒和啤酒。

　　除了設備齊全的住宿之外，還提供無與倫比的岸上觀光體驗。目前主要營運地區有歐洲多瑙河、萊因河、塞納河、斗羅河、莫澤河、美因河、加倫河和隆河，南非地區的寬多河，以及東南亞湄公河。

　　在越來越多人注重健康理念的帶動之下，阿瑪河輪公司從2019年開始，幾乎在每艘船艦上都安排一名健康指導員，每天教授四至六堂課，每個航程至少舉行一次健康講座，課程包含伸展運動、瑜伽、皮拉提斯、尊巴舞、加強核心等體能訓練課程，靠岸之後帶領乘客進行港口健康散步，或是遠足活動，盡量讓船上所有乘客都能夠參與，所以會依照不同程度指導乘客。免費的腳踏車使用，讓喜歡運動自行探索的旅客，可以在靠岸之後沿著河岸騎乘，阿瑪河輪公司也和Backroads合作，在有些港口安排同一港口往返，或是下一港口碰面的腳踏車騎乘行程。在河輪等級裡被分類為豪華等級。

阿瑪河輪

資料來源：阿瑪河輪

(三)寰宇精品河輪公司（Uniworld Boutique River Cruise Collection）

寰宇精品河輪公司標誌

　　成立於1976年，總部位於加利福尼亞州洛杉磯的豪華河輪公司。號稱在世界上一些最迷人的旅遊地提供豪華移動酒店，布置豪華的客艙，甚至放上真實的古董和原創藝術品，主要乘客來自美國、加拿大、英國及澳洲的上層階級，參與者的平均年齡約60歲，但是近年也有越來越多40～60歲的社會菁英，願意加入寰宇精品河輪公司的航程。

　　歐洲地區船上提供免費無限量的飲料（當地葡萄酒、精釀啤酒、烈酒等），全船免費Wi-Fi、禮賓和套房管家服務。除了傳統的岸上活動安排之外，寰宇精品河輪公司安排了自行騎乘或是導遊團體帶領的腳踏車騎乘活動，對於年輕喜歡運動的族群來說，是個吸引他們的活動項目，對於

徒步旅行，河輪公司提供登山杖，減輕旅客負重壓力，有些航程當中甚至安排橡皮艇的導覽行程，有別於只是文靜、安全的旅行活動，讓旅客帶有一些冒險刺激的感覺。主要航行地區是西歐及中歐、埃及、中國、印度、越南和柬埔寨的航行。在河輪等級裡被分類為豪華等級。

　　請注意：俄羅斯、埃及和亞洲的航行中，飲料政策和內含物會有所不同。

寰宇精品河輪客艙

資料來源：寰宇精品河輪公司

(四) 星凝郵輪（Scenic）

星凝郵輪公司標誌

　　成立於1986年，目前主要乘客約有40%是澳洲人，其餘主要由來自美

國、加拿大和英國,大多數年齡在55歲以上。主要航行於包括歐洲的所有主要河流,目前東南亞的伊洛瓦底江和湄公河以及俄羅斯的窩瓦河也開始加入營運。旅客乘坐這艘最先進的船,將發現新的文化、歷史遺跡,安排接觸在地文化,旨在最大程度地利用每種體驗。

　　船隊空間優雅寬敞,為旅客提供現代化的便利設施和全包式的豪華享受。價格包括所有餐點、管家服務、網路、岸上遊覽、往返機場接送以及船上和岸上活動的所有小費。每艘船都配備了電動助力自行車,提供給想要使用的乘客,自行車適用於任何地形,也減輕乘客體力負擔,讓更多乘客可以享受輕鬆騎乘的活動。對於想要健身的族群,船上也安排瑜伽課程,設有健身中心。餐廳中無限量提供紅酒、白酒、啤酒、茶、咖啡和礦泉水等飲料。在河輪等級裡被分類為頭等、豪華等級。

　　請注意:航行俄羅斯範圍,免費項目會有所不同。

航行中的星凝郵輪

資料來源:星凝郵輪

(五)一號登機口（Gate 1 Travel）

一號登機口公司標誌

　　成立於1981年，該公司以提供一流的體驗而感到自豪，並以其熱情、專業知識和專業服務著稱，精心挑選所有工作團隊人員，讓旅客感到用心，這家公司比較特別的是，其本身就是旅行社起家，橫跨全球各洲，在行程安排上的靈活度與旅客需求的掌握上，相對比其他公司優越，算是比較特殊的部分。費用相對於其他河輪較為經濟實惠，是該公司的特點，目前主要乘客來自美國、加拿大和澳洲。

　　免費網路只在公共區域開放使用，除了每一餐都免費提供的水外，午餐期間點的飲料和來自酒吧的飲料均需額外付費，晚餐只有特定的紅酒、白酒、啤酒及飲料是免費的。岸上活動也必須額外付費，目前主要航行地區有歐洲、中國和秘魯。在河輪等級裡被分類為豪華等級。

航行中的一號登機口公司

資料來源：一號登機口公司

(六)翡翠河輪公司（Emerald Waterways）

翡翠河輪公司標誌

　　旅行社起家的河輪公司，2014年4月才開始經營河輪活動，大約一半的乘客來自英國，其餘的來自澳洲、紐西蘭、美國和加拿大。翡翠河輪公司提供無與倫比的價值，包括所有餐點、岸上遊覽、機場接送和小費。遊覽由經驗豐富的導遊帶領，除了安排一般的旅遊景點，也安排了一些特殊體驗活動與景點。

　　恆溫游泳池、池畔電影院、享受豪華設施的寬敞河景特別艙。提供免費享用茶和咖啡，而午餐和晚餐則提供精選的歐洲葡萄酒及當地啤酒和汽水。

航行於布達佩斯的翡翠河輪

資料來源：翡翠河輪公司

　　翡翠河輪公司在歐洲提供內河巡遊，於俄羅斯的窩瓦河、埃及的尼羅河和東南亞的湄公河上航行。在河輪等級裡被分類為豪華等級。

(七)泛歐郵輪（CroisiEurope）

泛歐郵輪公司標誌

　　成立於1976年，是一家法國家族企業公司，總部位於法國史特拉斯堡，在歐洲和東南亞的河流和水道上經營五十多艘船，號稱歐洲最大的河輪公司，濃厚的法國氛圍，機組人員都是以英、法雙語溝通與公告事項，節目和陸地旅行也是以英語和法語進行。大多數乘客是歐洲人，其中很大一部分乘客是法國人，其次是美國、加拿大人、澳洲人和英國人。除了經營歐洲的主要河流如萊因河和多瑙河，也提供在鮮為人知的水道旅

泛歐郵輪

資料來源：泛歐郵輪

行，例如匈牙利的蒂薩河和西班牙的瓜達幾維河。比較特殊的活動應該是
該公司提供了不同路線腳踏車及健行的活動，旅客可以依照自己的體力狀
況選擇，對於喜愛大自然與運動的乘客來說，算是一項很好的安排。

　　現代設施的舒適客艙、美味佳餚、免費無線網路連接以及所有船
上設施的使用，大多數郵輪的價格中都包含無限量的礦泉水、果汁、咖
啡、啤酒、葡萄酒和烈酒，但是不包括少數高檔品牌的葡萄酒和香檳，岸
上觀光可以選擇是否包含，算是讓旅客可以靈活運用的安排。在河輪等級
裡被分類為豪華等級。

(八)美國皇后蒸汽遊輪公司（American Queen Steamboat Company）

美國皇后蒸汽遊輪公司標誌

　　提供密西西比河及其支流以及華盛頓和奧勒岡州的哥倫比亞河和斯
內克河只限在美國本土的航行活動。乘客大多數年齡在50歲以上，吸引
許多歷史愛好者，或是喜愛旅遊的乘客，年輕族群只有在夏季和節假日的
行程中，才有可能出現比較多，那些20多歲的族群也通常是因為家族旅
行，才有可能參加遊輪公司規劃的航程，這跟經濟的承受力當然也有相當
的關聯性。旅客乘坐槳輪汽船旅行，該輪船類似於過去的經典河船，卻提
供了現代巡航的所有舒適感。密西西比州的行程使作家馬克吐溫筆下的美
國栩栩如生，從充滿活力的聖路易斯和聖保羅城市，到納奇茲和聖弗瑞安
斯維爾的南部魅力。西北太平洋的航行展現出壯麗風景，美洲原住民的遺
址以及路易斯和克拉克探險家的故事。

　　該公司的三艘船都裝有紅色槳輪，帶凹槽的煙囪和花邊花絲。船上
的氣氛主打休閒，餐點具有地區特色，娛樂活動範圍從鋼琴演唱、歌舞表
演，到爵士、藍調和鄉村音樂表演。

美國皇后蒸汽遊輪公司河輪

資料來源：美國皇后蒸汽遊輪公司

　　通常，每個港口至少有一個免費的岸上遊覽活動，提供隨上隨下巡遊觀光巴士，讓乘客有更大的自主旅行空間。

　　主題航行探索各種主題，包括內戰、賞楓和美國的傳統音樂。在河岸城鎮的港口停靠期間，隨上隨下的汽車大巴可讓客人按照自己的步調探索。在河輪等級裡被分類為豪華等級。

(九)維京河輪（Viking River Cruises）

維京河輪公司標誌

　　該公司有三個部門，維京河輪、維京郵輪和維京探險。截至2020年

2月，維京河輪擁有76艘船艦，經營著世界許多著名河川航程，歐洲、俄羅斯、亞洲、埃及和美國都可以看到該公司蹤影。乘客平均年齡在55歲以上，但是在中國及東南亞地區的年齡層則可以降到40歲。該公司的船隻造型優美，設備齊全，配有精美的木製家具和寬敞的公共區域，每間客房均帶有落地窗及法式陽台。美食佳餚、員工的一流服務，都是維京河輪最被讚賞的部分。

　　維京河輪提供的是半包價行程，價格包括住宿、每天至少有一次岸上旅遊、無線網路、瓶裝水和所有船上用餐，午餐和晚餐時還包括啤酒、葡萄酒和汽水，餐後的飲料就必須自費，支付額外費用。維京河輪公司安排許多文化行程，船上和岸上提供道地的民俗舞蹈、音樂及美食，還有講座活動等。特別的是，維京河輪主要鎖定成年人市場，因此船上是不會有18歲以下的兒童或青少年。在河輪等級裡被分類為頭等、豪華等級。

> 法式陽台，主要流行於法國地區，陽台不大，大概只有一步的寬度，所以又被戲稱為一步陽台。

法式陽台房與窗戶房的差別

資料來源：寰宇精品河輪公司

(十)塔克河輪（Tauck River Cruising）

TAUCK⚓
RIVER CRUISING

塔克河輪公司標誌

　　這是一家家族企業公司，它是Tauck World Discovery的子品牌，1935年成為第一家被美國政府授予聯邦旅遊經紀人許可證的旅行社，是由旅行社起家，提供高檔旅遊。目前經營除了陸地傳統旅行，河輪於1992年透過租用其他公司船隻的方式，提供了其首次歐洲河輪旅行。2006年，正式啟動了自己的河輪船隊，目前在世界著名的水道上也經營著各種各樣的河輪行程，提供了豪華的體驗，並提供設備齊全的住宿和日常活動，包括內容豐富的講座和文化表演，費用包括住宿、船上的大部分餐點、娛樂和岸上旅遊費用。55歲以上年齡段為主要客群，乘客大多數來自美國及其他英語系國家。

　　塔克河輪特別提出，晚上在主餐廳不允許穿T卹、牛仔褲、拖鞋和運動鞋，費用上幾乎全包，餐點、岸上旅遊、所有飲料（包括無限量的啤酒、葡萄酒和烈酒）、交通費用、船上小費、網路使用及船上的所有娛樂及設施，偶爾在搭船之前或之後的酒店住宿都是包含的。

　　陸地旅行的成功經營，在陸地旅遊的精緻度上更為顯著，每次航行船上按照船上旅客需求，在大多數城市中，乘客有多種觀光選擇，從徒步旅行到品酒再到博物館參觀，每船又按照船艦規模，至少配有一位至多位的專業導遊，帶領旅客岸上觀光。目前主要航行於歐洲、埃及和中國地區河川。在河輪等級裡被分類為頭等、豪華等級。

(十一)里維拉河輪（Riviera River Cruises）

里維拉河輪公司標誌

　　該公司成立於1984年，英國最大的歐洲河輪供應商之一，主要乘客來自英國，其次是美國及澳洲。主要經營歐洲地區的高檔航程，典雅的住宿，船上所有餐點以及茶水、咖啡，每日的陸上活動安排，價錢都是在合理的範圍，被認為是物超所值的公司，市場上以英國人為大宗，所以船上帶有英國的氛圍，所有船艙中都配備了沏茶和咖啡設施，這在河輪上是少見的。

　　大多數船隻都設有游泳池、健身中心、桑拿房、蒸汽浴室、圖書館和美容美髮部門，每艘船上均提供免費網路。

　　專業的旅行安排，童話般的村莊、迷人的城鎮和國際大都會交互在行程當中，船上熱心的旅遊經理和專業導遊，使每個目的地的豐富歷史和多彩的文化栩栩如生。在河輪等級裡被分類為頭等、豪華等級。

(十二)歐洲水路公司（European Waterways）

歐洲水路公司標誌

　　歐洲水路公司於1974年成立，總部位於英國。在歐洲的河流和運河、湖泊上提供豪華遊程，十七艘河輪組成的船隊，在歐洲九個國家的內

陸水道上運營。每艘船配備齊全，精美的木鑲板、柔軟的地毯以及古董和傳統裝飾的融合，提供如同在鄉村旅館的感覺和輕鬆的氛圍。乘客大多數人來自北美和英國，平均年齡50歲以上，對於12歲以下兒童是禁止參加的。岸上行程導遊陪同導覽城堡、葡萄園、博物館、地方風俗等。對於特定運動或愛好有興趣的人，河輪公司還可以進行特殊主題的巡遊。總體上航程很慢，六天的行程通常沿著一條鄉村運河僅超過80公里的距離，適合喜歡緩慢旅行的旅客。

　　票價包括船上廚師準備的美食、午餐和晚餐的美酒、開放式酒吧、免費網路（如果有）和每天安排的遊覽景點。不包括小費。

　　所有船隻只有6～20位乘客的規模。船舶裝飾典雅，與現代設施融為一體，並設有一個開放式酒吧，提供各種酒精飲料和軟飲料。河輪可用於個人預訂，也可用於全船租船，依團體所好更動行程。在河輪等級裡被分類為豪華等級。

歐洲水路公司河輪航行於運河上

資料來源：歐洲水路公司

(十三)水晶河輪（Crystal River Cruises）

水晶河輪公司標誌

　　無與倫比的豪華全套房河輪，乘坐水晶河輪遊覽歐洲風景秀麗的水道同時，同時享受世界一流的服務，平均年齡為50多歲，旅客通常是富裕階層，以北美旅客為大宗，晚餐時段服裝上要求至少男士著休閒褲和有領襯衫，女士則是洋裝。該公司的河輪擁有寬敞的套房、優雅的餐廳、舒適的公共區域以及全方位的設施，例如每日健身課程以及船上無限量的飲料。員工與乘客的比例至少為1：4，並且套房內的管家服務可確保提供高度個性化的體驗。船上幾乎全都免費，包括烈酒、特色咖啡、汽水和葡萄酒，以及船上和岸上的小費、免費的網路使用、所有特色餐飲、多元豐富的遊覽選擇、自助洗衣房、私人管家、電動自行車、機場接送服務等，對於頂級套房類別旅客，還有其他額外服務。至於岸上米其林星級餐廳用餐或是水療護理活動，乘客就必須支付額外費用。

　　著重每個目的地的文化、地理和歷史。此外，在某些港口過夜，提供更深度的旅遊活動，或是安排自費米其林星級餐館用餐。在河輪等級裡被分類為豪華等級。

(十四)美國郵輪（河輪）公司（American Cruise Lines）

美國郵輪（河輪）公司標誌

　　美國郵輪（河輪）公司成立於1991年，是一家小型船舶公司，目前擁有十二艘船舶，專門從事沿美國內陸水道和沿海的小型船舶。沿著風景如畫的路線，主要航行於在美國的密西西比河、哈德遜河、哥倫比亞河和斯內克河，提供乘坐一流的河輪，有著豪華酒店的舒適設施，一座游動的五星級飯店的概念。

　　每艘美國郵輪（河輪）公司提供寬敞的客艙以及可容納100～200名旅客的小型船隻，讓乘客感到如同回家的氛圍，船上服務人員可以細心地照護每一位顧客。主要乘客大多數已經退休，年齡在60歲以上，目前北美旅客還是占絕大部分，偶爾出現一些來自英國和其他歐洲國家的旅客。乘客可以享受高度個性化的服務，寬敞客艙且大多帶有個人陽台，同時也提供真正的單人房讓乘客選擇。提供早餐免費客房服務，乘客可以在床上使用早餐，以及每天晚餐前免費開放式的雞尾酒時間及小點服務，飲料諸如汽水、果汁、水等全部包含。舒適的休息室、寬敞的觀景台和玻璃封閉的餐廳，乘客可以放鬆心情、進行社交活動或觀看窗外風景和野生動植物，網路部分為免費提供。

　　船上娛樂活動包括邀請當地音樂家表演，或是邀請作家、歷史學家、科學家和當地文化演講者，分享有關所參觀目的地的歷史、自然和文化，這些活動都是免費的，也幾乎在每個港口提供一個或多個免費旅遊項目。該公司的現代化船隻不以大型為號召，旨在輕鬆遊覽美國河川兩岸風光，停靠在每個港口的中心，將乘客帶到大型船隻無法行駛的地方。特色的岸上遊覽以及專業的導遊為客人提供了博物館、國家公園、動植物認識。在河輪等級裡被分類為豪華等級。

(十五)科萊特旅行社（Collette Vacations）

科萊特旅行社公司標誌

創立於1918年，這一百多年來，科萊特旅行社就一直在創造非凡的旅行體驗，所以在河輪路線的設計上，特別著重當地的感覺，讓乘客可以直接感受當地，並轉換為有趣、豐富的文化娛樂，至於餐點的安排，也以獨特為其特色，提供當地的用餐體驗。

每一次的河輪航程都會安排一名專業旅遊經理人，這是科萊特旅行社在其河輪服務上特殊堅持的，唯有如此才可以提供一流的河輪假期。這些專業旅遊經理人，都是公司經過嚴格的篩選和培訓出來的優秀人才，不是臨時或是業餘的工作人員，科萊特旅行社相信只有如此，才可以讓船上所有乘客得到最好的安排。

目前主要航線有歐洲、埃及和中國。在河輪等級裡被分類為頭等、豪華等級。

(十六)寰宇U河輪（U by Uniworld）

寰宇U河輪公司標誌

一座浮動的精品酒店，享受一流的服務和設施，是寰宇精品河輪旗下充滿活力青春的品牌，特色就是輕鬆自在、沒有拘束的盛裝晚宴，一切以開心快樂為主要目標，一開始即是以年輕人為主要吸引訴求，但是年齡限制已從公司網站上刪除，船上目前還是以40歲和50歲的族群為主，年輕人仍然不是主要族群。全天提供免費水、咖啡和茶以及早餐時的果汁。所有其他飲料都是額外收費，餐食一天提供兩次，至於岸上活動每個港口也只能夠選一個，同時也提供許多自費活動。岸上活動也偏向年輕化，例如攀岩活動、野外探險活動，活動時間也配合現代年輕人，大多早上十一點、十二點開始，乘客不需要早起配合活動，可以輕鬆享用早餐。

為了吸引年輕族群，所以晚上的DJ活動或是無聲舞廳、電影派對活

動，比一般河輪的活動時間要來得晚也更為活潑，行程中遇到大城市，還會故意停留至深夜才離開，甚至過夜，除了傳統的二人房，船上也提供三人房，無所不在的USB孔及藍芽設備。但是靜態傳統活動還是存在，包括調酒、烹飪課、繪畫和瑜伽課程。全船的小費和網路都是包含的。在河輪等級裡被分類為頭等等級。

(十七)迪士尼冒險樂園（Adventures by Disney）

迪士尼冒險樂園公司標誌

迪士尼冒險樂園提供在歐洲隆河、塞納河、萊因河和多瑙河航行。專門銷售給北美市場，所以大多數參與的旅客都是來自北美的家庭，允許6歲及以上的孩子參加，提供適合各個年齡層的家庭度假模式，行程中安排許多兒童、青少年、父母和祖父母可以一起參加的有趣活動，設有許多連通艙以及可以容納三名乘客的艙房，也適合單獨、朋友或是情侶，是個很受到大眾喜愛的行程，這跟迪士尼文化在各國深根有非常大的關係，大人及小孩應該都知道米老鼠、唐老鴨或是白雪公主。

費用幾乎包括所有費用，諸如每天的岸上旅遊、免費腳踏車租借、餐食、葡萄酒和啤酒，以及每日特色的雞尾酒、免費網路和所有小費。比較特殊的是，提供帶小孩服務，設計專門適合小孩的活動，家長可以分開前往參加專屬成人的活動，算是相當貼心的一項服務。

賓客享受特殊的VIP待遇，在奧地利的瓦豪河谷中騎自行車，享受風景秀麗的景觀，或者參觀多瑙河沿岸的傳奇城堡。在河輪等級裡被分類為豪華等級。

迪士尼冒險樂園河輪

資料來源：迪士尼冒險樂園

(十八)G冒險公司（G Adventures）

G冒險公司標誌

　　成立於1990年加拿大多倫多，號稱全球最大的小型冒險旅行公司，對喜歡遠離喧囂、特殊冒險行程的乘客特別喜愛參與該公司行程。

　　河輪的部分，船艦通常最多只能夠容納30位乘客。目前G冒險公司提供前往亞馬遜（秘魯）、勃艮第（法國）、恆河（印度）和湄公河（柬埔寨和越南）的河輪旅行，該公司比較特殊的狀況是並沒有真正自己的船隊，所使用的船艦都是配合該公司的計畫與安排，租借使用的船舶。

　　票價包括大部分的岸上旅遊活動，以及船上安排歷史學家、植物學家等專家講座，所有餐點、小吃、咖啡、茶和水。小費部分及酒精飲料是額外計算的。在河輪等級裡被分類為頭等、豪華等級。

觀光旅運系列

郵輪觀光

作　　者／劉原良、張瑞奇
出 版 者／揚智文化事業股份有限公司
發 行 人／葉忠賢
總 編 輯／閻富萍
特約執輯／鄭美珠
地　　址／新北市深坑區北深路三段 258 號 8 樓
電　　話／(02)8662-6826
傳　　真／(02)2664-7633
網　　址／http://www.ycrc.com.tw
　E-mail　／service@ycrc.com.tw
　I S B N　／978-986-298-386-7
初版一刷／2021 年 11 月
定　　價／新台幣 420 元

國家圖書館出版品預行編目（CIP）資料

郵輪觀光 = Cruise ship tourism / 劉原良, 張
瑞奇著. -- 初版. -- 新北市：揚智文化事業
股份有限公司, 2021.11
　　面；　公分（觀光旅運系列）

ISBN 978-986-298-386-7（平裝）

1.航運管理　2.郵輪旅行

557.43　　　　　　　　　　　　　110017725